戦車男入門

あかぎひろゆき

はじめに

「戦車男《マン》」と書いて「せんしゃおとこ」と読んだなら、インターネットの某掲示板に端を発したベストセラー書籍のタイトルに何やら似た響きとなってしまうが、本書のタイトルは「せんしゃまん」と読む。戦車男とはいわゆる戦車乗りのことであって、本書はそれをテーマとしている。したがって、件の書籍とはまったく関係がない。

従来、戦車という兵器のスペックがどうだとか、戦車戦など戦車の運用を中心に記述された書籍は多数存在した。しかし、その一方でそれを取扱う人間、つまり戦車乗りをテーマとした書籍はそれほど多くはなかった。本書では、主として陸上自衛隊における戦車乗りであるところの「戦車男」の訓練や活躍を焦点に、面白可笑しく記述している。

さらに、自衛隊とそれを取り巻く防衛関連企業や他官庁などといった組織や、制度面における問題点にもさりげなく触れてある。と同時に、戦車男や製造メーカーのエンジニアなど、現場サイドの苦労にも言及している。そして、それだけでは物足りないと思う読者諸氏や、戦車に関してあまり知識をお持ちでない方にも御理解いただけるように、戦車に関連する基礎知識や戦車ウォッチングなどの楽しみ方についても、かなりのページを割いて言及してある。

それ故に本書は、初心者から戦車マニアを自称するコアな読者諸氏に至るまでの幅広い方々に、肩肘張らずにお楽しみいただけるものと確信している。反面、過去の戦車戦史や技術的観点からの考察に基づいた「陸戦において、戦車とは斯くあるべき」論や、「将来における機甲科のあり方」論については、若干の記述に止めた。これは、いずれ別の機会に分析・研究の上で言及したいと思っている。

さて、筆者は現役時代、陸自機甲科部隊とは対極に位置する存在の航空科部隊に所属していた。その筆者独自の観点から記述してある本書が、読者諸氏にはどう受け止められるのか、非常に気になるところでもある。一般読者諸氏のみならず、官・民それぞれの戦車に関わるプロの方々の御意見御感想をいただけたら幸いである。

また、戦車に関してまだまだ勉強不足である筆者のこと、技術的および歴史的考証など記述内容に関して至らぬ点もあるかと思うが、御指摘・御教示いただければ幸いである。

（注・もともと本書は、２００６年に光人社から出版されたもので、対話形式の戦車をテーマとした本である。電子書籍化にあたっては、出版後10年近い年月の経過を考慮し、この間に出現した「新戦車」や「新技術」はもちろん、戦略環境の変化なども踏まえて加筆・修正した。と同時に写真も増やしたほか、刊行時に間に合わず収録されなかった図版や、著者自身による下手糞なイラストも追加している）

すべての戦車男と、戦車に携わるプロに敬意を表して

筆者

目　次

第1章 「戦車男」と「戦車」の基礎知識

戦車男とは？　戦車とは？

太郎　おじさん、こんにちは〜。お久しぶりっス！
おじさん　おう、元気だったか。久しぶりだな。まあ、上がれや。
太郎　はいッ、お邪魔します
おじさん　まずは前期教育卒業おめでとう！　お主もちっとは自衛官らしくなったな。
太郎　そうスか？　ありがとうございます！
おじさん　次は後期教育だな。しかしまた、何で機甲科を希望したんだ？　いくら、曾祖父さんが戦車に乗っていたからって、同じ道を歩むこともなかろうに。戦車乗りはキツいぞ。俺のように航空科にすればよかったのにな。
太郎　俺、いや、自分は曾祖父さんが乗っていた戦車というものが、どういうものか知りたかったんです。
おじさん　そうか。ま、蛙の子は蛙というしな。しかし、戦車乗り、いわゆる戦車男《マン》は辛いぞ。
太郎　戦車男？
おじさん　うむ。米海軍では水兵を「シーマン」、空軍では「エアマン」と呼ぶ。ところが、陸軍では兵士を「グラウンドマン」などとは呼ばない。最下級の階級である二等兵でいえば、海軍は「シーマン・リクルート」で空軍が「エアマン・ベーシック」だ。もっとも、女性であっても「○○マン」と呼ぶがな。陸軍では「○○マン」とはいわずに「プライベート」という。これは、自衛隊の英語表記での階級呼称でも同様なんだ。
太郎　へえ〜、そうなんスか。
おじさん　まあ、強いていえば、戦車に対する熱き心を持った「戦車乗りの男たち」を「戦車男」というのかな。なぜかというと、陸上自衛隊で俗に「○○マン」と呼ばれるのは唯一戦車乗りだけで、例えば、諸外国軍でいう砲兵に相当する特科部隊の隊員は「砲兵マン」とか「特科マン」と呼ばれることはまずないからさ。で、戦車乗りというのは、どこの国の陸軍でもそうだが、他の兵科からも一目置かれる「花形的存在」なんだ。
太郎　花形的存在？　エリートってわけですか。
おじさん　まあ、そういうことだ。空挺の次に花形といえば、戦車男だろう。だから、太郎はおじさんなんかよりもスゴイのだぞ。
太郎　そうなんですか。でも自分、戦車だとか機甲科のことなんて、全然知らないっスよ。
おじさん　最初は皆そうさ。経験を積めば、じきに覚えるものさ。まあ、そうはいっても、せっかく身内に元自衛官がいるんだから、予備知識くらいあった方がいいだろう。俺は現役時代は航空科だったがな、一応これでも軍事評論家を自称しているから、戦車や機甲科の何たるか程度は知っているさ。だから、今後は俺がいろいろ教えてやるから、自信を持って後期教育に臨むことだな。
太郎　そうスか！　ありがとう、おじさん。自分は、恥ずかしながら戦車のことはよく知らないんスよ。あ、でも戦車と自走榴弾砲の違いくらいは判るけど。
おじさん　うむ。形は似ていても、戦車と自走榴弾砲はまったく別物だよな。砲と履帯があれば戦車かといえば、そうで

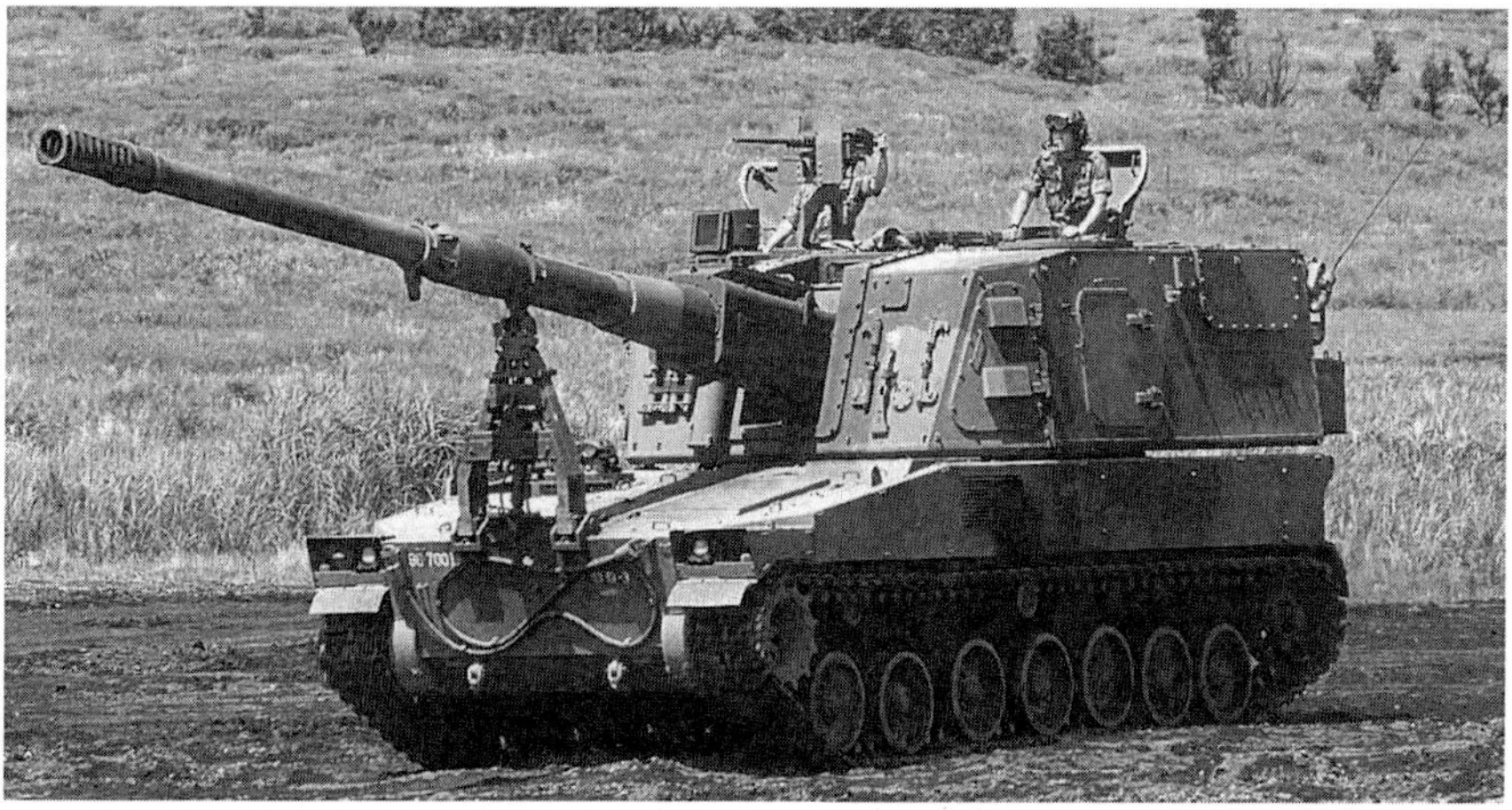

戦車に似た外観のため混同されることも多い、99式１５５ミリ自走榴弾砲

はないのさ。
太郎　これを混同しているマスコミもいますね。
おじさん　うん、自走榴弾砲ってのは早い話が「野戦砲」にキャタピラを付けて、不整地でも走れるようにしたものなんだ。155ミリ榴弾砲FH-70みたいに、牽引砲でも動力付きで自走可能なものがあるけど、のろのろと陣地変換のための小移動ができるといった程度の話だ。とにかく、牽引砲に装甲防護力と機動性を与えたのが自走榴弾砲だ。
太郎　つまり、あれは自分で走る大砲ってわけですよね。形が似ているから、知らない人は戦車だと思っちゃうんですかね。
おじさん　うん。これは、砲が剥き出しで車載されたものを「自走砲架」と呼ぶし、旋回可能な砲塔に砲を装備したものを「自走砲車」と呼んで区別する場合もあるけど、自衛隊ではたんに自走砲と呼ぶがな。
太郎　いずれにせよ戦車とはまったく別物スね。
おじさん　一般的に野戦砲とは、間接照準射撃といって砲手が目標を照準せずに、離れた場所に位置する観測班からの情報で、丘の背後などにいる敵の頭上に砲弾を落とすようにして遠距離射撃をするものだ。これは、自走式だろうが牽引式だろうが変わらない。そして、現代の各国軍が装備する火砲の射程は、約30～40キロメートルにも及ぶんだ。これよりも射程が短く、小型軽量かつ短砲身のものが「迫撃砲」だ。
　これに対して戦車が搭載している砲というのは、砲手が直接敵戦車や他の地上目標を狙うもので、野戦砲よりも射程ははるかに短い。その有効射程は約2000～3000メートルと、桁が違うんだよ。
太郎　つまり、搭載している大砲が、直接目標を狙うか間接的に狙うかによって違うわけですね。
おじさん　うん、戦後の我が国では軍事がタブー視されているためか、軍事マニアでもない限り、普通は大人でも戦車と自走榴弾砲を区別できない。自衛隊の駐屯地記念日で、子供が75式自走榴弾砲を指差して「パパ、見て見て！　すげ～戦車だ、カッコイイ！」なんていっていたけど、会社の上司と部下なんだろう、二人の中年男性が89式装甲戦闘車を指差して「部長～、この戦車の前で写真撮りましょうよ！」

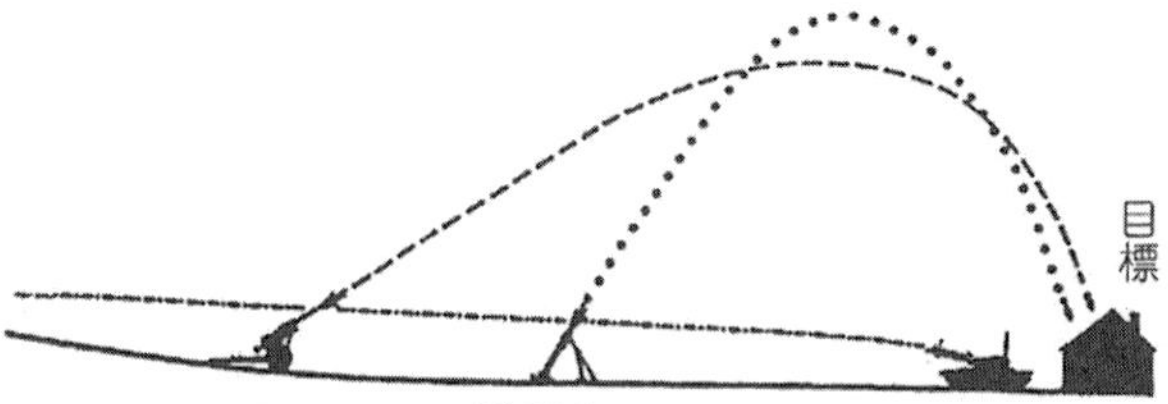

各種火砲の弾道比較。用途が異なれば、その弾道も異なる

なんていっているくらいだからな。しかも、名称を付した展示説明用の看板が目の前にあってもだ。ちなみに、いわゆるキャタピラは一般化した用語だけど、実は商標なんだ。

太郎　へぇ～、そんなもんか。で、おじさん。89式装甲戦闘車ってのは、戦車を小さくしたような外観の奴ですよね。人が何人か乗れるっていう。

おじさん　うん、あれも砲塔があって戦車に似た形をしているが戦車ではない。「ＩＦＶ＝歩兵戦闘車」という種類の装軌車、つまりキャタピラがある車輌で、普通科隊員が乗るのだよ。

太郎　ＡＰＣ（装甲兵員輸送車）とは違うんですか？

おじさん　あれも兵員輸送用だが、所詮は戦場タクシーに過ぎん。戦車にくっついて、より積極的に戦闘可能なのがＩＦＶだ。だから、ＡＰＣよりも強力な武装を装備しているのが普通でね。ところで、かつては一口に戦車といっても、対空戦車もあれば架橋戦車もありといったように、戦車の車体を流用した装軌式支援車輌も「〇〇戦車」と称していたんだ。現在では、それぞれ「自走高射（あるいは対空）機関砲」「自走架橋」と称するようになった。ベトナム戦後に廃れてしまったが火炎放射戦車などもあった。

太郎　戦車にも、そんなに種類があったんですか。

おじさん　うん。戦後しばらくまで各国の戦車は、その重量

陸上自衛隊の歩兵戦闘車（ＩＦＶ）である89式装甲戦闘車

によって「中戦車」「重戦車」などと区分されたりしていてね。まあ、国によってその重量区分は異なっていたけどな。だけど現在では、「軽戦車」以外の戦車は一般的に「MBT＝メイン・バトル・タンク（主力戦車）」として呼称はほぼ統一されている。昔は乗員が2名で軽戦車よりも小型の「豆戦車」という区分もあったが、現在はドイツ連邦軍のヴィーゼル偵察戦闘車がそれに相当するくらいで、すっかり廃れてしまった。

ちなみに、自衛隊ではMBTを「主戦闘戦車」なるヘンテコな呼称をしているけど、これは単に直わけしただけなんだろう。戦車は文字通り「戦う車」で、戦闘するのは当たり前だ。これをわざわざ「主・戦闘戦車」と呼ぶのは奇異に感じるのだがね。

戦車の操縦から射撃まで「陸自戦車男の教育訓練」

おじさん　二等陸士として陸上自衛隊に入隊すれば、新隊員教育を受けることになる。その教育は、敬礼動作などの基本教練や小銃の分解結合など、自衛官としての基礎を学ぶ「前期教育」と、職種ごとの技能を修得するための「後期教育」に区分されるよな。お主も前期教育が終わっていよいよ後期教育だが、自衛官としてはまだまだヒヨッコだ。

そして、新隊員後期教育で機甲教育隊に配置されれば、取りあえず戦車男だ。でも、この時点では戦車の操縦もできないから「戦車男の卵」に過ぎない。後期教育が開始されると、当初は「機甲科の概要」であるとか「戦車の構造」などの座学を主体に教わることになる。ところが、太郎のように、自衛隊に入隊してくる新隊員のすべてがいわゆる「軍オタ」というわけではない。そこで実技はともかく、座学では専門用語ばかりだから睡魔との戦いとなってしまう。

太郎　覚悟してます。

おじさん　まあ、居眠りして教官助教に気合い入れられないようにすることだな。教育が始まってしばらくすれば、待望の戦車操縦教育が始まるけど、これがまた大変だ。

自衛隊の主要な基地や駐屯地には、独自の自動車教習所が存在するんだ。独自とはいっても、それは教習に使用している車輌が「官用車」のトラックや戦車であるというだけで、教習所内に設けられたコースの作りは民間のそれと大差はない。S字クランクあり、縦列駐車に坂道発進ありのというように、まったく変わりはない。しかも、この施設は公安委員会指定の教習所で、教官や助教つまり教官を補佐する助手だけども、彼らは指導員の免許を持っているプロなんだ。

太郎　駐屯地の中に自動車教習所があるなんて、さすが自衛隊ですね。

おじさん　もっとも、公安委員会指定とはいっても、教育の対象はあくまで部内の隊員に限られる。当然といえば当然だが、民間人の免許取得は依託されていないんだよ。

　ちなみに自衛隊の教習所は、「第〇特科群自動車教習所」とか「第〇施設群自動車訓練所」という名称のように、駐屯地に所在する主力部隊が担任して実施されている。これを略して「自教」とか「自訓」と称するわけだ。

　さて、全国の自衛隊自動車教習所では、課業開始前の朝礼時などに「安全五訓」を入校学生に唱和させている。これは戦車の操縦教育の場合も同様だ。太郎も教育が始まったら、毎日のように唱和することになるけど、一応、紹介しておくか。

一、戦車に乗ったら目の色変えよ
一、障害に正対、アクセル離せ
一、不安なときは止まって確かめよ
一、車内通話で全員に警告
一、危ないと思ったら戦闘室に潜れ

　こんな具合だ。これを毎日一人ずつ、交代で唱和することになる。この安全五訓は、基本動作の確行を隊員に徹底させる上での心構えを示したものなんだ。だけど、同じ五訓でも「レンジャー五訓」のように、「一、教官・助教は神様と思え」などという項目はさすがにないけどな。
太郎　覚えられるかな～？
おじさん　太郎なら大丈夫だろう。まあ、何事も自信を持って臨むことだ。ところで基本動作といえば、自衛隊に限らず民間企業でもそれの徹底に努めている。建設会社の現場では、「KY（危険予知）運動」などと称して事故防止に努めているし、JRなどの鉄道会社であれば、「指差し確認」や「歓呼操縦」を実施しているのは知っているだろう？
太郎　何事も基本が大事ってコトか。
おじさん　うん、なかでも危険予知は、安全運転にも不可欠なものだ。いくら自分が安全運転に努めても、他の車が暴走したりするようでは巻き添えを食う。そこで常に周囲の交通状況に気を配り、危険を予知した「自衛的運転」をするんだよ。自衛隊ではこれを「防衛運転」といって、隊員が私有車つまりマイカーを運転する上で、そのようにせよと指導しているくらいだ。
　これに対し、「右よし、左よし、後方よし」などと発唱しながら車輌を操縦するのが「歓呼操縦」だ。まあしかし、操縦訓練ではこれを呼称することはあっても、私有車を運転するときでもこれを実施している隊員は、さすがにほとんどいないだろうな。これが民間人であれば、自動車学校を卒業したら普段の運転ではまずやらない。恐らく皆無ではないかな。ところがおじさんの大先輩、もう停年となったけど、その人なんかは、現在でも私有車で歓呼操縦に努めているから立派だ。
太郎　たいしたものだね。
おじさん　ところで、戦車も73式大型トラックなどと同じ「官用車」だけど、アスファルト鋪装が施されたコース上で教育が行なわれるわけじゃない。戦車の場合は、大抵は演習場などの野外で操縦教育が実施されるのが普通だ。だから、コースといっても単に白線が引いてあったりするだけなんだ。

一般社会では、大型免許であれ大型特殊免許であれ、19歳となって初めて取得できることとなっている。それが、自衛隊の場合は特例として、1年早い18歳以上でそれらの免許が取得可能だ。今どきは、高校卒業前に自動車学校に通って運転免許を取得する者も多いけれども、逆に、運転免許を持たずに自衛隊に入隊してくる者も結構存在する。
太郎　自分は原付免許しか持ってないけど……。
おじさん　おじさんもその1人で、原付免許すら持っていなかったのに、いきなり大型免許取得の教育を受けるわけだから、大型免許の取得には苦労した記憶があるな。これが機甲科の場合は、タイヤ付きの装輪車を通り越していきなりキャタピラ式の装軌車を操縦するわけだから、おじさんの比ではないというものだろう。ちなみに、おじさんのように自衛隊で初めて運転免許を取得した者は、運転免許証の種類欄に「大型」と記載されて他の欄は横線となっているから、すぐ判る。その後に何も取得しなければだがね。

これが戦車で初めて免許を取得した場合は、「大型特殊(カタピラ限定)」と記載される。カタピラとは、もちろんキャタピラのことだ。これはその昔、運転免許証の印刷に際して文字の大きさや字数の制限で、キャタピラと記載できなかったことに起因するのだそうだ。
太郎　ふ〜ん、じゃあ自分も「大型特殊（カタピラ限定)」の免許になるわけか。
おじさん　そういうこった。さて、免許取得により戦車の操縦ができるようになれば、晴れて戦車男の一員になれる。しかし、この後がまた大変なんだ。一人前の戦車男となるためには、さらに数々の教育訓練が待っている。原隊(自分の所属部隊)での教育だけでなく、他の駐屯地で実施される短期間の集合教育や、数カ月入校して教育を受けることもある。自衛隊には、隊員の教育訓練を専門とする「学校」が存在するのは知っているかな?
太郎　陸自の「富士学校」とか「武器学校」なんかのことで

しょ。海自や空自には「第○術科学校」ってのもあるよね。

おじさん　そうだ。将来、太郎も陸曹候補生などの試験に合格すれば、方面隊ごとに所在する「陸曹教育隊」に入校することになる。まあ自衛隊に限らず、民間企業でも研修に次ぐ研修で勉強するとはいえ、義務教育を終えても学校に入校するのは自衛隊くらいだろうな。しかも下っ端であるうちは、臨時勤務やその他の雑務にも追われるから、その多忙さも推して知るべしってもんだな。

太郎　なかなか大変そうだなあ。

おじさん　まあな。じゃあ実際、太郎がこれからどんな訓練をするのか説明するとしよう。戦車男としての乗車時における最も基本的な訓練、それが「単車訓練」だ。74式戦車の場合であれば、指揮官たる車長と、操縦手、砲手、装填手によって乗員が構成されている。つまり、車長以下４名の乗員が一体となって、はじめてその能力を発揮するってコトだな。そのために、この単車訓練によって連携動作を演練するんだ。

単車訓練は、「単車教練」→「乗員の基本的協同動作訓練」→「応用訓練」というように、段階的に訓練することとなっている。単車教練とは基礎の基礎ともいうべき訓練で、号令による戦車への乗車・下車などが中心の訓練だ。まず、車長の「定位につけ！」という号令により、復唱すると同時に、戦車の前に整列するところから始まるのだ。で、この際、車長以下が、自分が車長であれば「車長」操縦手なら「操縦手」と、それぞれ自己の任務を呼称する。そして、車長の「乗車用意」「乗車！」の号令でやっと乗車となるわけだ。

太郎　気軽に戦車に乗り込むってわけじゃないのか。

おじさん　ああ。戦車への乗車といっても、車体の適当な部分を足掛かりにして「よっこらしょ」とハッチを開け、おもむろに乗り込むのではない。緩慢な動作ではなくキビキビとした動作で乗車する。しかも、誰が戦車のどちら側の車体から乗り込むのか、その際は、左右どちらの足を車体のどの部分に掛け、手は車体のどの部分をつかんで乗り込むのかまでが決められている。もっとも、これは基本動作の確行を主眼とした訓練だからだけどな。

太郎　つまり、何事も基本は大事ということッスね。

おじさん　そうだ。まあ、このように単車訓練でも大変なんだが、これが小隊での訓練となるとそれ以上に大変でな。戦車小隊は４輌で構成されるが、小隊長の指揮によりその４輌が連携して行動することを要求される。特に、集中射による「同時弾着射撃」がその好例だ。太郎は自衛隊の総合火力演習を見学したことはあるよな？　あれでお馴染みの射撃要領さ。「撃て」の号令で各車の射弾を一点に集中させるには、小隊長以下の息がピッタリと合っていなければならないの

戦車への乗車要領

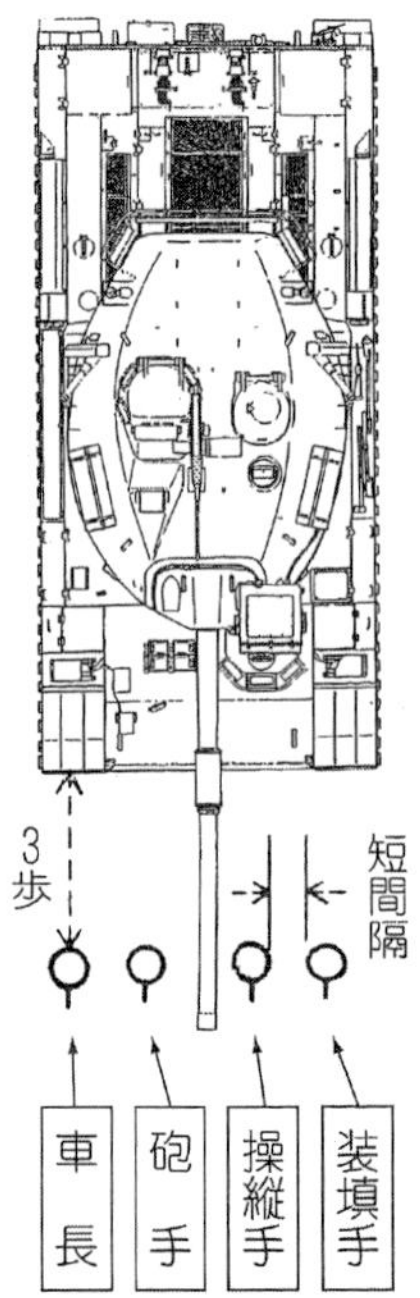

下車時の定位

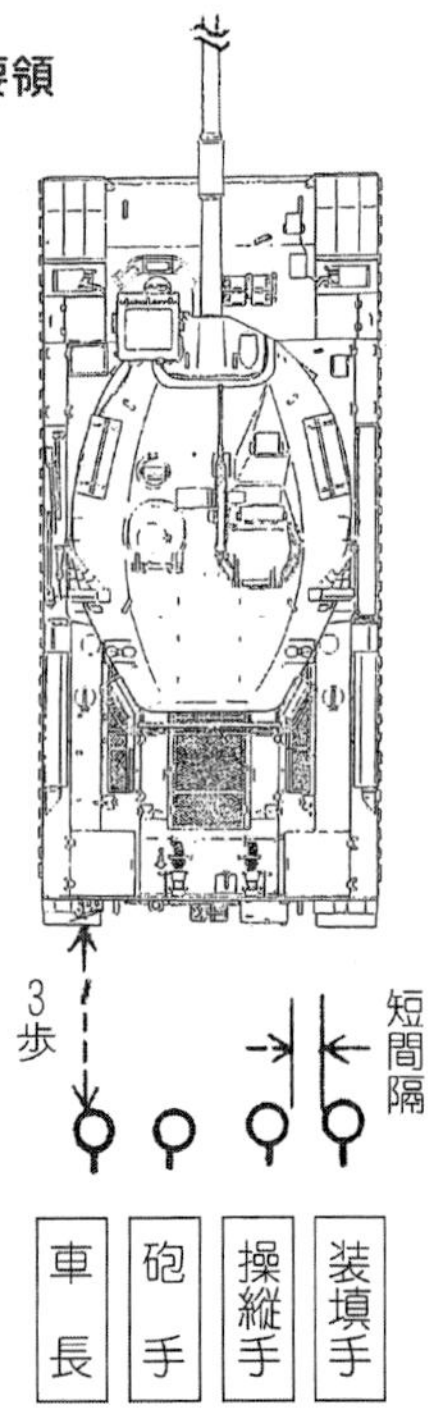

「戦車の後ろに集まれ」の隊形

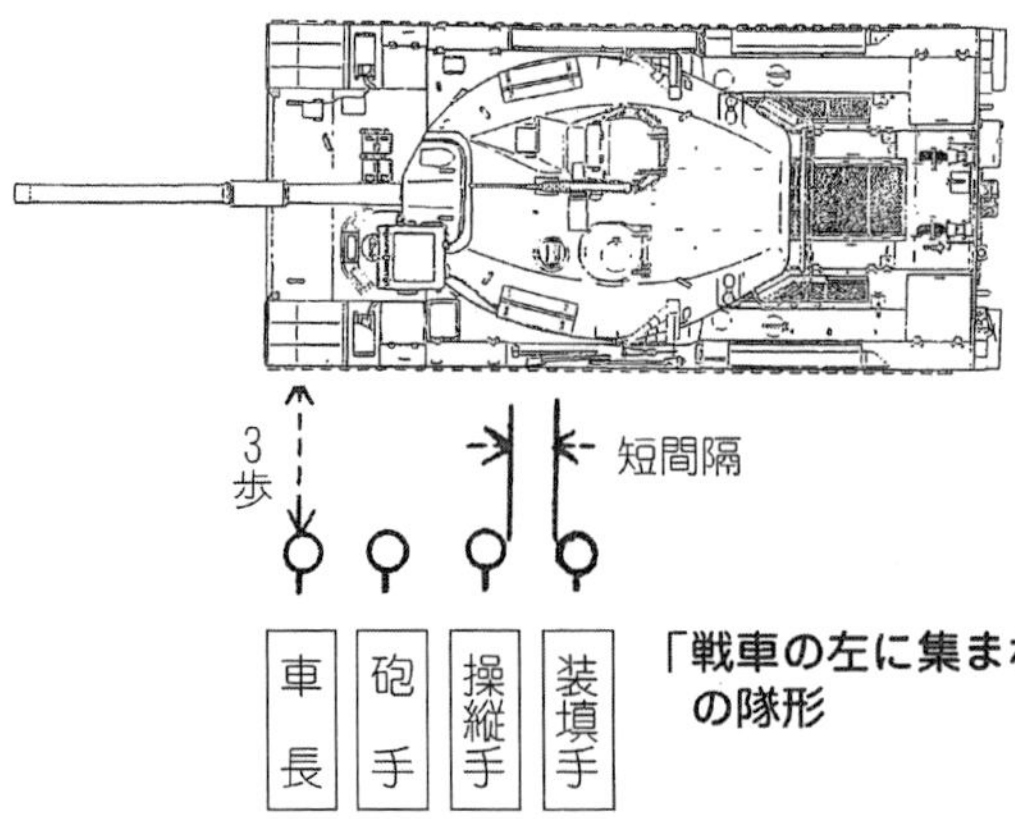

「戦車の左に集まれ」の隊形

戦車への乗車は、それぞれの隊形に整列した後、車長の「乗車」の号令によって実施するのが基本である。乗車にあたっては、車体および砲塔部の「手かけ」や「足かけ」を使用して、定められた順序に従って乗り込むのだだよ。

で、ここで閑話休題。号令といえば、陸上自衛隊における号令は予令と動令に区分されるのは知っているな？　予令とは号令の前半部分で、これから実施する動作や隊形を予告するものだ。そして動令とは号令の後半部分で、動作の開始を表す。例えば「前へ進め」の号令の場合は、「前へ」が予令で「進め」が動令だよな。ところが、その区分がない号令も存在するんだ。

太郎　「気をつけ」や「休め」などがそうでしょう。

おじさん　そう。射撃号令の場合であれば、「射撃用意」も「撃て」も予令と動令の区分がない。

つまり、「射撃用意」という号令自体が予令のようなもので、「撃て」が動令のようなものだから、射撃のタイミングも取りやすい。しかし、これが海上自衛隊の場合となれば、そうはいかん。「撃ち方用意」はわかるが、「撃ち方始め」はないだろうに、とおじさんは思う。なぜなら動令とは、動作開始のタイミングを決定するという号令の重要な部分だ。そのため、短切に強く発声するものなのだよ。

だからおじさんにいわせれば、「撃ち方用意」「撃て」でよいのさ。もっとも、海自では文書標記上「打ち方」と書くのだが、「撃ち方」だろうが「打ち方」だろうが、口頭での号令であれば区別のしようがないけどな。

で、海上自衛隊の艦内号令詞では、大抵「〇〇用意」「〇〇始め」となっているが、その一方で「食卓番手を洗え」とか「酒保開け」などのように、予告なく動作を命ずる号令もある。まあ、雑令のような場合はともかく、射撃号令などの場合はタイミングが取りづらいのではないか、と他人事ながら心配になるよ。

太郎　過去の戦争でも、号令を聞き間違えたことによる作戦の失敗も多いって、何かの本に書いてありましたよ。

おじさん　たかが号令、されど号令というべきかな。さて、戦車男は、戦車の操縦や取扱いなどに習熟するのはもちろんだが、各種の火器にも精通していなければならない。いうまでもなく、最も重要なのが戦車砲の取扱いに関することだ。戦車砲の弾ってのは、演習弾でもかなり高価でな。それが実戦に使用する徹甲弾などであれば、なおさら高価だ。予算的に制約がある我が国の現状では、実射訓練で使用可能な弾数にも限度がある。さらに、射撃前には照準具のボアサイト、つまり照準規整をする必要があるし、射撃後には砲腔の手入れが待っている。

そして戦車砲はもとより、12・7ミリ重機関銃や74式車載7・62ミリ機関銃、89式小銃などに至るまでの火器について、その構造機能や取扱いに熟知していなくてはならん。

中でも大変なのが、12・7ミリ重機関銃の取扱いだ。この重機関銃、その口径から自衛隊では「キャリバー50」、あるいは単に「キャリバー」と通称されている。米軍がM-2として採用して約70年、堅牢で高い信頼性を誇ることから、自衛隊以外の諸外国でも未だに現役の傑作機関銃なのだ。

太郎　まさにベテラン、歴戦の古兵って感じですね。

おじさん　ああ。それでこの重機関銃では、地上目標に対する射撃はもちろんのこと、空中目標に対する射撃も演練しなければならない。空中目標ってのは、「戦闘爆撃機」自衛隊では「FB」と略称するがな、それらのジェット機や、戦車にとっての天敵である「攻撃ヘリコプター」、降下中の落下傘兵などを差すけれども、なかなか当たるものではないんだよ。

おじさんも現役時代、12・7ミリ重機関銃の対空実射訓練に何度か参加したことがある。地上目標に対しての射撃時には、M-3三脚架、つまりトライポッドに機関銃を据えて射撃するんだが、空中目標に対しての場合は、M-63対空銃架が使用される。この対空銃架、重量が約65・3キログラムと重機関銃の本体重量の倍ほどもあるものだから、それを運搬し射撃準備をするだけで大変なのだ。おじさんは武器係をしていたこともあって、演習のたびごとに設置に苦労した記憶がある。

太郎　そんなに重いんですか！　さすがに重機関銃と呼ばれるだけはある。でも、運搬時にギックリ腰になったら大変だな。

おじさん　で、重機関銃による対空射撃は、無線誘導によるR-CAT（アールキャット）を目標に実施する。このR―CATは、早い話がレシプロエンジン装備のラジコン機でね、主翼などは発泡スチロール製なんだ。だから、たとえ主翼に命中弾を与えたところで、エンジンにでも直撃しない限りは容易に撃墜できない。

通常、空中目標に対しての射撃は、「固定射」と「追随射」に区分される。主として、前者は前方から接近する目標に対しての射撃方法で、後者は横行目標に対する射撃方法だ。横行目標に対する射撃は、その速度に応じた未来位置を狙い、目標の前方の空間を射撃する。すなわち、1000メートル先の目標が100ノット、時速約180キロで飛行するヘリコプターなら、その5機長、つまり全長の5倍分のリードを取って射撃するって寸法さ。

太郎　それで当たるもんなんですか？

おじさん　ところが、実際にはこれがなかなか当たらないんだな。横行する空中目標に対する射弾の観測と修正は、蜘蛛の巣のような形状をした環型照準具を使用して、曳光弾によって目視で行なうんだが、弾道がカーブして見える。これは「見かけの弾道」であって、誘導弾ではないのだから実際にカーブしているわけじゃない。実戦下と訓練では異なるけど、米軍のデータでは、空中目標に対しての期待できる命中率は「約1000発に1発」といわれているよ。

太郎　え……、それじゃ命中率はたったの0・1%？

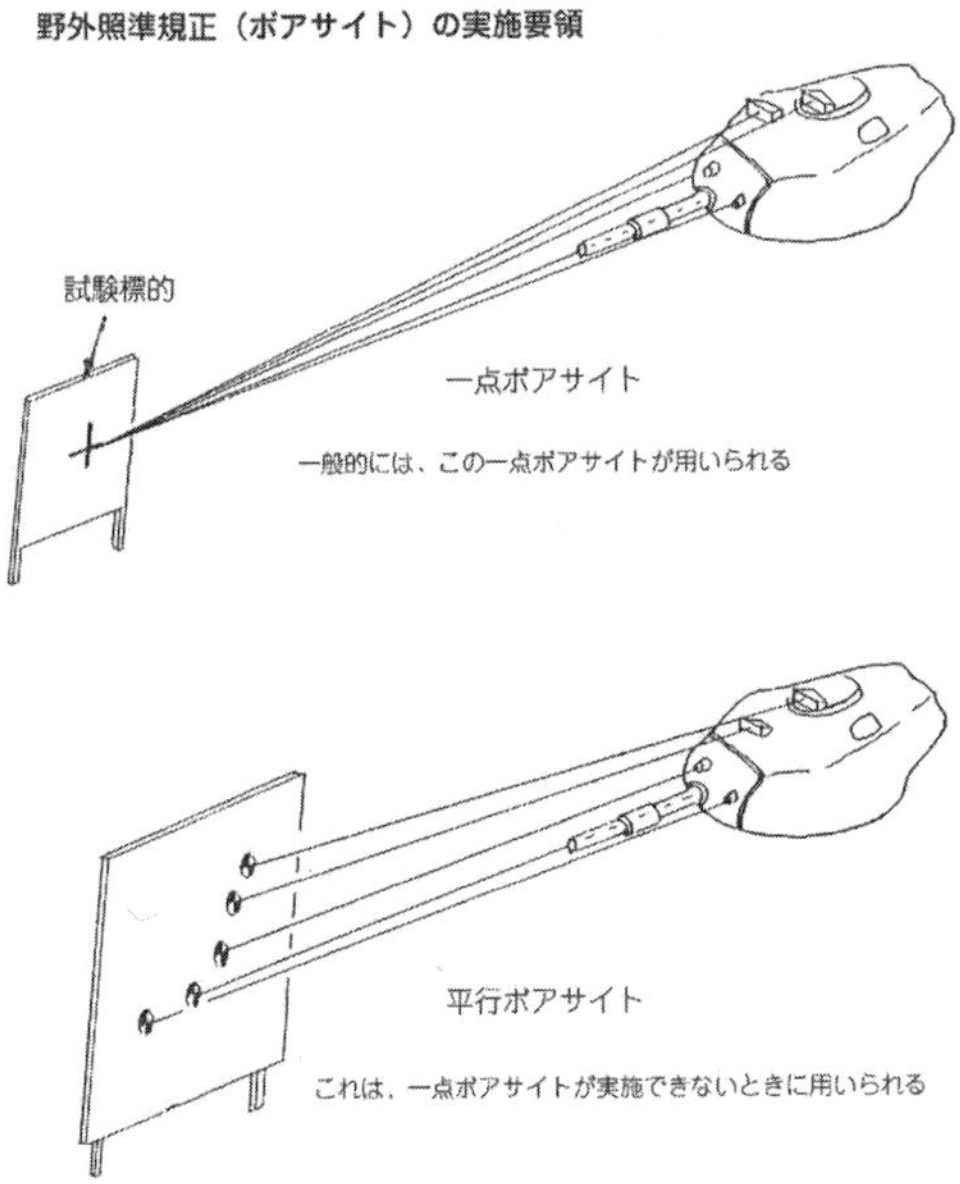

小銃などで、射撃前に零点規正を実施するのと同様に、戦車砲でも野外照準規正つまり、ボアサイトを実施する。照準具が狂っていれば、目標に正確に命中させることは不可能であるのは言うまでもない

おじさん　そういうことだ。つまり「数撃ちゃ当たる」ってわけさ。それと前にもいったように、戦車男は下車戦闘をする場合もある。だから、普通科部隊のように戦闘訓練もしなくてはならない。さらには、射撃訓練や戦闘訓練だけでなく、戦車とその搭載火器や各種器材の整備訓練も重要だ。一口に整備といっても、単に故障したものを修復するだけが整備じゃないぞ。通常の整備では、故障を未然に防止する予防整備が主体となるんだ。

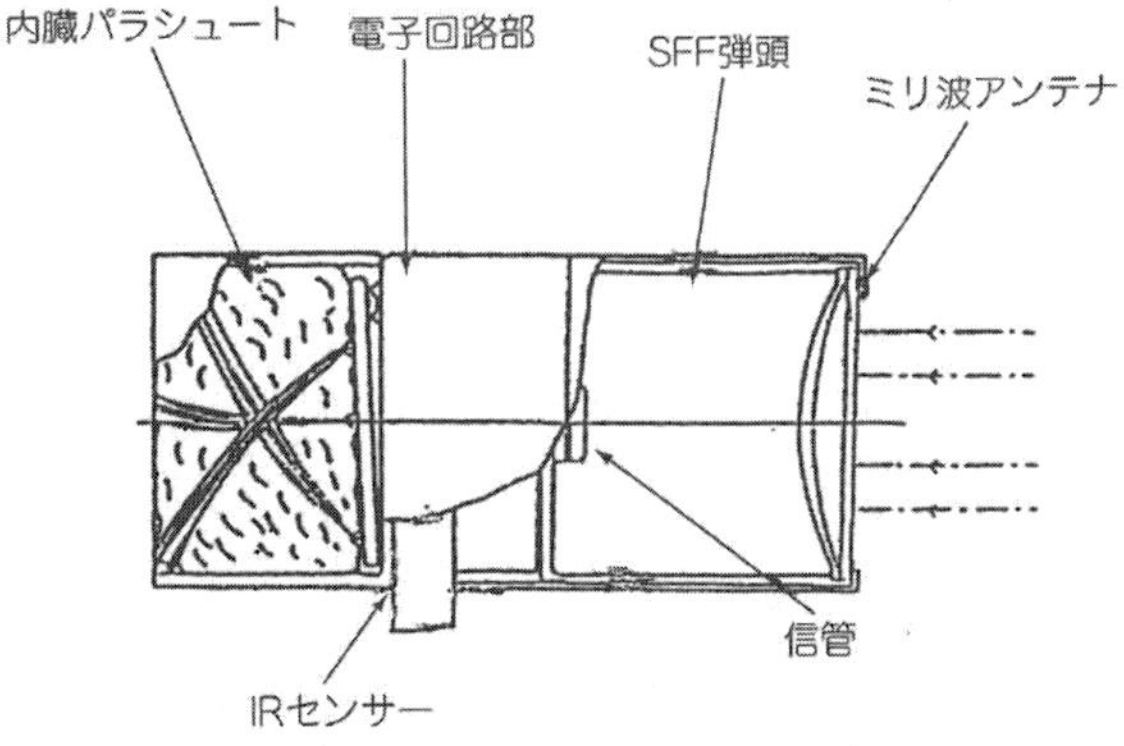

ＳＡＤＡＲＭ用子弾の構造

これに加え、故障の部位を特定するための故障探究はもちろん、各種器材や装置の分解結合にも習熟しなければならな

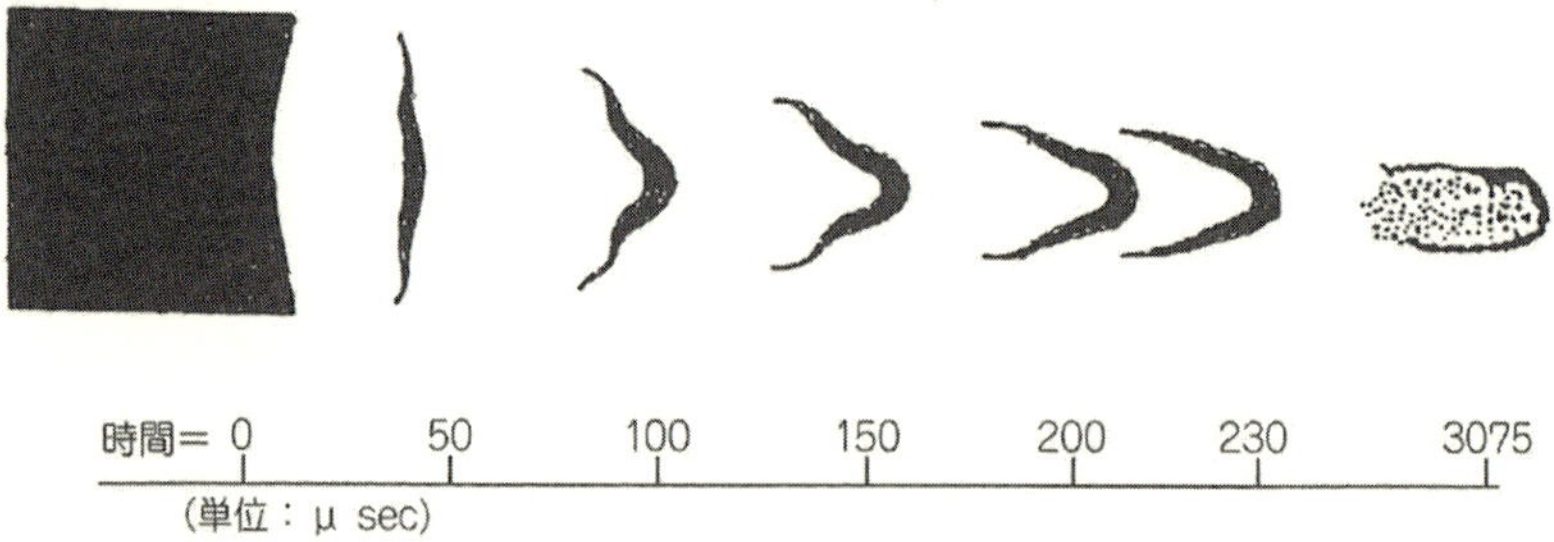

ＳＡＤＡＲＭ用子弾のＳＦＦ（スラグ）

い。何しろ、戦車砲の閉鎖機すら分解結合できることが求められるし、戦車砲弾の不発射が発生したら、それを除去できなければならないのだ。このようにさまざまな教育訓練を経て、一人前の戦車男として成長していくのだよ。

マークⅠから90式まで「戦車の歴史」

おじさん　それじゃ次は、かなり駆け足だが、世界における戦車の歴史について話そう。戦車が登場して約90年、その歴史を語ればそれだけで日が暮れるからな。

だから、有名な戦車の出現や戦車に関する技術的や戦術的に重要なことでも、おじさんの独断と偏見で割愛するから、あらかじめ断っておくぞ。さて、まず最初に質問だが、１９１６年９月15日は何の日か知っているかな？

太郎　世界初の戦車が登場した日でしょう。

おじさん　御名答！　第一次世界大戦の西部戦線は、英仏連合軍とドイツ軍が対峙し膠着状態に陥っていた。これを打開するために英国軍が投入したのが史上初の戦車マークⅠだ。

　動物に曳かせた古代戦車チャリオットを別にすれば、内燃機関を動力とした近代的な戦車としては史上初だな。マークⅠという形式名称を知らない人でも、菱形戦車といえば有名だろう。

　このマークⅠの登場に、ドイツ軍はパニック状態に陥り敗走した。何しろ、その「怪物」は小銃弾を跳ね返し、壕を乗り越えて前進してくる。この史上初の戦車は、現代の戦車とは速度も武装も比較にならないほど稚拙な代物だったんだが、敵兵に与えた心理的効果は大きかった。これを称して、「戦車の衝撃力」というんだ。

英国軍はこの新兵器の初陣にあたって、これを厳重にシートで包んだ上で、貨物列車に搭載して戦場へと送った。その際、「これはロシア戦線向けの飲料水用タンクである」と喧伝した。もちろん秘密保全のためだがね。

太郎　これが後に「戦車＝タンク」の語源となったのは有名な話スね。

おじさん　うん。ちなみに、ロシア語では戦車をタンキ（т а н к）と発音するし、中国語ではタンクー（担克）だ。

で、戦車の衝撃力という洗礼を受けたドイツだが、フランスと並んで戦車の研究開発を推進し、英国に対抗することとなるんだ。マークI戦車は、武装として砲か機銃のどちらか一方のみを装備していた。砲を装備したものを「雄型」、機銃を装備したものを「雌型」として、戦闘時はこれをペアで行動させた。ところが、車体の両側面に張り出すように装備された6ポンド（57ミリ）砲（あるいは機銃）は、その構造から、射撃可能な方向も射角も限定されていたんだ。

これに対して、マークI登場直後にフランスが開発したルノーFTは、乗員2名の軽戦車ではあったが、回転砲塔を装備し全周砲撃が可能だった。

太郎　つまり、ルノーFTが現代戦車のスタイルを作ったわけスね。

おじさん　うむ。で、第一次世界大戦終結後、過剰となったルノーFTは米国、ソ連、イタリア、日本など多数の国に輸出された。これで初めて戦車を導入した陸軍も多くてね、世界における戦車の普及に貢献したわけさ。

一方、ドイツはルノーFT登場の翌年、57ミリ砲2門と機銃6挺を搭載したA7V型戦車を開発した。生産数はかなり少なかったけどな。現代でこそ、アルミニウム合金の防弾装甲や複合装甲などが存在するが、当時の戦車装甲として使用されたのは、もっぱら鉄鋼材料だったんだ。といっても、鋼にニッケルを添加して焼き入れすることで「引っ張り強さ」や「弾性」が向上することは当時すでに知られていたことだがね。

この戦車の装甲として使用されたのも、炭素鋼ではなくニッケル鋼だった。これは炭素約0・4%、ニッケル4%、クロム2%としたもので、開発したメーカーの名を冠して「クルップ鋼」と呼ばれた。このクルップ鋼、それ以外に火砲などのあらゆる兵器の製造に使用された。ちなみに、クルップ鋼が開発された1894年には、日清戦争が勃発している

史上初の戦車、英国のマークⅠ。第一次世界大戦中の１９１６年に突如登場してドイツ軍を驚かせた

ぞ。このようにして、列強各国を中心として戦車の研究開発が進むこととなったんだ。

太郎　ところで戦車といえば、外観上最も目立つ部分といえばキャタピラですね。

おじさん　うん。通常、戦車の履帯つまりキャタピラは、起動輪が回転することによって駆動力が伝達されるんだ。一般的な戦車の履帯内側には「転輪」が上下に配置され、車重を支えている。ところが１９３１年、上部の転輪を廃止し、直径の大きな転輪のみとした「大転輪方式」の戦車が出現した。米国のウォルター・クリスティー発案によるT-３型軽戦車という奴だ。

しかしこの戦車、残念ながら米国内での評価は芳しくなかったな。この戦車の方式に着目したのは、米国ではなく英国やソ連だった。高速走行が可能な上、転輪の数が少ないため整備の省力化にもつながるというのが理由さ。

そして英国は、機動力（速度性能）を重視した巡航戦車を生み出し、一方のソ連も高速戦車というコンセプトを打ち出した。特に、大転輪方式の足回りはその後のBTシリーズの高速戦車など、ソ連戦車の伝統となり、戦後もT-64が登場するまで一貫してこれを採用していたくらいでね。このようにして、戦車のスタイルも現代のそれに近付いていくこととなったのだよ。

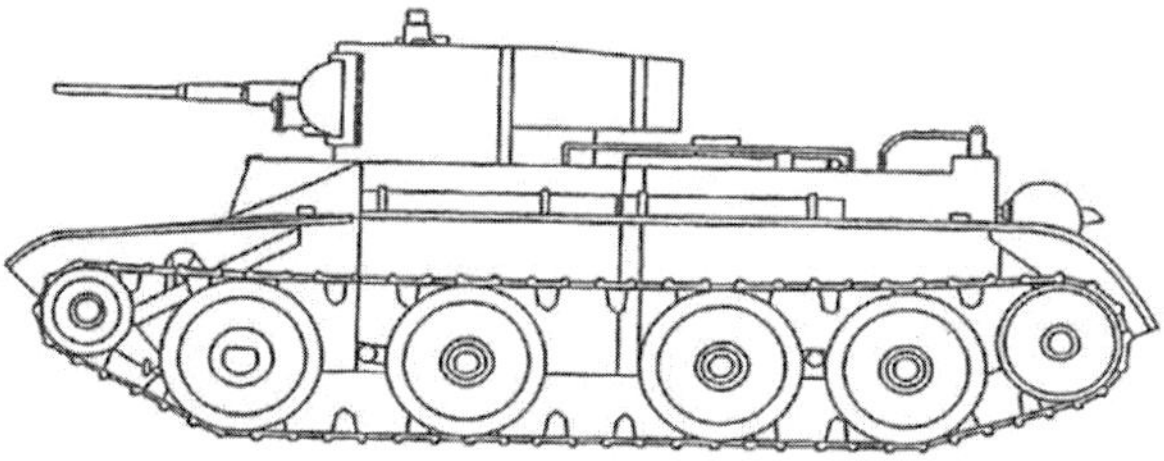

ソ連が開発したＢＴ-５高速戦車。大直径転輪を採用するなど、クリスティー戦車の影響が強い

こうして各国は、競って戦車の研究開発に力を入れるようになるわけだ。で、この頃になると、戦車は陸戦兵器の主役として確固たる地位を築いていた。

太郎　当時の日本はどうだったんスか？

おじさん　うむ。１９２５年、当時の日本は経済的不況とシベリア出兵の結果が思わしくなかったことも重なって、軍隊にとっては辛い時代でな。海軍はワシントン軍縮条約で八八艦隊の計画を放棄し、陸軍は４個師団を廃止せざるを得なかった。当時の陸軍大臣の名を冠して「宇垣軍縮」などといったが、これで浮いたカネで軍の近代化を図ることとなったんだ。

つまり、減らした分は質的向上によって補おうというわけだ。これにより、日本は初の戦車部隊を編成したんだ。福岡県の久留米市に新編された、陸軍第一戦車隊がそれだ。

陸上自衛隊武器学校に展示されている、旧陸軍の八九式中戦車乙型

当初こそ外国製の戦車を装備していた我が国も、試行錯誤の末、大阪造兵廠の手により初の国産戦車が誕生することになる。時に１９２９年、皇紀２５８９年のことでな。この皇

紀の末尾二桁をもって「八九式中戦車」として制式化されたんだ。この八九式中戦車、57ミリ砲を搭載し当初こそ（甲型）ガソリンエンジンであったが、乙型では世界に先駆けてディーゼルエンジンを搭載しているぞ。

太郎　じゃあ、ヨーロッパなんかの戦車開発状況はどうだったんスか？

おじさん　まずドイツだが、第一次世界大戦に敗れた後、1919年のベルサイユ条約で戦車の保有と開発を禁じられてね。そこで、農業用トラクターと偽って、密かにI号戦車の開発を進めるとともに、ソ連軍のカザン戦車学校に将校などを留学させ、来るべき戦車部隊の復活に備えていたんだ。

一方、ルノーFT型戦車の成功で、戦車大国としての足掛かりを築いたフランスは、戦車のさらなる技術開発に邁進していた。1935年に出現したR-35型軽戦車は、鋳造による砲塔と車体設計が世界の注目を集めた。このR-35型軽戦車もルノー社の手によるものだったんだ。

これに対し、ドイツも負けてはいなかった。同じ年、II号戦車を開発してスペイン内戦に投入、歩兵支援に活躍している。ちなみにこの年、日本では新型中戦車（後の九七式中戦車）の開発がスタートしている。しかしこのII号戦車、相手が戦車となると逆に苦戦を強いられた。イタリアとともに、反政府側のフランコ軍を支援したドイツだったが、両軍の戦車は人民戦線政府側を支援するソ連軍のBT-5型戦車に対して、速力と火力の両面でまったくかなわなかったのだよ。

何しろ、BT-5型戦車の搭載する45ミリ戦車砲に対して、II号戦車が搭載していたのは20ミリ機関砲に過ぎなかったのだからね。イタリアのCV-33型戦車に至っては機銃しか搭載していなかった。

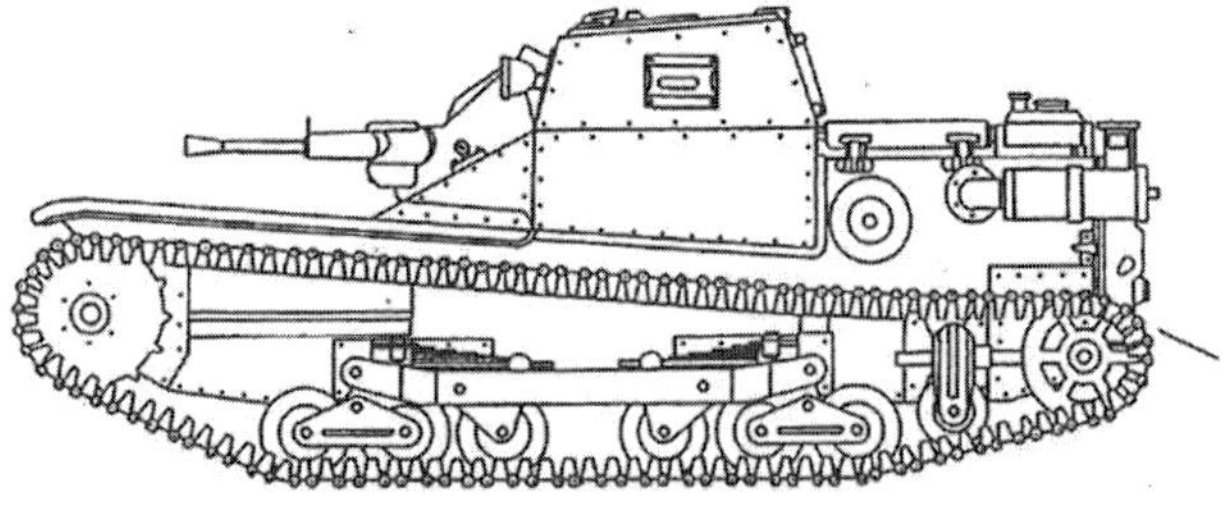
装甲防護力も火力も貧弱だった、イタリアのCV-33型戦車

太郎　貧弱！　これじゃ豆鉄砲っスね。

おじさん　しかし、その2年後に登場したIII号戦車は、当時の対戦車砲では標準的な口径であった37ミリという、まともな戦車砲を装備していた。しかし、これでも威力不足だということで、後に50ミリ戦車砲が搭載されるようになったんだ。後の電撃戦において主役となったIII号戦車だけど、

連合軍の戦車に対しては、火力の面で後れを取っていた。そのため第一線を引退するのも早く、後継のⅣ号戦車に取って替わられたのだ。

そして１９３９年9月、ドイツは52個師団もの大兵力をもって、突如ポーランドに侵攻した。この侵攻作戦は、Ⅱ号・Ⅲ号戦車を装備した装甲師団を中核としたものでね。その各部隊は、機械化された装甲擲弾兵が戦車に随伴し、さらにはユンカースＪｕ-87スツーカ急降下爆撃機の支援を受けていたんだ。これは、現代戦における米国の「エア・ランド・バトル」の先駆けともいうべき空陸一体の作戦でもあった。

これにより、旧式装備のポーランド軍はわずか18日間で壊滅した。このドイツ軍の侵攻作戦が、従来の常識を覆すほど迅速かつ電撃的であったことから、電撃戦（ブリッツ・クリーグ）と呼ばれたんだ。ドイツ軍の確立した電撃戦は、翌年のフランス侵攻でもいかんなく効果を発揮した。シャールＢ1型戦車などの有力な戦車を保有していたフランスも、戦車が活躍する間もなくあっさりと降伏してしまったくらいだ。

ところが、地上戦において向かうところ敵なしの大陸軍国ドイツも、同じ大陸軍国たるソ連をも相手するようになると、さすがに苦戦し始めるようになってね。１９４０年に出現したソ連のT-34中戦車は、火力も装甲防護力も、そして機動力もが、ドイツ軍戦車のそれを圧倒していたんだ。最初に出現した型は、76ミリ（正確には76・2ミリだが）戦車砲を搭載していたからT―34／76と呼ばれる。

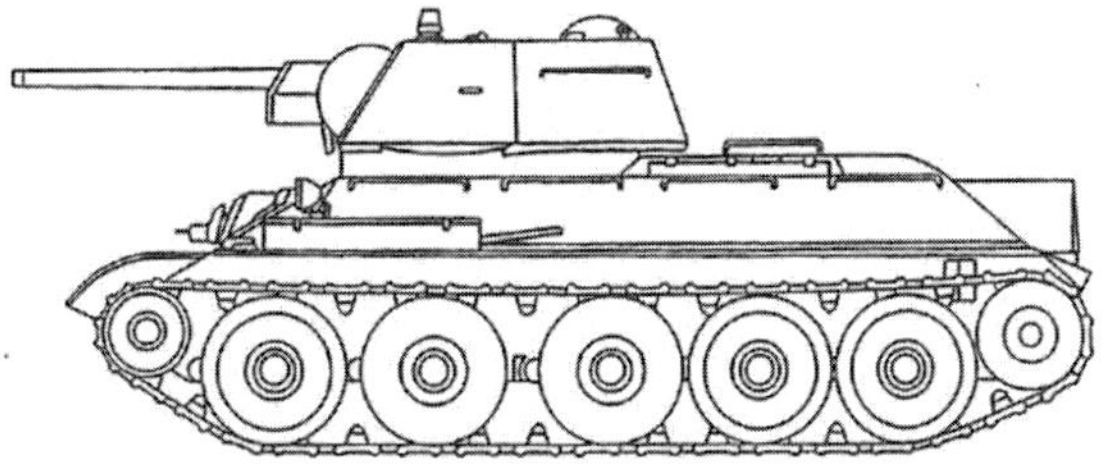

第二次世界大戦における「戦車のＭＶＰ」と言える、ソ連のT−34／76中戦車

この戦車が優れているのは、避弾経始に優れたデザインと低い履帯接地圧にある。特に後者は、道路の鋪装率が低かったソ連ならではというべきものでね、泥濘地における走破性に優れていたんだ。これは、ぬかるみで苦戦したドイツ軍戦車とは対照的だな。

太郎　ドイツ軍を苦しめたのは、冬将軍だけでなかったんスね。

おじさん　ああ。で、このようにT-34は、走・攻・守の三拍子揃った第二次世界大戦時の最優秀戦車と評されるほどだったのだよ。

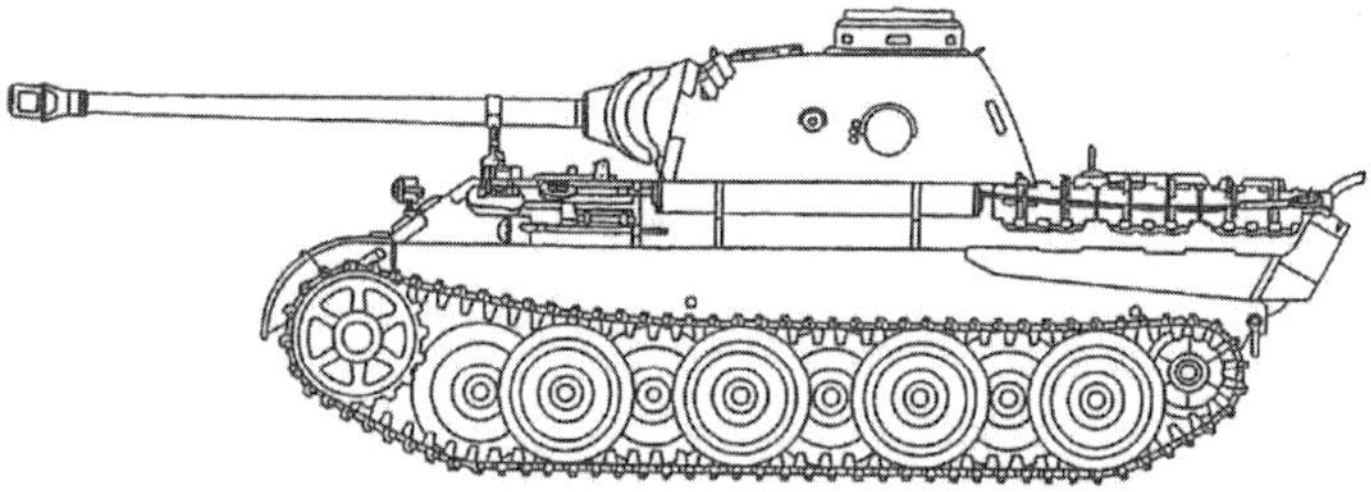

ソ連のT-34中戦車に対抗してドイツが開発したV号戦車パンター

　そこでドイツは、T-34に対抗すべくV号戦車のパンターを登場させる。これは、捕獲したソ連のT-34を詳細に分析して開発したものでね。そのため、T-34に似た外観となってしまい、ヒトラーはこれを嫌ったそうだよ。戦車に限らず、同様のコンセプトで開発される兵器というものは、意識せずとも結果的に似た形状となることが多いものだがね。たとえ意識的に似せたにせよ、デッド・コピーではないのだから、これも仕方ないというべきかな。

　こうしてドイツ軍は、何とかT-34に対抗できるようになったのだが、ソ連もT-34の改良型を次々と登場させる。主砲を長砲身化したり、より大口径の85ミリ戦車砲を搭載するものだから、ドイツもVI号戦車のティーガーを開発してこれに対抗したんだ。

第二次世界大戦当時、最強戦車といわれたドイツ軍のVI号戦車ティーガーI（Photo：Bundesarchiv）

太郎　遂に出ましたね、有名なティーガーが。

おじさん　そのティーガーの搭載する88ミリ砲は高射砲を転用したもので、少なくとも火力面では第二次世界大戦にお

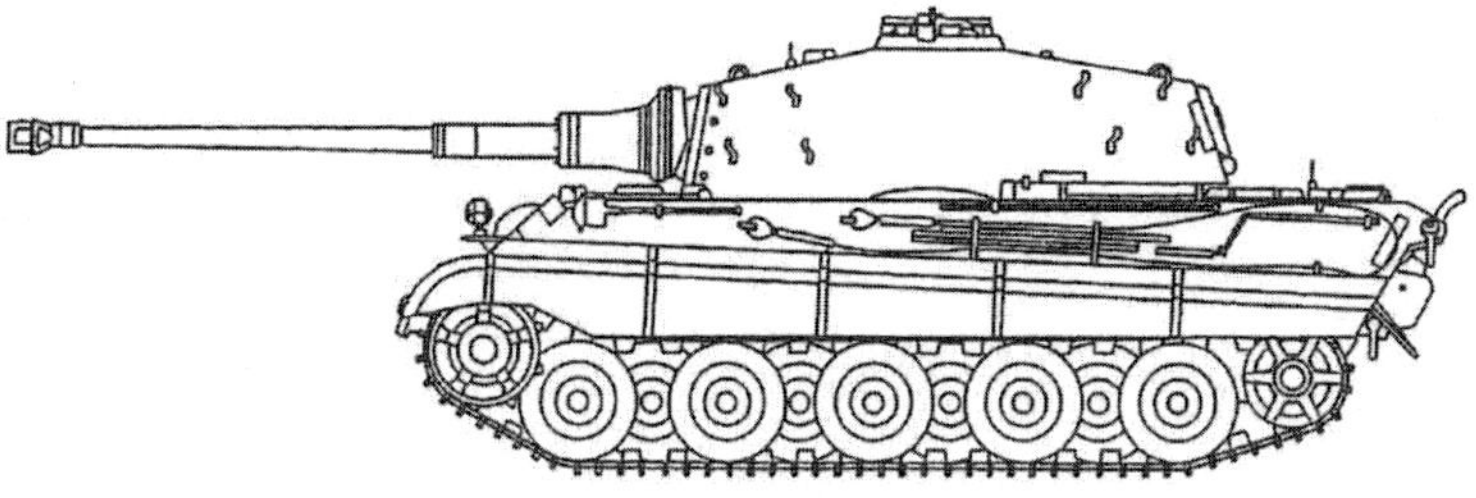

第二次世界大戦末期に登場した、ドイツ軍最強のⅥ号戦車ティーガーⅡ

ける最強戦車だったな。しかも前面装甲の最厚部で約100ミリ以上と、装甲防護力にも優れていたしね。ところが、現代のMBTほどもある戦闘重量のため、機動力が犠牲となった。また、あまりにも凝り過ぎた設計のため故障が頻発し、生産性も低かったんだ。

一方、遅れて参戦した米国は、何よりも生産性を重視して戦車を開発した。M-3グラント中戦車に続いて登場したM-4シャーマン中戦車は、鋳造砲塔に76ミリ戦車砲を搭載した戦車でね。火力も装甲防護力もティーガーに劣ってはいたんだが、大量生産による数でドイツ軍を圧倒したわけさ。

太郎　で、質を重視したドイツ軍戦車に対し米国は量を重視し、ソ連は性能のバランスを重視したわけでしょ。我が日本の戦車はどうだったんスか。

おじさん　実は、列国の戦車開発を追い掛けるので精一杯でね。九七式中戦車は、出現当時こそ列国の戦車と比較して遜色のない性能だったけど、続々と登場する諸外国の新型戦車の前に、瞬く間に陳腐化してしまった。そこで、一式機動47ミリ砲を搭載した九七式中戦車改を生産するとともに、新たに一式中戦車を開発したんだ。しかし、当時すでに諸外国では、より大口径の戦車砲が搭載されつつあった。列国に伍する火力を有した戦車が登場するのは、1943年（昭和18）となってからでね。これが三式中戦車で、90式75ミリ野砲を戦車砲として転用し、車体は一式中戦車のものを流用していた。

この三式中戦車、M-4中戦車に何とか対抗可能だったんだが、その生産は遅々として進まなかった。結局、終戦までに約150輌だけが生産されたといわれ、本土決戦用に温存されたんだ。で、三式中戦車は陸上自衛隊武器学校の所在する土浦駐屯地に展示されていて、国内に現存する三式中戦車としては唯一のものだ。

太郎　戦後の各国の戦車はどんな発展をするんスかね。

おじさん　うむ。枢軸側の敗北で第二次世界大戦は終結したが、今度は米ソ二大陣営の対立により、冷戦が始まった。

土浦駐屯地の陸上自衛隊武器学校に唯一現存する三式中戦車

東西対立の最前線に位置するドイツは、戦後しばらく米国から供与されたM-48戦車を使用していたんだ。

ところが、当時創設されたばかりのNATOで、共通の戦車を装備する計画が持ち上がった。当初はフランスと協同開発する予定だったけども、両国の要求仕様や運用構想の相違から、その計画は空中分解するに至ってしまった。こうしてドイツは、戦闘重量の割には優れた機動性を発揮するレオパルト1を、一方のフランスは、割と軽量なAMX-30をそれぞれ独自に開発したわけさ。

しかし、またしてもというべきか、ドイツは後のMBT70計画でも米国との協同開発に失敗しているんだ。さらに、二度あることは三度あるというわけで、フランスとの新型戦車の共同開発も破談となった。

ところが面白いことに、もっと困難と思える航空機の共同開発には成功していたりするから面白いよな。軽攻撃／練習機のアルファジェットなどが好例だ。

太郎　でも、フランスはフランスで、後に独自の国防路線を突っ走ってるから、何とも皮肉スよね。

おじさん　まあな。そしてドイツは、第三世代MBTの先駆けとなるレオパルド2を開発する。その120ミリ滑腔砲は、西側諸国におけるスタンダードなものとなった。また、複合装甲の採用による角張った外観は、我が国の90式戦車にも少なからず影響を与えたんだ。

フランスは、ドイツとの協同開発中止により、ナポレオンと仮称された新型戦車をキャンセルすることになってね。そこで、1970年代の半ばから行なわれていた、将来戦車の基礎研究技術を元に開発したのがルクレールなんだ。このいつの特徴は、まずその外観だろうな。よく戦車を評して

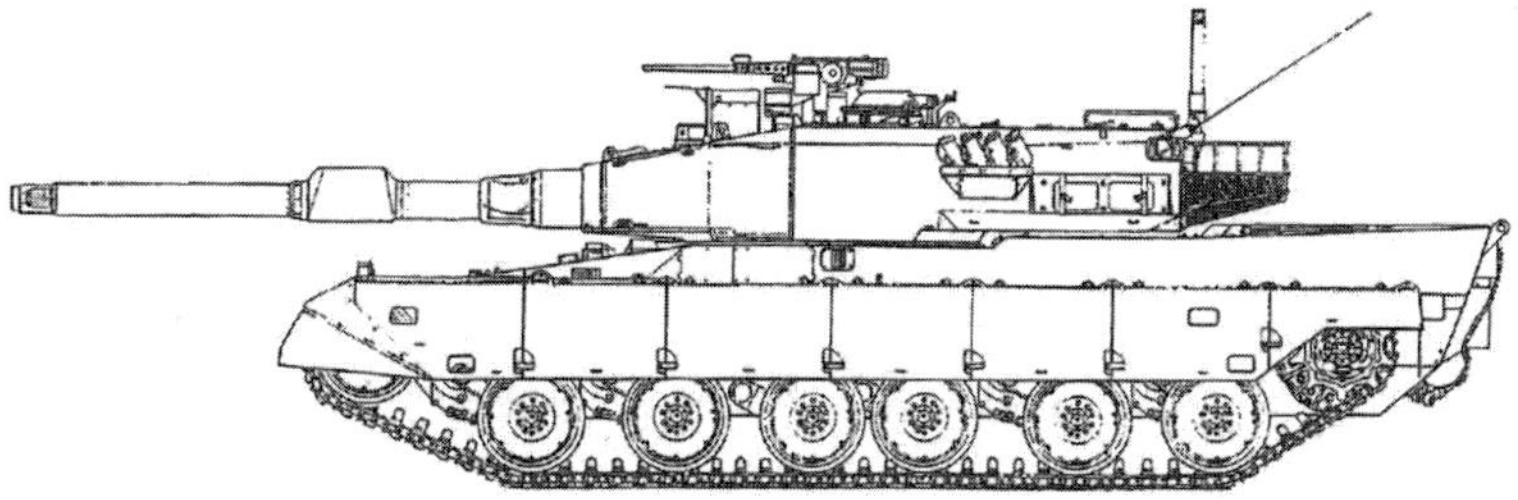

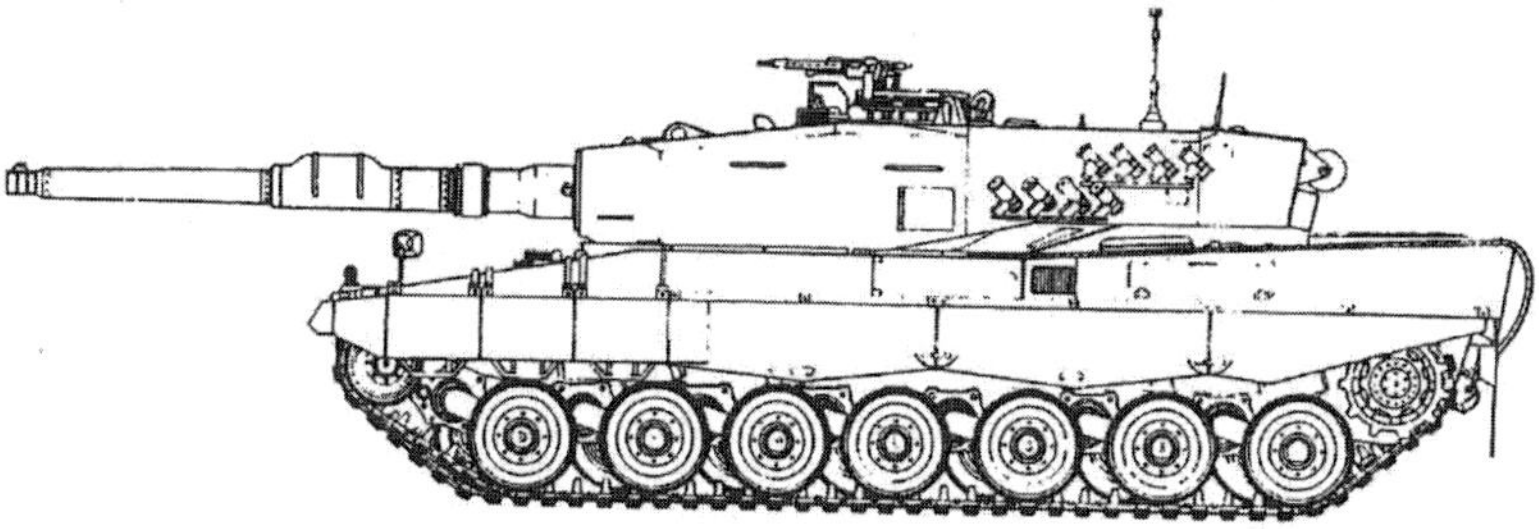

ドイツのレオパルト２戦車と陸上自衛隊の90式戦車の側面外観の比較。90式戦車はレオパルト２の影響を受けたデザインであることがわかる

「装甲という名の鎧に身をまとった……」などというが、多面体のモジュラー式（破損しても交換可能な）装甲を装着したルクレールは、鎧に身を固めた中世の騎士というところだろう。

また、ルクレールは、我が国の90式に匹敵するほど高価な戦車だ。その価格の半分以上を電子装備が占めているようだ。何せ、従来は各車輌間での情報交換などは無線に頼っていたのが、デジタル・データバスによりデータの共有も可能となったからな。その進歩した電子装備を搭載する同車は、ヴェトロニクス（ヴィークル・エレクトロニクスの略＝戦闘車輌用電子装備）という新たな用語を定着させるのに一役買った。つまりヴェトロニクスは、ルクレールの出現によって一般化した用語だといえるな。

一方、世界初の戦車開発国の英国は、１９４７年にA41センチュリオン戦車を登場させた。この戦車は、全備重量のわりに軽快な巡航戦車と、機動性より装甲防護力を重視した歩兵戦車を1車種に統合したようなものでね。これは、大戦後に両者の区分を廃止したためで、センチュリオン戦車の開発当初は巡航戦車として計画されていたんだよ。

しかし、その後に英国が開発したチーフテンは１２０ミリライフル砲を搭載し、攻撃力こそ世界随一ではあったが機動性はそれほどでもなかった。我が国で、61式戦車がデビュー

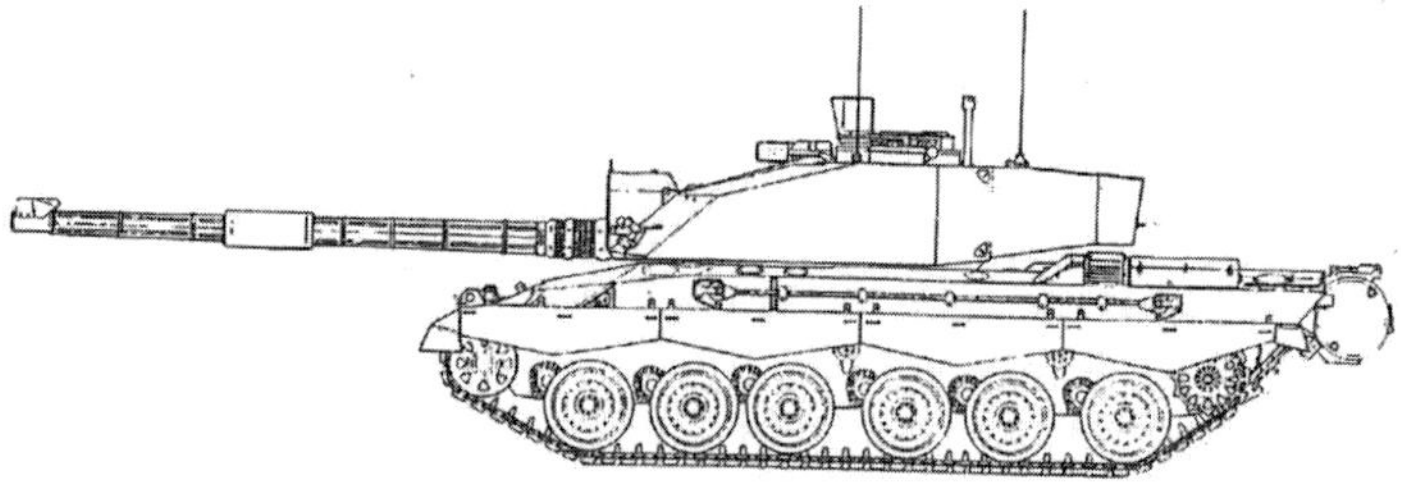

機動性よりも装甲防護力を重視した、イギリスのチャレンジャー２戦車

して間もない頃のことだ。これは、現在の主力であるチャレンジャー2でも同様だがね。つまり、従来の歩兵戦車と同様の設計コンセプトともいえるかな。

何せ、第三世代の現用MBTの最大速度は、軒並み時速約70キロメートルという時代だ。これに対し、オマーンに輸出したE型こそ世界水準だが、英本国のチャレンジャー2のそれは、時速約56キロに過ぎないのだよ。

ところで第二次大戦後の英国戦車は、伝統なのかCで始まる名称となっている。それとともに、頑にライフル砲の搭載にこだわり、機動性より装甲防護力を重視した設計は、今後も継承されるのか興味深いな。

そして、第二次大戦後に西側諸国のリーダーとなった米国は、朝鮮戦争を第二次大戦時の戦車を主力として戦った。ところが開戦当初は、共産軍の装備するT-34／85に対して苦戦を強いられてね。M-24軽戦車の火力では履帯を切断するのが関の山で、90ミリ戦車砲搭載のM-26パーシングなどで対抗するしかなかったんだ。

これがベトナム戦争では、主として主要幹線における歩兵支援に戦車が使用された。これは、ジャングル内では戦車の機動も困難であったからだ。空挺用に開発されたM-551シェリダン軽戦車は、砲とミサイル兼用の152ミリ「ガン・ランチャー」が売り文句だった。これは、当時の主力戦車だったM-60にも搭載されたほど（M—60A2型）期待されていたんだ。しかし、整備性などの運用面で不評に終わってしまった。これに対してM-48パットン戦車は、アクティブ式の赤外線暗視装置が搭載されていた。日中は対戦車火器により被弾することも多かったけど、解放戦線の制圧任務などの夜間戦闘に活躍したんだ。

太郎　日本では、ちょうど74式戦車が開発中だった頃のことスよね。

おじさん　うん。で、1980年代に入ると、米国は旧式化したM-60戦車の後継にM-1戦車を開発したんだ。このM-1、MBTとしては世界初となるガスタービンエンジンを搭載したことで、各国の注目を集めた。また、複合装甲の採用

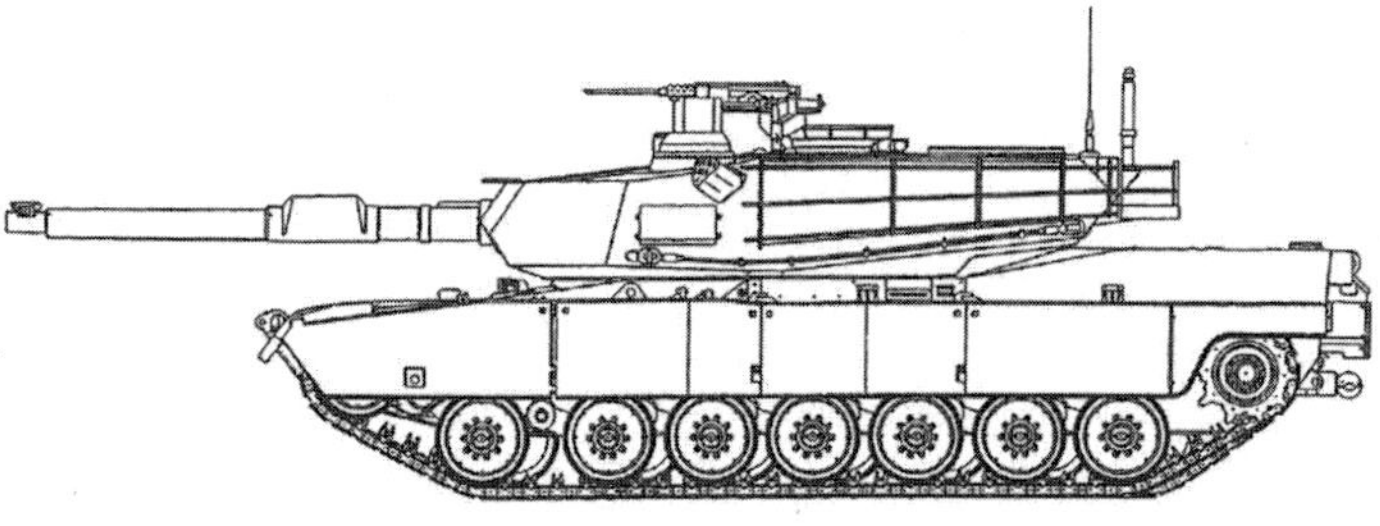

湾岸戦争で大活躍した米国ＭＢＴのM-１エイブラムズ戦車

など、乗員の生存性を重視した設計が特徴だな。M-1は、湾岸戦争で期待通りの性能を発揮し、米国の高度な先進技術を立証することとなったのだ。

対するソ連は、第二次大戦後まもなくT-54／55を出現させた。扁平な丸型砲塔と大転輪方式の採用は、ソ連戦車の伝統としてその後もしばらく続いた。搭載された100ミリ戦車砲は強力で、出現当時は世界最強の火力を誇ったんだ。

その後、西側諸国の戦車が１０５ミリ砲を装備し出すと、これに対抗してさらに大口径の戦車砲を開発した。これが１１５ミリ滑腔砲で、新型のT-62戦車の主砲として採用された。そのT-62は、１９６５年のモスクワ軍事パレードに初出現し、西側各国に衝撃を与えた。続くT-64は、さらに強力な１２５ミリ滑腔砲を装備した。これは、少なくとも口径という点では、現在に至るも世界最大だ。もちろんこれは、近い将来１４０ミリ滑腔砲が搭載された戦車が量産されるまでは、という話だがね。

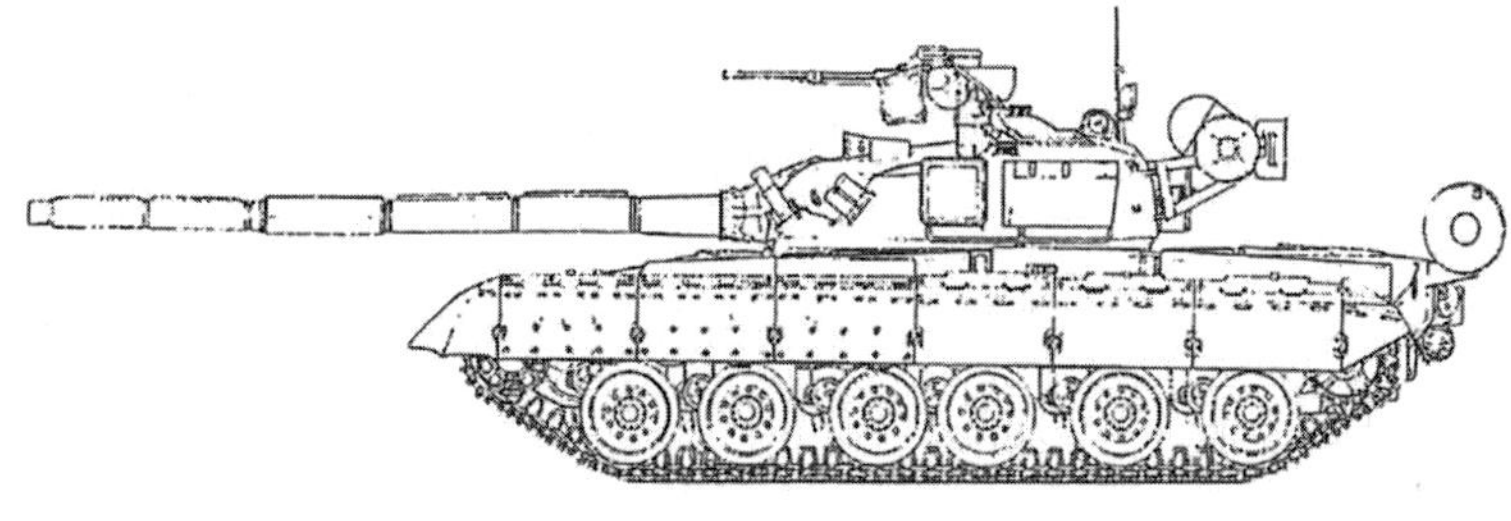

T-64をベースとして開発された、ソ連最後のＭＢＴであるT-80戦車

T-64は、扁平な丸型砲塔というスタイルこそ継承したが、転輪は中直径のものと上部支持輪を組み合わせたオーソドックスなものとなった。また、複合装甲と自動装填装置を採用したのも特徴だ。

そして、旧ソ連最後のＭＢＴとして登場したT-80は、さらに新機軸テンコ盛りの野心的な戦車であった。機関にガスタービンを採用し、主砲の125ミリ滑腔砲からはミサイルも発射可能なんだ。また、敵の対戦車ミサイルに対する防御システムや、リアクティブアーマー（ERA＝爆発反応装甲）も装備している。

このT-80、他国の第3世代MBTにも決して見劣りしないんだが、ガスタービン機関の低い信頼性や燃費の悪さなど、少なからぬ問題も抱えていてね。さらにソ連崩壊後のロシアは、新型戦車「チョールヌイ・オリョール（黒鷲）」の開発も試作でストップしたままで、資金難のため量産化の目処は立っていないんだ。」

太郎　なんだか、今の低迷するロシアを象徴しているみたいだなあ。

おじさん　で、1980年代に入ると、列国の第3世代MBTが次々とデビューを飾った。これに対し我が国も、世界に伍する戦車として90式戦車を開発するわけだ。120ミリ滑腔砲や複合装甲といった第3世代としての標準装備に加え、74式戦車で確立された姿勢制御技術も継承された。また、フランスのルクレールと同様に、自動装填装置を採用して注目を集めたのはお主も知っている通りさ。

このように、世に戦車が登場して100年にも満たないが、この間の技術的進歩には目覚ましいものがあったな。その一方で、戦車を取り巻く政治的・戦略的環境も変化してきた。近年は、各国とも戦車などの重厚長大な装備を大幅に削減する傾向にあってね、一部では戦車不要論も叫ばれているんだ。

でも、「衝撃力の発揮」という戦車ならではの特性を考えたとき、それは他の手段をもって容易に代替できるものではないことが判るよな。だから、いかに戦車の存在意義が低下しようとも、戦車という兵器がそう簡単に消滅してしまうとは、おじさんには思えない。

恐らく今後も、戦車は戦車として陸戦の主役であり続けるだろうし、また、時代の変化に適合したスタイルとなって生き残るに違いないだろうよ。

戦車の中身はどうなっている？　その構造と機能

太郎　ところでおじさん、自分は戦車の構造や機能がイマイチ頭に入っとらんのです。おさらいの意味で、いろいろと教えてもらえませんか？

おじさん　よかろう、では復習だな。早速、これから一般的な戦車の構造とその機能について言及するとしよう。まず戦車の構造だが、大きくは砲塔部と車体部に区分される。砲塔は、概ね円形もしくは多角形の構造物であって、搭載砲による全周射撃のため、人力や油圧あるいは電動モーターなどで駆動し、自在に回転するようになっている。

で、砲塔は、良好な射界を得るためには、ある程度の高さを必要とする。なぜかといえば、いかに全周に砲を指向できようとも、砲の俯仰角（上下する角度）には限度があるからだ。

戦車の主戦場となる野外は、起伏に富む不整地であることが多い。これは、地形を利用して俯角一杯として砲身のみを突き出しての射撃、つまり稜線射撃をするには都合がよいけど、反面、地形が障害物となって射撃に支障をきたす場合もあるのだよ。

スウェーデンのＳｔｒｖ１０３戦車のように、無砲塔で車体に直接砲を固定した戦車も存在するんだが、油気圧によって車体を前・後傾することによって、砲の俯仰角という問題を解決している。また、特殊な例としては、フランスのＡＭＸ-13のように、戦車砲と一体となり俯仰する構造の「揺動砲塔」というものも存在する。

とはいえ、砲塔を高くすれば重心も高くなり危険だし、何よりも敵弾が命中しやすくなるからな。戦車設計のプロたるエンジニアたちは、適度な高さの砲塔を設計するのに苦心しているのさ。

さて、砲塔の次は、その搭載する砲についてだが、現代の戦車では「ライフル砲」か「滑腔砲」のどちらかが搭載されている。このうち前者のライフル砲とは、砲身内に螺旋状の溝を有する戦車砲をいう。この溝が「何回転しているか」や「溝の間隔」などは、砲の種類によって異なるんだ。現在では小銃をライフルと称しているが、この腔内の溝を英語でライフリング、つまり腔線といい、これがライフルの語源ともなった。砲だけでなく銃にもライフリングがあるわけだな。

そして、ライフリングは砲口から薬室の先端にまで及んでいる。これにより、飛翔する弾丸に回転（旋動）を与えて安定させるのだ。

このライフリングの溝の低い部分を谷、高い部分を山と呼んで、山と山の間隔をいわゆる「口径」と呼んでいる。でもって、ライフリングの溝は何本でどちら回りなのか、というのを「4条右転」とか「28条右転」というような表現をするんだ。また、溝が一回転する長さを口径の倍数で表す。同様に、「51口径１０５ミリライフル砲」などと、砲身の長さも口径の何倍かで表現している。

そして後者の滑腔砲は無腔線、つまりライフリングがないわけだ。そのため、滑腔砲でいう口径とは単に砲口の直径を差す。ライフリングのない滑腔砲から発射された砲弾は、旋動することはない。したがって、弾丸の安定には翼、つまりフィンが用いられるんだ。

余談だが、日頃モデルガンや電動ガンに親しんでいる軍事

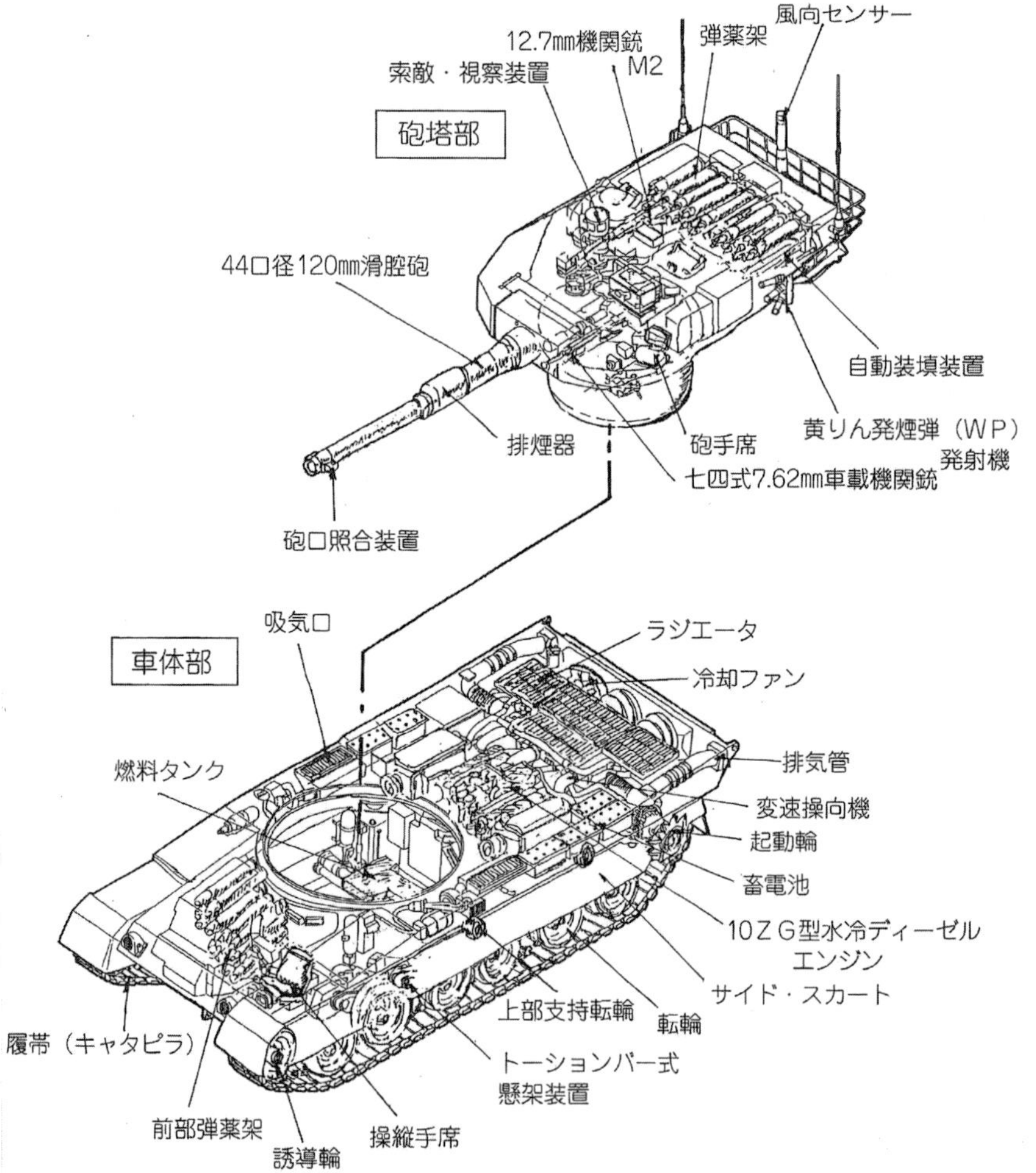

90式戦車で見る戦車の構造。戦車は「砲塔部」と「車体部」に大別される

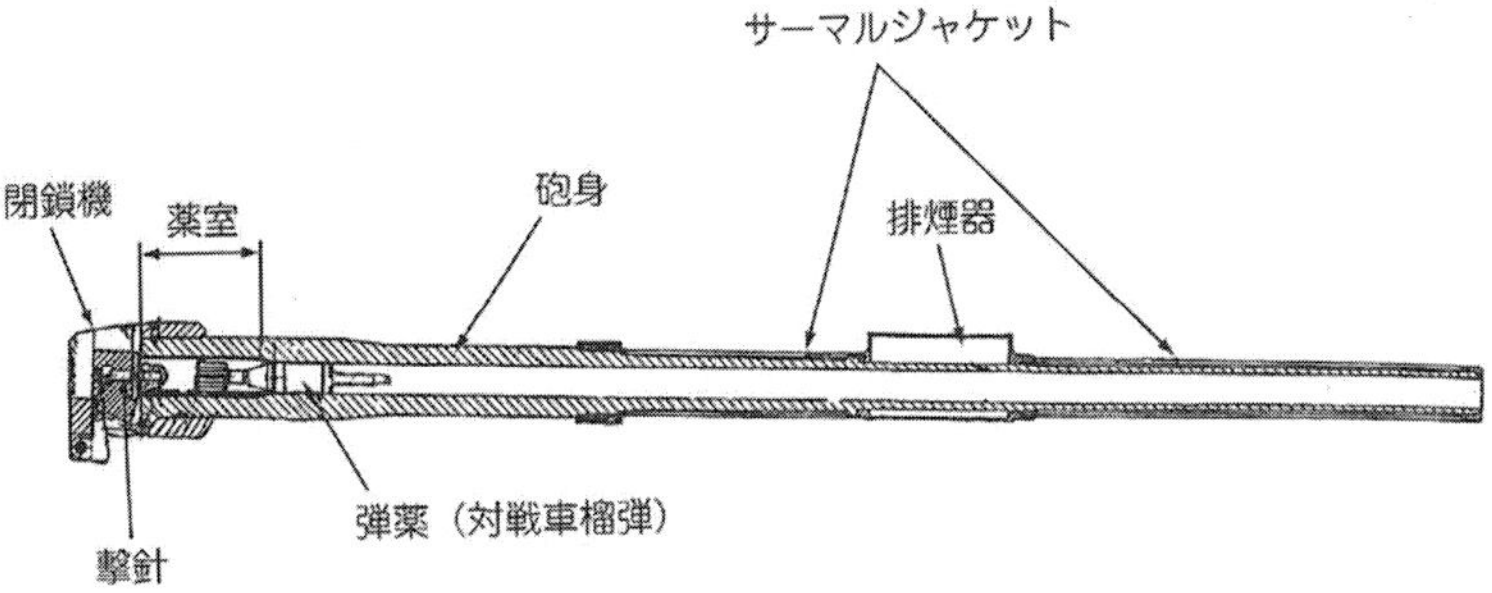

代表的な戦車砲の構造

マニアであれば、銃身や砲身を「バレル」と呼ぶのは常識だろう。

太郎　自分もそのくらいは判るッス。

おじさん　そうか。これは中世ヨーロッパで使用された火砲の砲身に、樽に用いられるような「たが」をはめたことに由来するのは知ってるな？　当時は冶金技術が未発達で、しばしば砲身破裂することがあったからだ。

戦車砲の構造は、大まかにいえば根元の方から「砲尾環」と「砲身」で構成される。19世紀以前の火砲は、砲口から弾を込めて、砲尾に開いた穴から裸火で点火する方式だった。

太郎　現在の大砲からすれば、ずいぶん原始的だね。

おじさん　うん。このような前装式火砲は、再装填に手間が掛かることと砲側員が敵に暴露するなどの点で問題があってね、その後、閉鎖機を備えた後装式火砲に取って変わるようになったんだ。閉鎖機とは弾を装填する際の砲尾の閉鎖に用いられるもので、ボルト・ナットの原理を応用した「隔螺式」や垂直または水平に動作する鎖栓が砲尾を閉鎖する「鎖栓式」などがある。74式戦車搭載の１０５ミリ戦車砲には「垂直鎖栓抜式」の閉鎖機が用いられているんだよ。

次に砲身の構造なんだが、その根元には弾薬が装填される部分の「薬室」がある。この部分は薬莢が納まるから、当然だが砲の口径より太くなっている。戦車砲は、他の火砲と同様に「ニッケル」「クロム」「モリブデン」「バナジウム」を用いた鋼材で作られるけど、その成分比率は各国とも秘密だといわれているんだ。で、その構造は「層成砲身」と「単肉砲身」に区分される。前者は砲身に「たが」をはめたり、套管《とうかん》で締め付けるようにしたもので、昔の旧式な戦車砲や野砲に多く見られるものだ。一方後者は、鍛造または遠心鋳造により製造され、中小口径の砲に用いられる。

太郎　エンシンチューゾーって何スか？

おじさん　簡単にいえば、高速回転する円筒形の鋳型に溶鋼を流し込む製造方法さ。しかし、この方法で製造された砲身

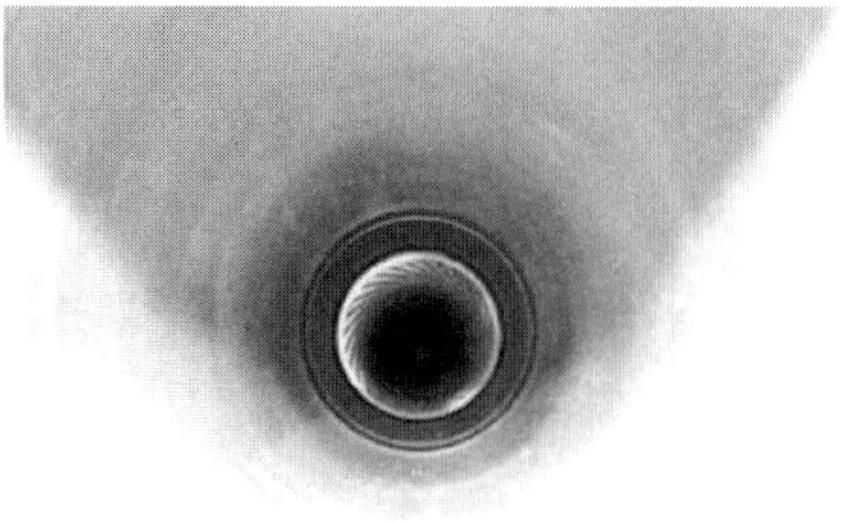

L-7系105ミリ ライフル砲の薬室。腔線（ライフリング）が刻まれているのがわかる

は強度に限界があるため、現在は「自緊単肉砲身」が一般的だ。これは油圧や水圧でもって、単肉砲身に残留応力を与えて強度を増大させるもので、第二次世界大戦中から行なわれている。

　ところで砲身といえば、第二次世界大戦頃の戦車砲では口径の異なるものを複数搭載することもあった。これに対し、現在の戦車砲は1門のみの搭載が常識で、しかもその口径も砲身長も当時とは比較にならん。例えば、戦前の旧陸軍が装備していた九七式57ミリ戦車砲は、全長つまり砲身長が93センチしかなかった。口径も小さいし砲身も短いところなど、まるでお主のイチモツのようだな。

太郎　うへっ、酷いなあ。自分のモノは、意外と立派ッスよ。

おじさん　ところが、戦後の90式戦車の120ミリ滑腔砲は44口径、つまり砲身が砲の口径の44倍という長さで約5・28メートルもある。

　また、砲身にはさまざまなアクセサリーが付属している。「排煙器」がその際たるものでね、撃発時の発射ガスを排除するようになっている。砲身のほぼ中央にある一回り太い部分がそうだ。この部分には多数の小穴があり、発射ガスは円筒状の排煙器内に充満するようになっている。その直後に砲口から砲弾が飛び出すんだが、この際の圧力変化によって発射ガスも砲弾を追うようにして排出される仕組みさ。これにより、次弾を装填するために閉鎖機を開いても、発射ガスが戦闘室内に逆流することはない。

　一方、61式戦車の場合であれば、砲口にT字型をした爆風転向器というのが装備されている。これは、発射ガスを側方へ逃がすことで爆風を減少させ、次弾の照準を容易にするためのものだ。かつては米国のM-47戦車などにも採用されていたけれど、1960年代以降は排煙器の性能向上に伴い廃れてしまった。この排煙器だが、これをサーマルジャケットつまり砲身被筒と紹介していた雑誌があったな。

太郎　……自分もそう思っとりました。

おじさん　うむ。で、大気圏外を飛行するスペースシャトルなどの宇宙船は、太陽光が直射する側とそうでない側の温度差は数百度にも達するといわれる。こうなると一方の面は加熱されて膨張し、反対面は逆に収縮するよな。戦車の砲身の場合はそこまでの温度差とはならないが、それでもやはり太陽光の直射する側は膨張し、そうでない側は収縮する。これを防ぐのがサーマルジャケットの目的だから、排煙器とはまったくの別物だ。その材質には、断熱効果の高いＦＲＰやアルミニウム合金などが使用される。

もちろん、砲身の膨張や収縮といっても、漫画に登場する擬人化した戦車の砲身ではあるまいし、ゴム製ではないのだから、像の鼻のように曲がることはないよな。しかし、人間の目では判らない微妙な曲がりであっても、砲の命中精度に大きな影響を与えるんだ。そのため、鏡にレーザー光線を反射させ、砲身のわずかな曲がりを検出する「砲口照合装置」という器材が用意されているのさ。

太郎　いやあ、よく考えられているんスねえ。

おじさん　まあな。さて、お次は「装甲」の説明といくか。航空機の場合であれば、近年の技術の進歩に伴って複合材料などを多用し軽量化することが可能だ。しかし、戦車はそうもいかん。火砲やミサイルの装甲貫徹力の向上に、指をくわえて眺めているわけにもいかんしな。

かといって、装甲を無制限に厚くしていけば、際限なく巨大で途方もない重量となってしまう。これでは機動性が損なわれ実用的とはいえないし、機動性を重視すれば軽量なのが望ましいだろ？　このように、軽量でありながら防護力に優れた装甲材料は確かに理想なのだが、重量と防護力という のは相反する要素なんだ。

太郎　しかも、装甲材料はただ厚ければいい、というものでもないでしょう。

おじさん　その通り。また、単に硬いだけでもダメだ。硬さのみを追求すれば、逆に脆いものとなってしまうのだ。

一般的に戦車の装甲は、砲塔部と車体部で異なる構造であることが多い。その材質は、従来は防弾鋼が単独で用いられることが多かったが、最近の戦車では複合装甲が主流となっているんだ。防弾鋼は、鍛造あるいは圧延もしくは鋳造のいずれかで製造される。代表的な防弾鋼板は、「均質圧延鋼板」や「表面硬化鋼板」などだな。

前者は、ニッケルやクロムあるいはマンガンやモリブデンなどを混合し、その強度を増したもので、表面も内部も同じ硬さであるため「均質」と呼ばれる。これは、第二次世界大戦次以降における防弾鋼板の主流となった。後者は、圧延鋼板の表面に炭素成分を含有させて、熱処理を施し鋼板表面を硬化させたもので、旧陸軍の戦車が、これをリベット止めした構造だったんだ。

太郎　リベット止めとは、現在からすればいかにも古臭いなあ。

おじさん　それで現在では、溶接作業の容易さなどから圧延防弾鋼板には前者が多用される。圧延防弾鋼板は溶接によるものだから、直線を基調とした車体部の製造には都合がいいよな。その反面、戦後第2世代の戦車に多く見られた「亀の甲」型のようになめらかな曲線を持つ砲塔の製造には不向きだ。そこで、砲塔のように避弾経始が求められる部分には鋳造が多く用いられる。何たって鋳物だからして、任意の造形が可能である点が強みだ。

第二次世界大戦時の戦車装甲には、ボルトやリベット締結によるものが多く見られた。写真などで見たことあるだろう？　しかし、これでは撃破されずとも、ボルトやリベットが弾着の衝撃で飛散し、内部の乗員が戦死することもあったんだ。

太郎　悲惨だなあ。現在の戦車装甲に溶接が多用されているのも当然ッスね。

おじさん　これに対し、複合装甲が一般化した戦後第3世代以降に登場した戦車は、角張った面から構成された砲塔形状であることが多いよな。我が国の90式戦車や、初期のレオパルト2戦車のそれは垂直面だけれども、近年の戦車は、これに傾斜をつけた形状とする傾向にある。

複合装甲ってのは、セラミックスやチタニウム合金などを防弾鋼板で包み、サンドイッチ状にして一枚の装甲としたものだ。一般的に、セラミックスは熱に強いが脆く、チタニウム合金は軽量で粘りがある。

つまり、セラミックスは脆いが、割れることで徹甲弾の弾着時の衝撃を吸収し、チタニウム合金で侵徹を食い止めるわけだな。対戦車榴弾が装甲に命中した場合、非常に細い高温のジェット噴流を生じる。これを熱に強いセラミックスで防ぐとともに、異なる素材を交互に配列することで、そのジェット噴流を逸らす効果も期待できるんだ。このように、性質が異なる両者を組み合わせることで、徹甲弾も対戦車榴弾もどちらも防げるというわけさ。

太郎　ところで複合装甲といえば、英国の有名なチョバム・アーマーってのがそうでしょ。

おじさん　うん。これは、1976年の6月22日付の英国フィナンシャル・タイムズ誌が発表した、スクープ記事で明らかとなったんだ。チョバムとは開発者の人名ではなくて、英国防省王立兵器研究所の所在地を冠してこう呼ばれるのさ。

しかし、履帯を意味する商標のキャタピラは一般にまで広く浸透したけれども、チョバム・アーマーは複合装甲の代名詞にはならなかったな。だから、各国では単に複合装甲、つまりコンポジット・アーマーと呼んでいる。ただ、各国の複合装甲も元祖であるチョバム・アーマーとは、セラミックスなどの比率はそれぞれ微妙に異なっているらしい。もっとも、この辺の組成比率は秘密だがな。

それでだ。スクープといえば冷戦末期の話なんだが、米国の複合装甲の構造が、旧ソ連の軍事雑誌にスッパ抜かれている。この複合装甲の断面図、その後は我が国の軍事雑誌などでもよく見かける、お馴染みのヤツだ。現在でこそ各国とも類似品を製造しているが、当時は機密中の機密であったから、KGB、つまり現在でいうFSBの情報収集能力も侮れない、というところかな。

太郎　やはり、映画の007に登場するような秘密諜報工作員が暗躍したんですかね。

おじさん　どうかな。ともかく、この複合装甲が出現するまでは、中空装甲いわゆるスペースド・アーマーが一般的な戦車装甲だった。これは、成形炸薬を用いた対戦車火器の発達によるところが大きいな。つまり、均質圧延鋼板を用いた装甲では、対戦車榴弾によるジェット噴流を防ぐのが容易でなくなってきたからだ。そこで、装甲板を二重にするのではなく、間隙をあけて配置する方法が考案されたわけだ。中空部分でジェット噴流の効果を弱めようっていう発想だ。このように中空装甲は、複合装甲が登場するまでは戦車装甲の主流であったのだよ。

しかし、中空装甲となっていない従来の戦車は、これを増加装甲として後付けするしかなかった。そうなると、ボルトなどで取り付けることになるよな。しかしこれでは、本来の装甲の外側に間隙を空けて二重三重と装甲を取り付けるのだから、必然的に元々の車体より大型化することになる。

そこで、どうせ後付けのボルト・オンならば、と考案されたのが「ERA＝イクスクローシブ・リアクティブ・アーマー、つまり爆発反応装甲だ。これは、イスラエルが世界で初めて実用化したもので、砲塔や車体の表面に張り付けた弁当箱状のものがそうだ。

太郎　ロシアの戦車なんかこれでもか、といわんばかりにビッシリと取り付けているよね。

おじさん　ああ。で、その仕組みだが、対戦車榴弾のジェット噴流によって「反応」つまり作動し、内部の火薬が「爆発」することにより、ジェット噴流を逸らしたりする「装甲」ってわけさ。

反応爆発装甲という語順の方が正しいような気もするけれども、とにかく、これによって本来の装甲にジェット噴流が到達することはない。しかも、使用されている火薬は少量だから、この爆発でジェット噴流を逸らす効果はあっても、本来の装甲に被害を及ぼすほどのものではないんだ。

太郎　そうスよね。だいいち、この爆発で自分も傷付いたりしたら、何のための爆発反応装甲か判らないし。ERAが爆発するたびに、自らの損傷も増加していくんじゃマヌケだよなあ。

おじさん　そしてこのERA、技術的にそれほど高度なものじゃない。世界に冠たるハイテク国家である我が国なら、同様のものを開発するのは雑作もないことだ。それにも関わらず、自衛隊ではなぜかこれを採用していないんだな。ERAは、主として成形炸薬弾に対処するためのものであって、徹甲弾に対しての防護力向上にはほとんど役に立たない。それでも、これにより74式戦車などの装甲防護力も、従来より向上するのは間違いないだから、自衛隊には何とか予算化していただきたいと思うんだがな。

太郎　技術はあってもカネがない、ってことですね。

おじさん　恐らくな。さて、次は車体構造なんだが……。車体部には動力伝達のための変速機、つまりトランスミッションやエンジンが搭載されている。近年の戦車では、これらは「パワーパック」として一体になっているけれども、以前は別々に装備されていたんだ。

変速機も、かつては前進五段・後進一段などの手動、つまりマニュアルが一般的だった。戦前の戦車や61式戦車などがそうで、乗員の練度によっては変速操作も非常に難儀なものだったんだ。そのため、昔のトラックで用いられた「ダブル・クラッチ」のようなテクニックが必要とされた。つまり、クラッチを切ってギアを一度中立、つまりニュートラル位置に入れ、アクセルを踏んで回転数を合わせてから任意の位置へシフト操作をし、ギアを繋ぐんだ。このような変速操作を自衛隊では「中間ガス」と呼んだが、長時間の操縦ではかなりの疲労となったそうだから、馬鹿にできんな。

太郎　今時の戦車ならオートマだよね。

おじさん　うん。これが、戦後第2世代の戦車ではセミ・オートマチックが主流となり、現在の戦車ではほとんどがトルク・コンバーター式オートマチックとなっているから、操縦もだいぶ楽になったようだな。

さて続いてはエンジンだが、かつてのM-4戦車などにはガソリンエンジンが用いられていたが、現在では被弾しても燃えにくいディーゼルエンジンが一般的だ。また、航空機の動力のようにタービンエンジン、つまりガスタービンを搭載した戦車も存在するのは知っているだろう？

太郎　米国のM-1戦車やロシアのT-80なんかがそうだよね。

おじさん　戦車のエンジンにはさまざまな種類がある。それは水冷か空冷かといった冷却方式の違いだとか、直列なのかV字なのか、あるいは水平対向であるのかといった、シリンダーの配列によっても区分される。これは、乗用車やバス、トラックなどの民間車輌のエンジンと基本的に大差はない。74式戦車のエンジンでいえば、10ZF型2ストロークV型十気筒だ。

太郎　もし、三菱でなく富士重工が戦車を造るとしたら、や

アメリカのM-１戦車に搭載されている、ＡＧＴ-１５００型ガスタービン・エンジン

はり水平対抗のディーゼルエンジンになるのかな。

おじさん どうかな。そしてエンジンが駆動させるのが履帯だ。履帯を別名「無限軌道」とも呼ばれる。これによって戦車の不整地走破が可能なんだが、同時にまた弱点ともなっている。被弾して損傷することもあれば、激しい走行により外れたり切れたりすることもある。

太郎 だから、戦車にはスペアの履帯を積んでいるんでしょう。

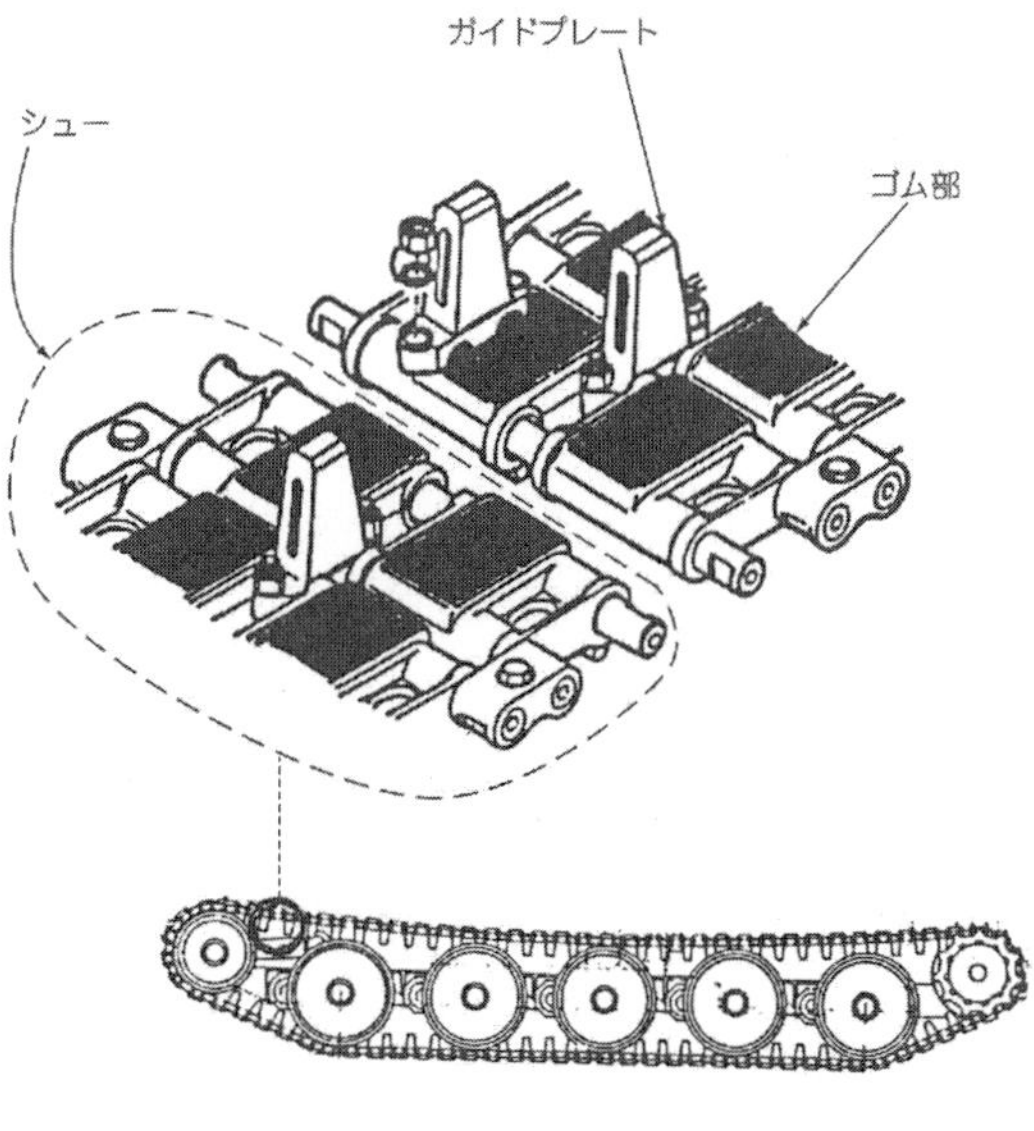

一般的な戦車の履帯の構造。【上画像】戦車の履帯には、「シングルピン仕様」と「ダブルピン仕様」がある。履帯内側中央の「ガイドプレート」は、ボルトによりシューの中央にしっかりと止められている。【下画像】装軌車の履帯には「結合式」と「ベルト式」がある。戦車に用いられるのは前者で、1枚1枚のシューを連結してリング状としている。なお、後者は雪上車などに使用されている。

おじさん　そうだ。さすがにワンタッチで交換とはいかんが、比較的短時間で交換できるようになっている。そして、履帯にはシングルピン仕様のものとダブルピン仕様のものがあるけれども、当然両者の互換性はない。で、戦車の足回りは履帯の他に、起動輪と転輪、サスペンションなどで構成されるよな。戦車の転輪には上部に小さな転輪を付けて組み合わせたものと、大転輪方式というものに大別される。これは、上部転輪を廃して直径の大きな転輪のみとしたもので、我が国の74式戦車もこの方式なのは知ってるだろう？
太郎　昔のソ連戦車なんかもそうだよね。
おじさん　ああ。この方式は、転輪の数が少ないため整備が容易となる反面、走行中に履帯が外れたりしやすいのが欠点だ。74式戦車に乗っていたおじさんの同期も、演習場では結構苦労したそうだ。

数値で比較！　戦車の一般的な性能・諸元

おじさん　現在の世界各国軍で使用される戦車には、さまざまな形式のものが存在するよな。１９９０年代に開発された新しいものもあれば、第二次世界大戦当時に開発されたものもあって、その性能・諸元もおのずと異なることになる。じゃあ、その一般的な性能・諸元はどのようなものか説明するとしよう。

　戦車の能力を比較する上で、最も分かりやすい指標ともなるのが「機動力」だろう。これはさらに、「最大速度」「航続距離」、「超壕幅」、「超堤高」、「登坂力」、「接地圧」、「渡渉水深」、「旋回能力」の各能力を数値で表したもので比較することが可能だ。

　まず最大速度なんだが、第二次世界大戦当時の戦車は、平均で時速約40キロメートル程度だったけれども、現在の第三世代ＭＢＴは時速約70キロメートルに向上している。もっとも、これは路上での最大速度を表したもので、野外のデコボコした不整地では最大速度も低下するがな。まあ、確かに高速であるに越したことはない。
太郎　半世紀前の戦車に比べて、かなりスピードアップされていますね。この調子じゃ、将来の戦車は最大速度100キロを超えるのも時間の問題ってとこかな。
おじさん　だからといって、戦車の最大速度が際限なく向上するとも限らんぞ。Ｆ-1などのフォーミュラー・カーは時速約３００キロもの最大速度を誇るが、戦車にはフォーミュラー・カーのような高速は不要だろうし、それを実現するにも技術的に困難だろう。

　次に航続距離だが、これは要するに燃料満タンの状態で、経済的巡航速度で燃料が尽きるまで何キロメートル走れるか、というような性能を表す。また、戦闘機のように戦闘行動半径として性能を評価することもあるがな。現在の戦車は、約500キロメートル前後の航続距離が平均的なところだが、我が国の国産戦車はその2／3程度の航続距離となっている。これは、自衛隊が専守防衛を国是としているため、外征軍として長距離侵攻する必要性がないからだ、といわれている。

　いくら戦車は専用のトレーラーで戦線へと輸送されることが多いとはいっても、かつてのドイツ軍による電撃戦や湾

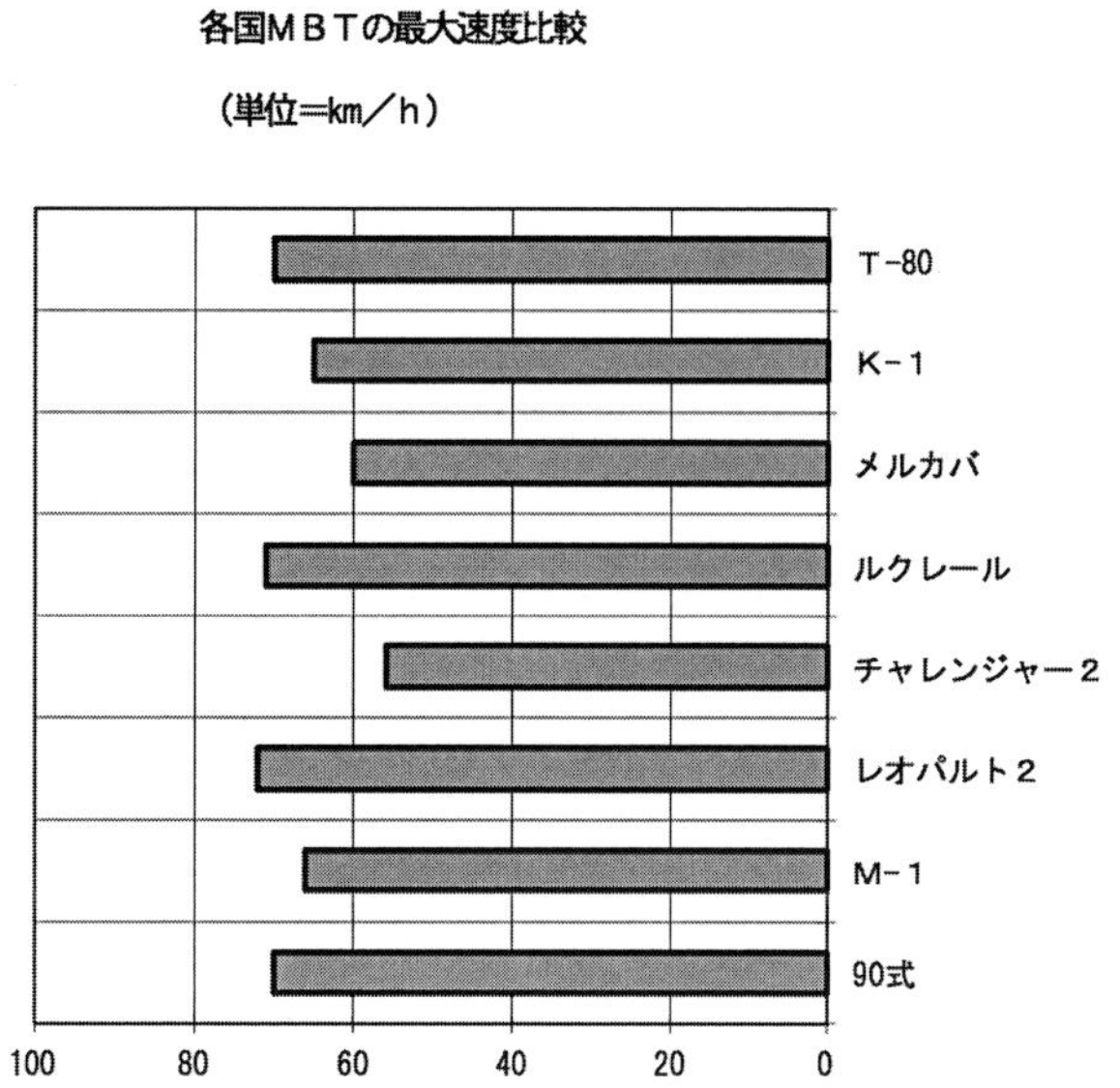

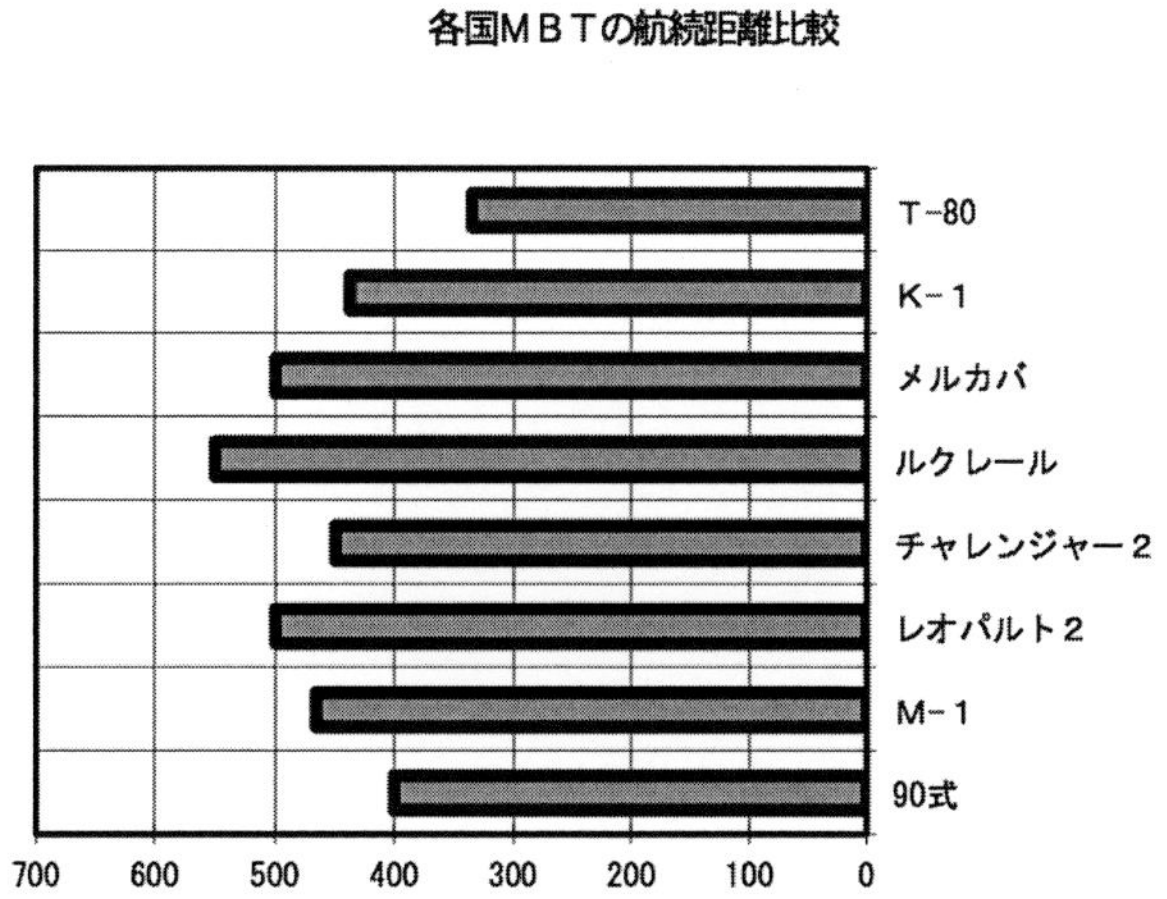

岸戦争時の米軍機甲部隊のように、長距離に渡って自走して戦略機動をする場合もある。こうなると、その軍隊の兵站能力がモノをいう。映画にもなった第二次世界大戦時の「バルジ大作戦」では、進撃速度が速すぎて燃料不足となった戦車が続出したし、湾岸戦争でも燃料の補給にはかなり苦労したという。

太郎　湾岸戦争っていえば、米軍の無数のタンクローリーが砂漠を機動するっていう、有名なＣＮＮの映像があったよね。あの頃は、自分もまだ幼かったから全然記憶にないけど、おじさんはテレビでリアルタイムにそれを見ていたんでしょう？

おじさん　イラクの砂漠は砂礫の細かな砂質ではなく荒地みたいなものでね。砂漠というより土漠と呼ぶのがピッタリだが、それでも兵站部隊のタンクローリーは、所詮、装輪車輌に過ぎない。故障が付き物であるはずの戦車も、ほとんど故障することなく快調に進撃したこともあって、兵站部隊が戦車に追い付くのも大変だったようだ。ここはやはり、我が国の戦車も諸外国並みの航続距離を確保したいところだ。

　さて、戦車の神髄は、各種の地形障害を克服して走行が可能というところにあるんだ。その能力を具体的な数値で表したものが超壕力、超堤力、登坂力、渡渉水深、旋回能力というわけだな。これらの能力は、車体寸法によって制約を受けることが多い。

　例えば超壕力だが、一般的な戦車は平均2・7〜3メートルの幅（長さ）がある壕や地隙（自然に存在する窪み）を乗り越えることが可能で、これは戦車の全長に関係している。

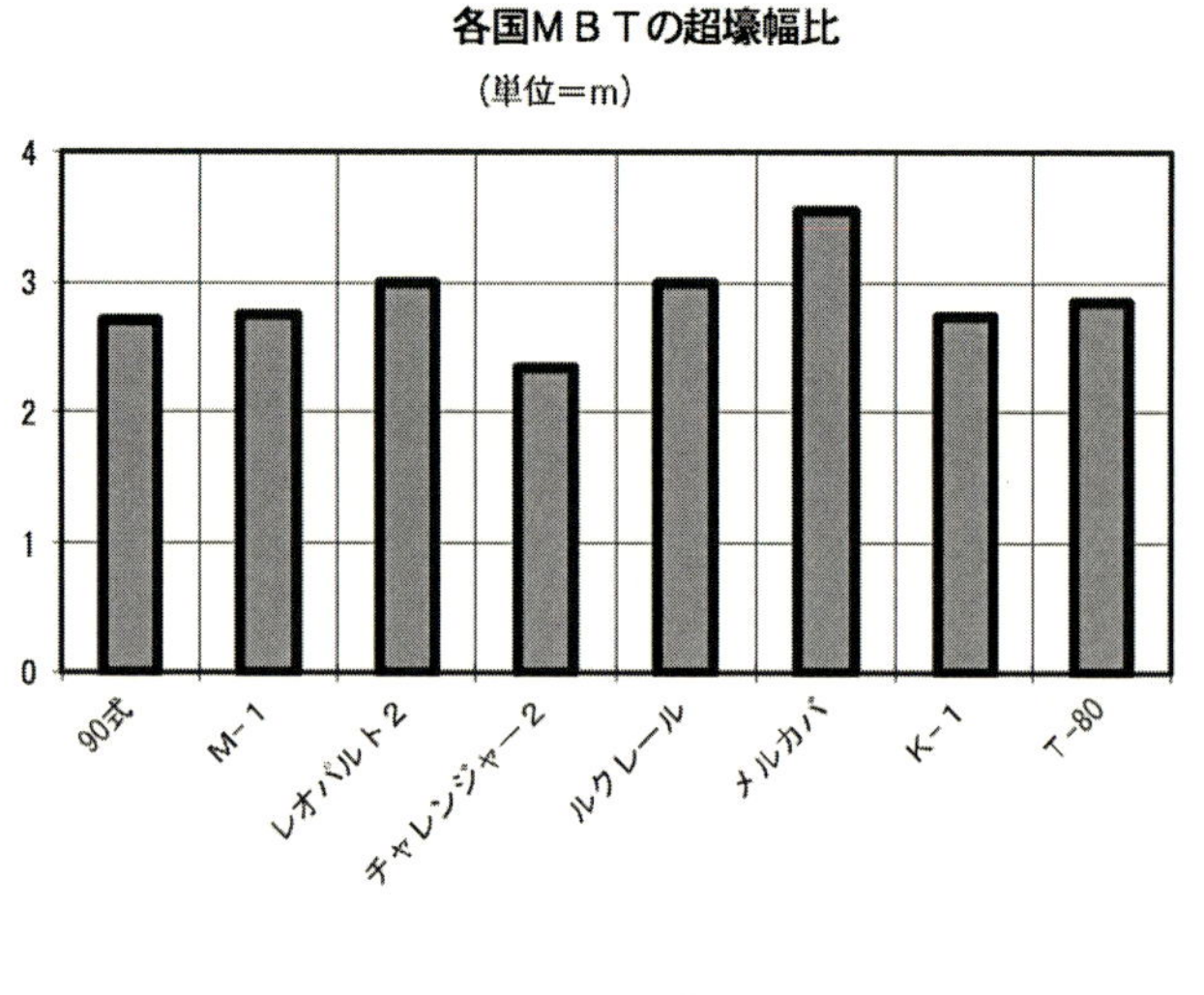

戦車の全長によって履帯の接地面の長さも異なり、これが超壕力に影響してくる。もっとも、いくら全長が長かろうとインドの新型国産戦車「アージュン」のように、10メートルを超える図体のわりには超壕力が２・４３メートルに過ぎない戦車もあったりするけどな。

一方、超堤力とはどれだけの高さの障害を乗り越えることが可能か、という能力をいうんだ。戦車は、平均で約１メートルの超堤力があり、例外もあるが概ね車体の大きな戦車ほど有利でね。

登坂力は文字通り坂道だけでなく、どれだけの角度の地形障害を越えられるかという能力を示すものだ。乗用車では、勾配率50％、つまり25度の坂を登るのが精一杯だ。これでもかなり急斜面だが、戦車は平均約30～35度の登坂力がある。さっきのアージュン戦車に至っては、超壕力こそたいしたこともないわりには37度もの登坂力を発揮するというから意外だろう？

太郎　戦車のカタログ・スペック一つを取ってみても、なかなか興味深いものがあるんスね。

おじさん　だろう？　また、接地圧は、戦車の重量を履帯の接地面積で割った数値でね、平均的な戦車の接地圧は約０・９kg／平方cm前後といった具合だ。当然ながら、重量のある戦車ほど接地圧も大きくなる。

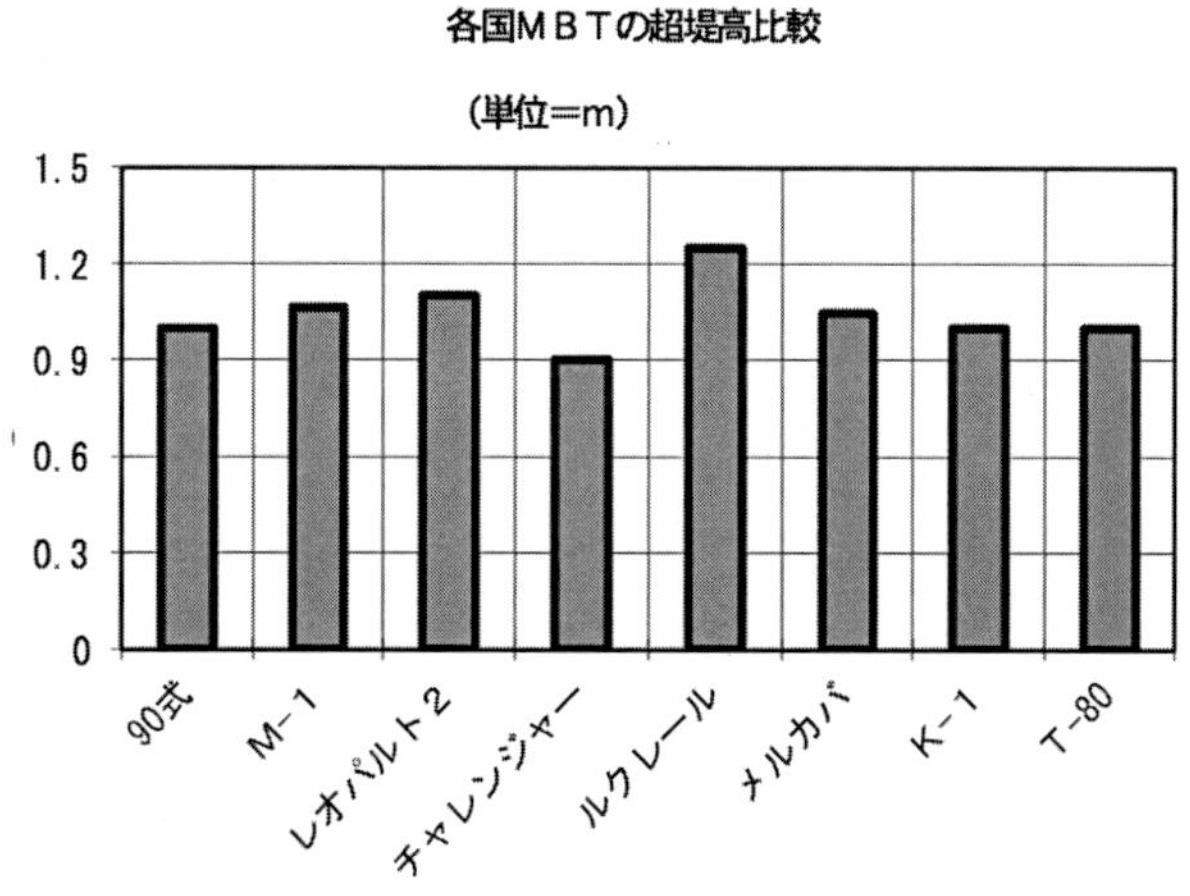

おじさんは現役時代、演習場の不整地を走行中の73式大型トラックの荷台から、私物のM-2コンパスを落としてな、これをすれ違った74式戦車に踏まれてしまったことがあるんだ。接地圧が約０・９kg／平方cm前後といえばたいしたコトもなさそうだが、その履帯には戦車の全重量がかかるわけ

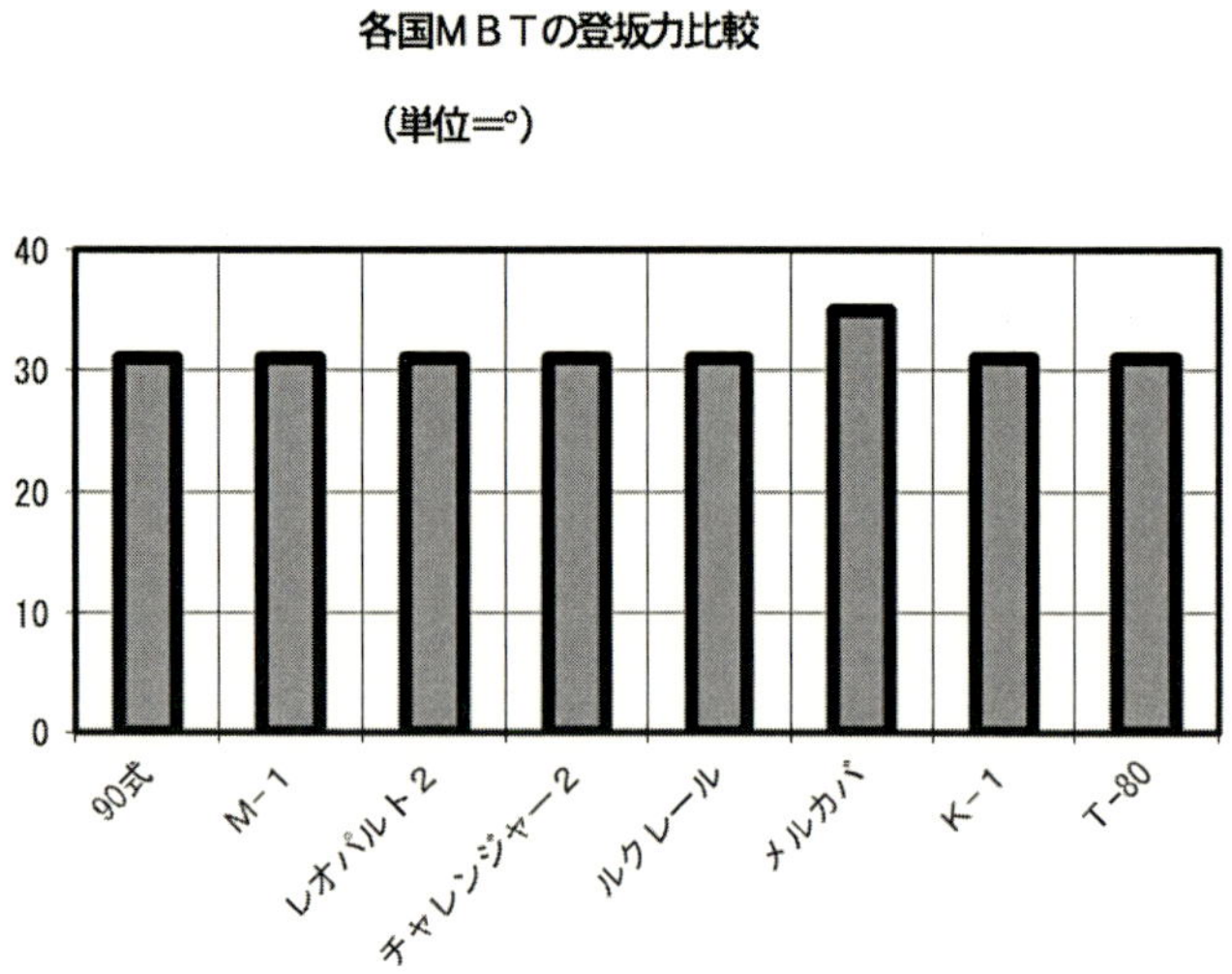

で、いくら頑丈なM-2コンパスでも、戦車に踏まれてはひとたまりもないさ。

さて、お次は渡渉水深だが……。これは、どれくらいの深さの川を渡れるかを示す数値で、現代の戦車であれば車高に

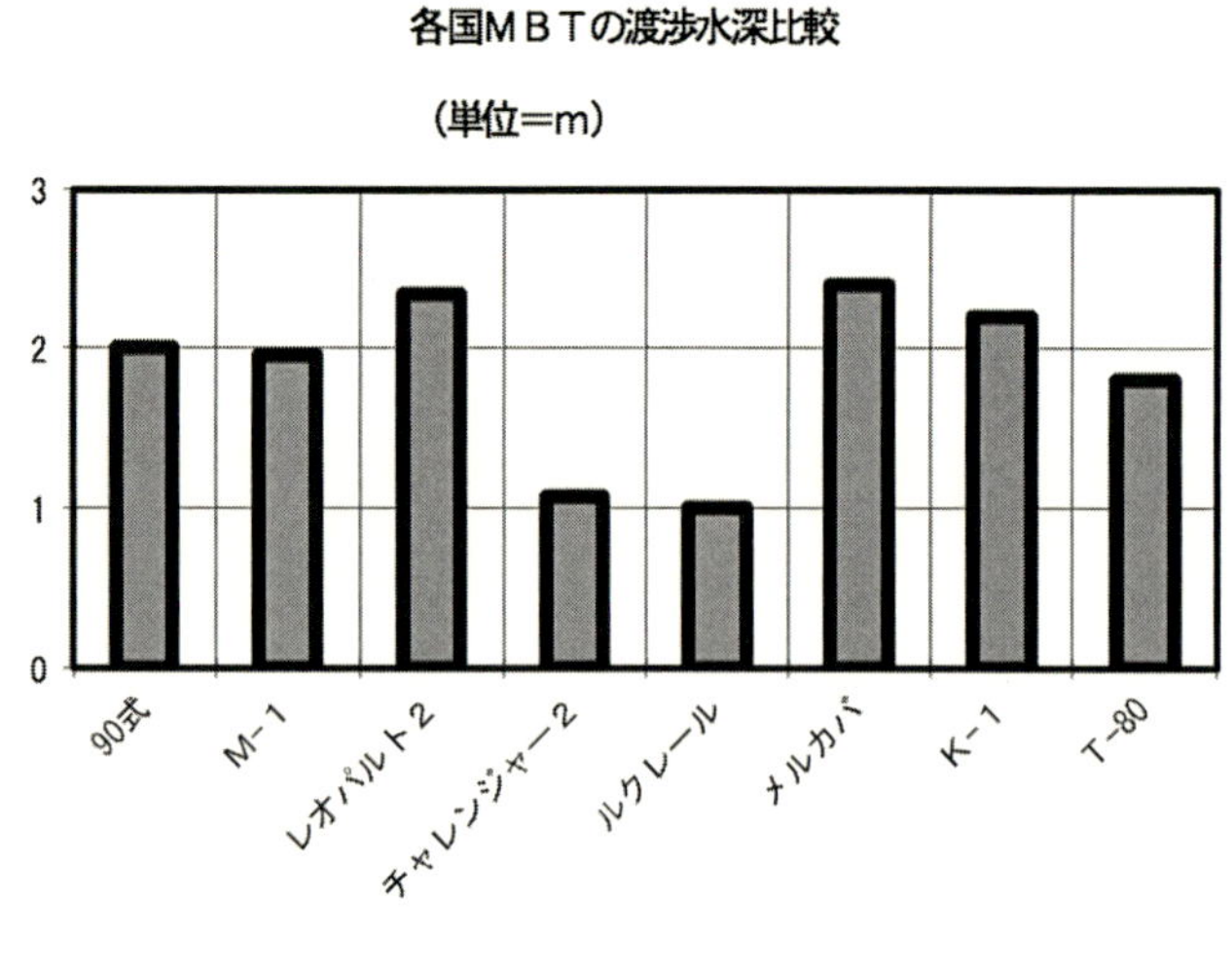

よっても異なるが、概ね1~2メートルといったところかな。戦車が直面する地形障害の中でも、川は特に厄介な存在だ。小川程度なら簡単に通過できるが、大河ともなればそうもいかない。橋が掛かっていても破壊されていたり、そうで

なくとも橋の強度上通過不能な場合もある。このようなときは、工兵部隊を呼んで重門橋や自走浮橋などで架設した橋を渡るが、水深によってはそのまま自力で渡れるし、煙突状のシュノーケル、つまり潜水装置を装着すれば、もっと深い河川も渡れるのだよ。

そして旋回能力だが、実は戦車の最小旋回半径は、自動車などの装輪車輌よりもはるかに小さいんだ。これは、履帯の片側にブレーキを掛けて、反対側の履帯のみが駆動することによって可能なワザだ。これが信地旋回といわれるもので、左右の履帯をそれぞれ逆方向に回転させれば超信地旋回といって、「回れ右」のように、その場でくるりと旋回することが可能なんだ。もっとも、すべての戦車が超信地旋回能力があるわけではなく、ロシアのT-62系戦車などはこれが不可能だ。とはいえ、一般的な戦車では車体幅の２倍程度の最小旋回能力ってところだ。

太郎　意外と小回りが効くんだな。

おじさん　そう。そして、これらの性能・諸元に密接に関連しているものが「重量」だ。一般的には全備重量あるいは戦闘重量といって、車体重量に搭載燃料や潤滑油などの油脂類、弾薬等をも含めた数値が用いられるがね。現代の戦車は概ね50～60トンもの重量があり、かつてのドイツ軍のⅥ号戦車ティーガーの54トンを凌駕している。イスラエルの誇るメルカバ戦車などは65トンにも達しているほどだ。

で、戦車にとって機動力とともに重要なのが武装だな。戦車の主武装である戦車砲の性能・諸元としては、「搭載砲の種類」、「搭載弾数」、「俯仰角」、「射程」、「初速」、「貫徹力」、

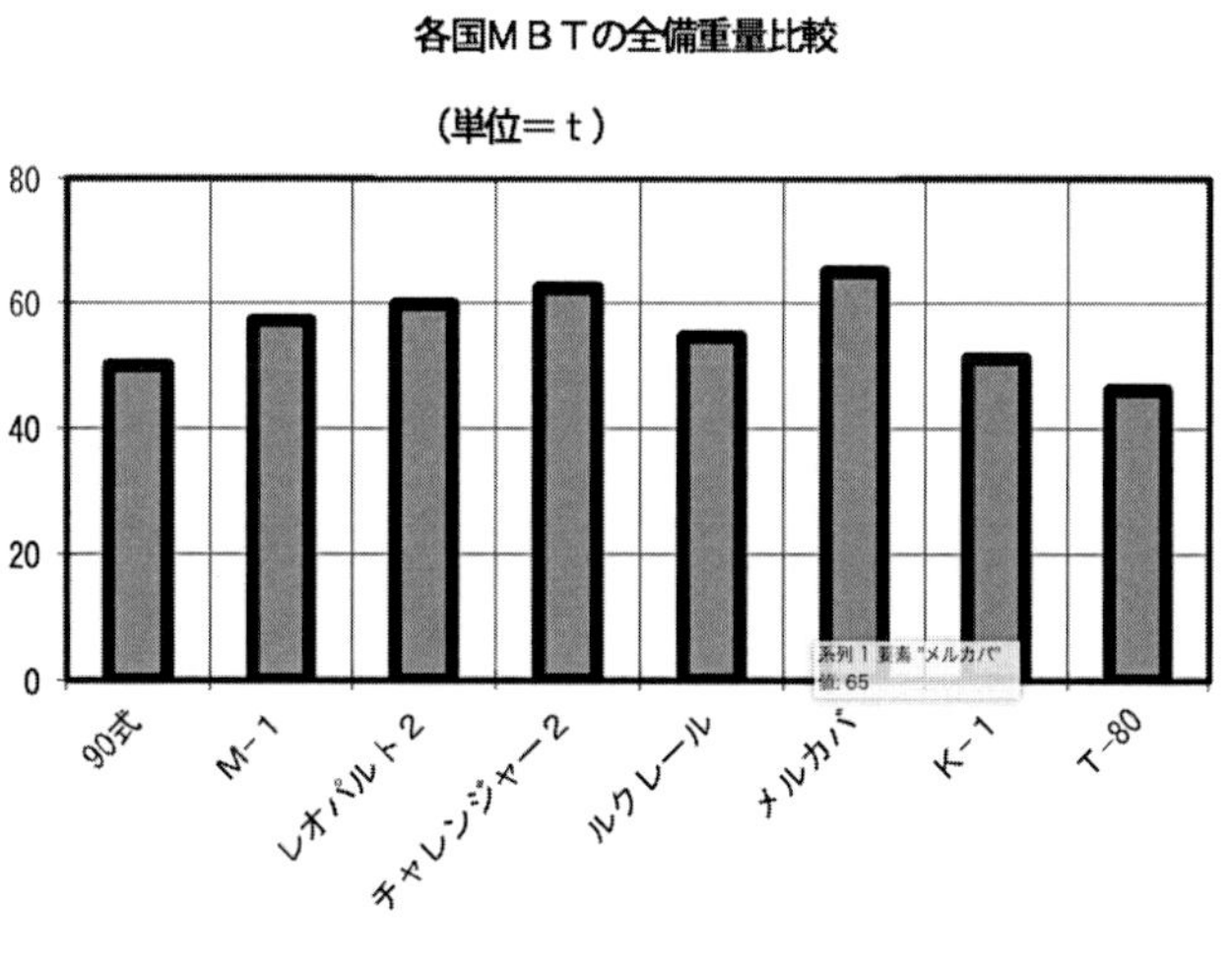

「発射速度」などだ。詳しくは後から話すけれども、現代の戦車はライフル砲か滑腔《かっこう》砲のいずれかを搭載している。車内容積や砲の形式により異なるが、その搭載弾数は約40～60発といったところだ。弾が多いことに越したことはないけど、その分車内が狭くなる。仰角は約12度～20度、俯角で4度～10度といったところだ。戦前の戦車などは、油気圧による車体の姿勢制御機能などなかったから、この角度が小さいと、適切な射撃位置へ車輛そのものを小移動する必要があったのだよ。

太郎　昔の戦車は、戦闘時の制約も多かったんですね。

おじさん　うむ。また、射程は「最大射程」と「有効射程」に区分され、前者は単に砲弾が到達する最大の水平距離をいい、後者は、ある種類の弾薬を使用しての、目標に対して有効に作用しうる距離を差す。つまり、撃破または損傷を与えうる距離ってことだ。

ちなみに自衛隊の教範や訓練資料によれば、「射距離」という表現で記述しているものも見られるから、用語が統一されていないかも知れないな。まあ、「射程」だろうが「射距離」だろうが、どちらも同じ意味であることに変わりはないがね。で、垂直方向の射程を「射高」と呼ぶが、これは高射砲などで用いる用語でね、戦車砲ではあまり使用されないんだ。初速ってのは、砲弾が砲口から飛び出した瞬間の速度であって、現代の滑腔砲では秒速約2000メートルにも達しようとしているんだが、固体式の装薬砲としては、ほぼ限界に近いだろう。貫徹力は、ある種類の弾薬がどれくらいの厚さの装甲板を貫けるかということで、通常ミリやセンチで表す。また、射程も初速も貫徹力もそうだがね、発射する弾種によってその数値は異なってくるのが普通だ。

そして、どのくらいのペースで続けて射撃できるかを「発射速度」というのであって、砲弾自身の飛翔速度のことじゃないんだ。これを混同している人がいるけど、砲弾の飛翔速度は、砲口を飛び出した瞬間の「初速」および「終速」つまり弾着時の速度＝着速ともいうがね。これで表すのが一般的だ。で、発射速度は「最大発射速度」と「持続発射速度」に区分される。前者は、ある火器の物理的に可能な最高の発射速度をいい、後者は、砲が射撃の途中で故障したりして機能を損ねることなく発射できる速度をいうんだ。これは何も戦車砲だけでなく、他の火砲や小火器でも同じことだ。どうかな、ちょっと分かり難かったかな？

太郎　例えば、戦車に搭載された重機関銃なんかは、映画では、銃身交換もしないでバリバリと連続発射しまくっているけど、実際には焼き付いてしまうよね。そうならない発射速度が「持続発射速度」ってことでしょう？

おじさん　そう。そして最後は動力関連の性能・諸元につい

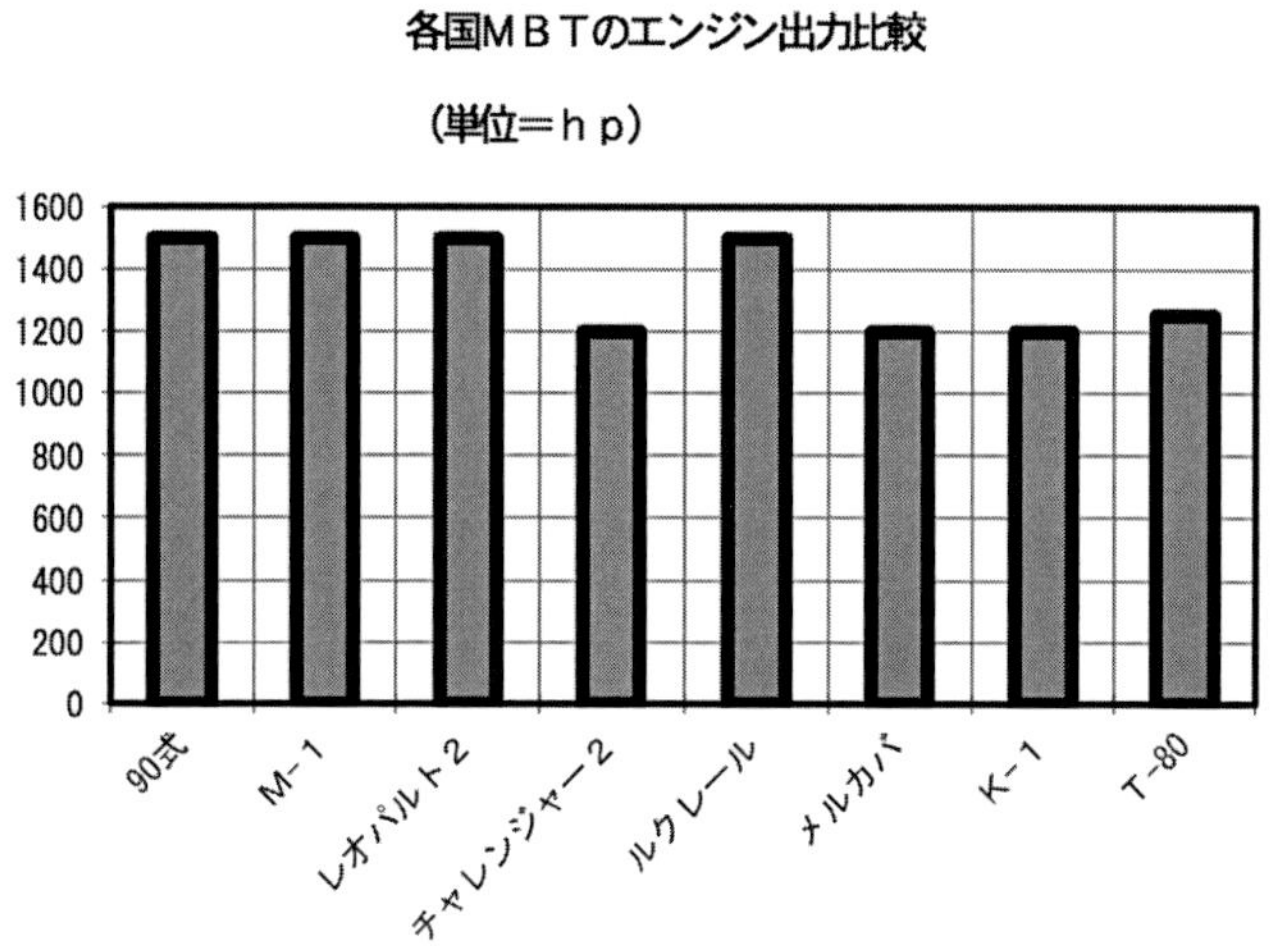

て説明するか。これには「エンジン形式」、「変速機形式」、「出力」、「出力／重量比」、「エンジン回転数」、「搭載燃料量」などがある。エンジン形式は、ディーゼルかガソリンか、あるいはガスタービンのいずれであるかを表すと同時に、水冷か空冷かといった冷却方式および直列なのかV字なのか、あるいは水平対向であるのかといった、シリンダーの配列をも示す。変速機形式は、トランスミッションが自動か半自動か、あるいは手動なのかを表し、出力はエンジンの発生する馬力を表す。

馬力の単位としては、従来PSが長く用いられてきたけれども、近年は国際単位「SI」で表すんだ。その単位には「キロワット」が使用されている。ところが、おじさんは未だにこれが馴染めないのだよ。エンジン回転数だが、戦車にも当然のごとくタコメーター、つまり回転計が装備されているし、搭載燃料量だって燃料タンクにどれだけ燃料が入るか、ということに他ならんのだ。ただ戦車のそれは、乗用車の20倍もの容量であったりするがね。

とまあ、この辺までは乗用車のカタログなどにも記載されているもので、戦車だから特殊なものというわけじゃない。特殊といえば、戦車を解説した書籍などに必ずといってよいほど出てくる動力関係の性能を表すものにパワー・ウエイト・レシオ、つまり出力÷重量比がある。これは、戦車が搭載するエンジンの馬力を全備重量で割ったものだ。

太郎　つまり、この数値が大きいほど機動性に優れた戦車ってことでしょう？

おじさん　その通り。現代のMBTの多くはこれが25前後

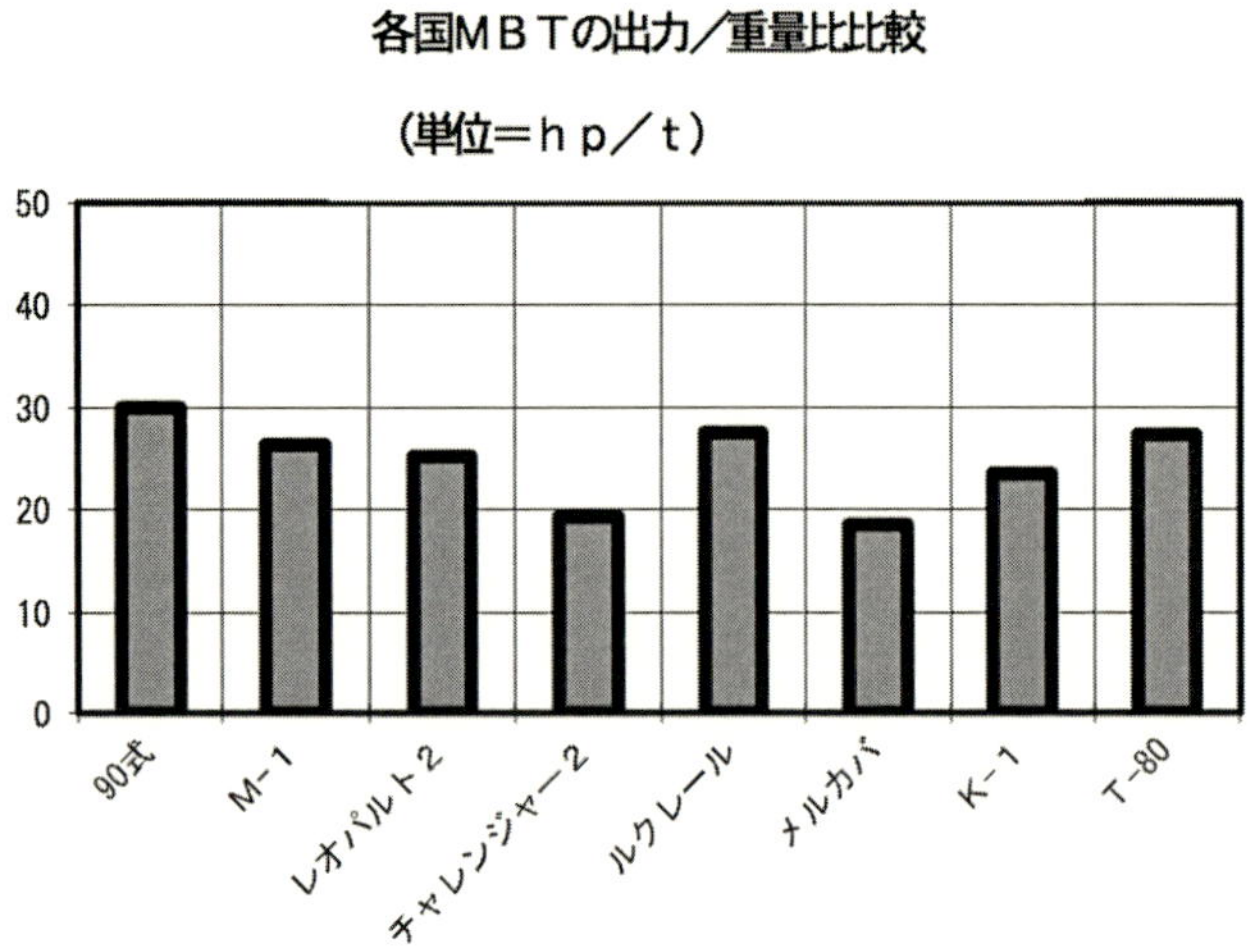

でね、我が国の90式戦車は実に30という高い数値を叩き出している。

もっとも、こうした性能・諸元はメーカーや軍が発表したカタログデータ上の話であって、戦場環境を模擬して実用試験が行なわれた結果であるとはいえ、カタログ通りの性能を発揮できるかは、実際に戦場へ行ってみないことには判らないんだ。戦後の我が国は、幸か不幸か実戦経験がないから、国産戦車の実力は未知数だろう？　有事という実戦の場において、はじめてその真価を問われることとなるんだよ。

リッター数百メートル？　戦車の燃費はどれくらいか

おじさん　74式戦車は、平坦地を時速35キロで走ったとき、1キロメートルあたり約２・５リットルの燃料を消費するといわれている。つまり、軽油1リットルあたり４００メートルっていうわけだな。

太郎　え、たった４００メートル？　燃料ガブ飲みのアメリカのスポーツカーより、10倍も燃費が悪いのか。乗用車とは桁違いですね。

おじさん　乗用車と比較するのはナンセンスだよ。各国で装備する戦車も、ターボチャージド・ディーゼルエンジンを搭載したものであれば、同じくらいの燃費だ。いかに戦車が燃料を食うかが判るだろう？　さて、ここで問題を出してあげよう。なあに、簡単な計算だ。14輛編成の74式戦車一個中隊が、100キロの距離を機動すれば、その消費する燃料の量はいくらになる?

太郎　え～と、3500リットルです。

おじさん　うむ、その通り。この量は、燃料タンク車つまりタンクローリー1両分に近い。しかし困ったことに、この燃料タンク車が各戦車中隊に装備されていないんだ。航空科部隊なら、飛行隊に少なくとも1輌は燃料タンク車があるのにな。もっとも、飛行場に給油所を設けて、そこで1機ずつ補給するのは現実的ではないから、逆に燃料タンク車の方が航空機に近付いていって燃料を補給するわけだ。

まあこのように、現代の戦車の燃費は約数百メートルだといわれるがな、これは、車種により多少の差はあるとはいえ、概ね300～400メートルというところだろう。しかも、これは経済巡航速度の話であって、高速を要求される戦闘機動ともなれば、燃費はもっと悪くなる。さらに、ガスタービンエンジンを搭載している米軍のM-1戦車であれば、燃費は最悪というものだろうよ。だから、自家用車のそれとはまったく比較にならないのも判るだろう?

M-1戦車の使用する燃料は、軍用航空機などに使用される「JP-8」などで、灯油にナフサや各種添加剤を混合したようなものなんだが、何しろ465キロメートルの航続距離に対して、1912リットルもの搭載量を必要とするんだ。M-1と同クラスの第三世代戦車は、平均すると約1300リットルの搭載燃料で約500キロの航続距離があるのだから、いかに燃費が悪いかが解るだろう?

で、これと比較すれば、一般的なディーゼルエンジンの戦車、つまり我が国の戦車は74式であれ90式であれ、燃費はそれほど悪いとはいえない。むしろ問題なのは、航続距離の不足でね。つまり、燃料の搭載量が少ないってことだ。資料により諸説あるが、その航続距離は74式戦車の場合で約300～350キロ、90式戦車が350～400キロ程度といわれる。これは諸外国のMBTと比較すれば約2／3に過ぎない。かつての61式戦車に至っては、何と約200キロだそうだ。まあ、これも諸説あるがな。

太郎　ゲッ、たったの200キロですか?　いくら戦場が国内に限定されるとはいえ、これではあまりに短すぎるんじゃ……。

おじさん　そうなんだ。比較的航続距離が短いといわれるスウェーデンの国産戦車Strv103、すなわちSタンクにも劣るほどだな。

ただ、幸いなことに戦車の場合、航空機のようにガス欠となったからといって、直ちにそれが乗員の生命に影響するわけではない。だから、航空機や水上艦のように、走行しながらタンクローリーから給油する必要もないしな。しかし、戦闘は浮動状況下で行なわれることが多い。いつでもどこでも燃料補給が受けられるとは限らないのだよ。これは、過去の戦史が証明するところでもある。したがって、搭載燃料は多いことに越したことはないし、自衛隊には今後、可能な限り戦闘車輌の燃費向上も追求していただきたいものだな。

戦車戦はどのように行なわれるか

おじさん　さて戦車戦。当然だが、戦車戦は敵の戦車と交戦することで発生するよな。では、戦車戦はどのように行なわれるのか説明しよう。まず、敵国の着上陸侵攻により防衛出動命令が発令されると、陸上自衛隊の各部隊は基礎配置と称して年度防衛計画に示された場所に展開することとなっている。この場所がどこであるかは防衛秘密だから、いくらおじさんが元自衛官だったからといっても、下っ端隊員には知る由もない。基礎配置は、シミュレーション・ウォー・ボードゲームをプレイするようなマニアには「部隊初期配置」といい換えた方が分かりやすいかな。

そして、戦闘は戦場で行なわれるから、基礎配置された部隊は、それが戦車連隊や大隊などの場合なら師団や旅団といった、上級部隊の作戦計画に基づいて決定された「戦場」へ移動するわけだ。もちろんただ移動するわけではなく、敵に対して有利な体勢を占めることが重要だ。だから、まずは緊要地形の確保といって、予想される敵の侵攻に対して有利な地形を陣地占領することになる。

太郎　キンヨウチケイのカクホですか。聞き慣れない軍事用語がガンガン出てくるなあ。そうかと思えば、横文字や略号も多いッスね。

おじさん　なあに、そのうち知らぬ間にだんだんと覚えるさ。それでだ、戦車部隊は普通科部隊と違って地域、つまりある場所の土地を占領・確保する能力はないから、単に分散・偽装した上で攻撃発起に備え、集結地に待機するのが一般的だ。これを「機動展開」という。

一口に機動といってもだ、その目的により「戦略機動」「戦術機動」そして「接敵機動」に区分される。それに、機動の手段も地上機動だけとは限らないしな。「空中機動」もあれば「海上機動」もある。

太郎　空中機動、つまりヘリボーンでしょ？

おじさん　まあそうだが、空中機動とは何もヘリボーンだけを差すものではなく、例えば米軍がC-17輸送機に戦車を搭載しての戦略機動も「空中機動」なんだよ。もっとも、我が国には戦車を搭載可能な輸送機はないがね。というより、そんな巨大な輸送機を保有している国は米・露くらいだけどな。ちなみに自衛隊では、文書の記述上はヘリボンと標記するんだ。

太郎　じゃあ、空挺降下のこともエアボーンじゃなくてエアボンって書くのかな？

おじさん　いや、それは日本語のままだ。空挺作戦などと標記するけどな。また、海上機動の場合は、海上自衛隊のＬＳＴつまり輸送艦や、民間のＬｏ—Ｌｏ《ローロー》型カー・フェリーに搭載されて機動する「北方機動演習」が有名だな。軍艦マニアなら常識だろうが、Ｌｏ—Ｌｏ《ローロー》というのはロールオン・ロールオフつまり車輌が自走して乗り降り可能なフネのことさ。

　そして攻撃準備完了となれば、いよいよ攻撃開始だ。しかし、敵を攻撃するには敵と接触し、なおかつ敵よりも有利な体勢を占める必要がある。このための機動を「接敵機動」というんだ。もちろん、これに際して事前偵察が必要なのはいうまでもないがね。で、偵察は、敵部隊の規模とか能力を知るためだけじゃなくて、その企図を看破するためにも重要だ。

太郎　つまり、敵の狙ってる目標だとか、どんな作戦を考えているのか見破ることだね。

おじさん　そうだ。そこで、威力偵察といって敵にちょっかいを出して、その反応を窺ったりもする。ところが従来の自衛隊では、偵察隊が装備するのはジープとオートバイくらいなもので、その能力も極めて限定的だったんだ。これでは偵察隊とはいっても、実質的には斥候に過ぎなかったのだよ。

　これが、87式偵察警戒車の登場で、いくらかマシな状況になった。とはいえ、敵が戦車などのより強力な手段をもって反撃してきたら、容易に撃破されてしまう。こうなれば、即座に行動を中止して撤収しなくてはならん。そこで、偵察部隊でも戦車を装備するのが望ましいのだが、我が国の偵察部隊で戦車を装備するのは、第7師団の偵察隊のみであるのが現状だ。

太郎　全部の師団偵察隊に戦車が装備されていればなあ。

おじさん　まったくだな。さて、敵戦車との交戦に先立ち、通常は航空機や特科部隊の砲爆撃による支援を受ける。これは、戦車同士による交戦の前に敵戦車を可能な限り減殺し、我に有利な状況を作為することにあるわけさ。しかし、常にその支援が受けられるものとは限らない。しかも、航空機による対地攻撃支援は天候・気象の影響を受けるし、特科部隊の攻撃目標にも火力指向の優先順位がある。そこで、味方による航空支援や火力支援が得られない場合は、油気圧による姿勢制御機能を活かした稜線射撃を多用するなど、地形地物を味方とするしかないだろうな。

　もし、冷戦時代の陸自戦車部隊が、着上陸侵攻してきた敵戦車部隊と大規模な戦車戦を展開するとしたら、それは地形地物を利用しての徹底した伏撃となったに相違ない。つまり、偽装・隠蔽した陣地から射撃し、射撃後直ちにあらかじめ準備された予備陣地へ小移動しては射撃する、それを繰り返すわけだ。

太郎　撃っては隠れ、隠れては撃つ。神出鬼没だなあ。まるで狙撃兵ッスね。

おじさん　まさにそうだな。そして攻撃に際しては、敵の意表をついた経路の選定や企図の秘匿などは、奇襲効果を最大限に発揮するためにも重要だ。我が国に限らず、世界的にも大規模な戦車戦が可能な地形もそう多くはない。例えば、関東平野のように一見広大な平野部であっても、その地誌情報を勘案すれば大規模戦車戦の戦場として、必ずしも適当とはいえないことがわかる。

何しろ首都圏の人口密度は高く、郊外にも意外と人家は多い。主要幹線でありながら、幅員も狭ければ車線数も少ないくせに交通量は大という道路も多いしな。それに平野というわりには、自走架柱橋などの能力以上の地隙が存在したりする。さらには、水田の耕地面積も無視できるレベルではないしのだよ。

太郎　これじゃ、戦車の機動にも少なからず影響しますね。

おじさん　うん。だから、戦車同士が正面切って激突可能な地積が存在するのは、やはり北海道くらいのものだろうよ。

陸の王者、戦車の弱点とは

太郎　ところで、戦車は陸戦における王者と呼ばれたりするけど、弱点も多いよね。無敵ではないのはいうまでもないけど。

おじさん　当たり前さ。この世に存在するおよそすべての兵器には必ずといってよいほど弱点が存在し、それは現代の戦車とて例外ではないのだよ。「戦車の構造と機能」の際でも説明したけど、砲の俯仰角には制限がある。しかも、敵歩兵の近接防止のために機銃が装備されていて、それを車内からリモコン操作のごとく射撃可能とはいっても、車内からの視界は極めて制限される。

だから、昔のドイツ戦車隊エースとして有名なミハエル・ヴィットマンは下車偵察を重視したし、軍神となった旧軍の西住戦車長はこれで戦死した。潜望鏡《ペリスコープ》ではなく、自分の目で敵状を確認したかったのさ。それを補うために多くの場合戦車は歩兵を随伴し、戦車に肉迫攻撃しようとする敵歩兵を阻止しようとするわけだな。

また、戦車は装甲の厚さが均一ではない、というのも弱点

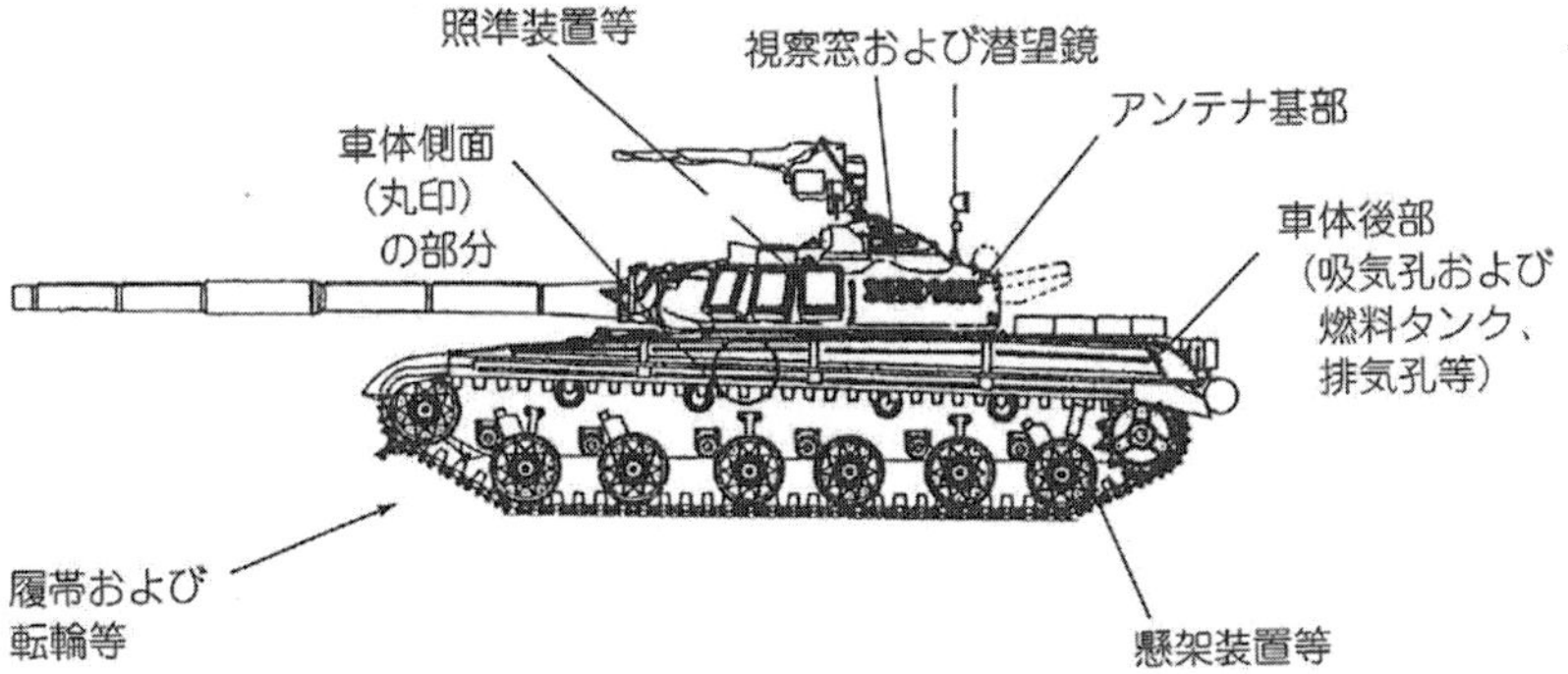

現代の戦車に対して肉薄攻撃を仕掛ける場合の部位（例：T-64)。個人携帯型の対戦車火器がない場合、あらゆる手段でこれらの部位を攻撃しなければならない

だな。というのも、一般的に戦車の装甲は正面部分が最も厚く、側面の装甲厚は正面装甲の約3割減となり、後部の装甲厚にいたってはさらに1割ほど薄くなるといわれている。英国軍の現用ＭＢＴであるチャレンジャーの一つ前の型である「チーフテン」を例とすれば、砲塔部では正面の最厚部で約200ミリ、側面が約130ミリ、後面では約110ミリといわれる。そして、後で詳しく説明するけど上面装甲はもっと薄いしな。

もし、お主が対戦車火器を携行した一人の歩兵として、一輛の戦車に遭遇したとする。この際、戦車にとって脆弱な後部もしくは側面を狙うのが常識だ。地形が許すなら、高台などから戦車の上面装甲を狙えたらなおよい。間違っても「男

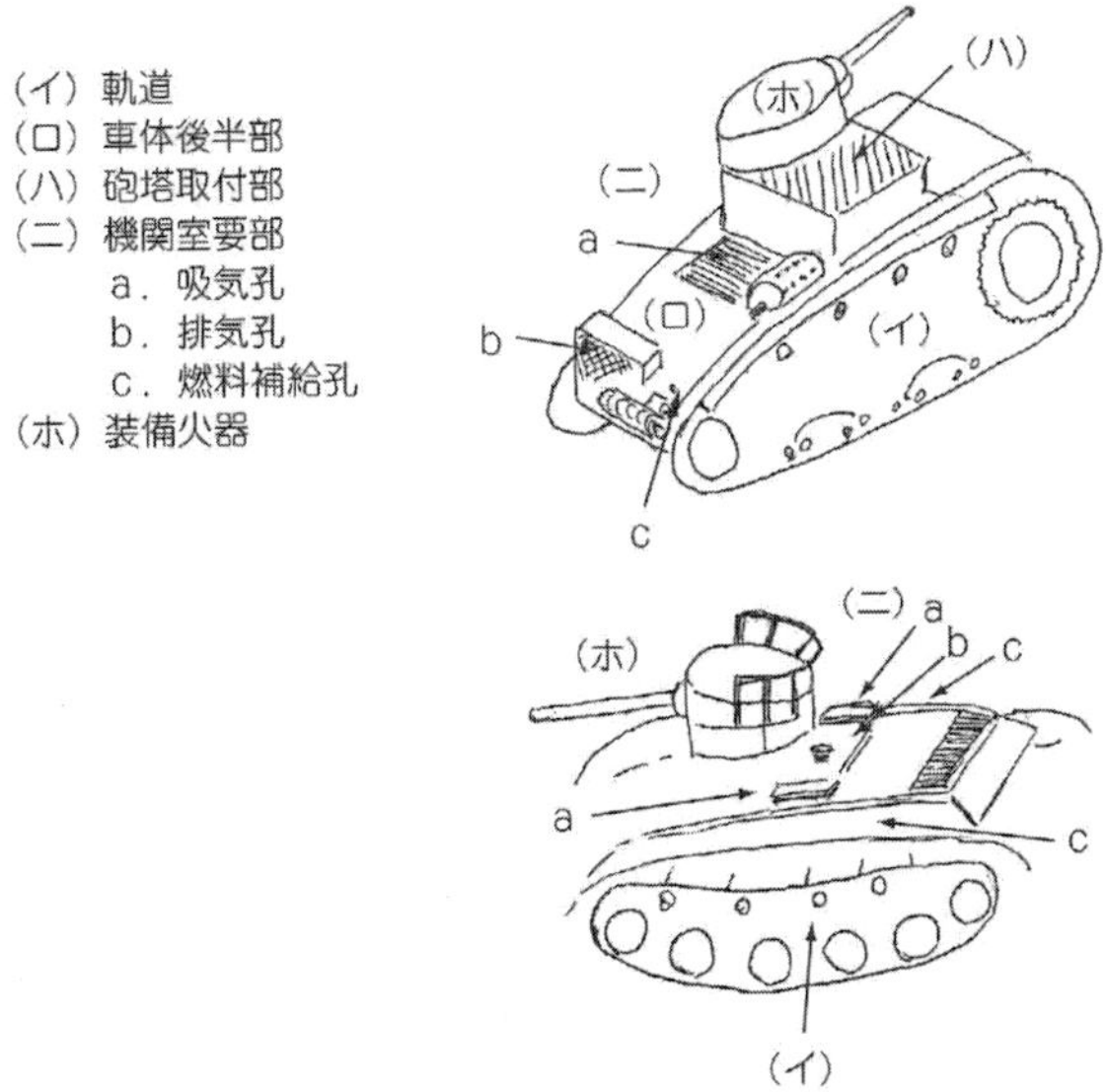

旧陸軍が、ソ連軍のＢＴ-７戦車などに対して肉薄攻撃を仕掛けた部位

なら、正々堂々とサシで勝負すべし」とかいって戦車の正面に立ちはだかってはならんぞ。大昔の武士が一騎討ちに際して行なう「氏文読み」でもあるまいし、戦車を前にして「ヤア!ヤア! 我こそは……」などと始めるわけにもいくまいし。

太郎　でも、あれは男らしくてカッコいいな。中世ヨーロッパの騎士も一騎討ちしたように。

おじさん　そんなことでもしたら、携行する対戦車火器によっては、あるいは敵戦車の種類によっては装甲を貫徹できずに逆襲されるぞ。戦車砲と同軸線上に装備された機銃、つまり同軸機銃などにアッという間になぎ倒されてしまうか、あっさりと履帯で蹂躙されミンチと化すのがオチだな。

まあ一般的に、自衛隊に限らず、どこの国でも不利な状況を克服して勇猛果敢に戦闘せよ、と兵士に教育している。さらに、現代は対戦車火器の小型軽量化も進み、一歩兵の携行する対戦車火器で戦車を撃破可能な時代だ。

太郎　でも、手元にこのような対戦車火器がなかったら、どうやって戦えばいいんだろう。

おじさん　「逃げるが勝ち」という方法もあるだろう。しかし、退路が遮断されていたり、明らかに敵戦車が我の存在を確信して接近してきたのであれば、逃げるに逃げられないことがある。このような場合は、手持ちの武器や資器材を活用し、戦車に対して肉薄攻撃するしかないな。旧陸軍教範の「歩兵操典」などでも、「對戰車肉薄攻撃ハ自衛ノ為行フ之ガ為敵戰車ノ近迫スルヲ待チテ攻撃スルヲ通常トス状況ニ依リ自ラ進ンデ攻撃スルコトアリ」としているほどだ。

太郎　じゃあ、昔の日本軍なんかで使用した火炎瓶とか爆薬、手榴弾の効果はどうだったんスか? 戦記物の本には「靖国箱」とかいって、爆薬を背負って戦車の下に潜り込んだりする様子があったりするよね。

おじさん　残念ながらその効果は極めて限定的なものだ。そのため、旧陸軍の「對機甲戰闘動作教育上ノ参考」によれば、まず敵戦車の軌道つまり履帯を破壊し、停止した後に機を失することなく撃破することを主眼としていたようだな。

かつてのノモンハンなどでは火炎瓶による攻撃が効果を挙げたんだが、これは当時の戦車がガソリンエンジンだったためだ。ディーゼル機関が一般的な現代の戦車に対しては、損傷を与えることは可能であっても撃破するまでには至らないのだよ。だけど前に説明した通り、戦車の視界や射界は制限されている。そこで、その死角を上手く利用するのさ。

太郎　え～、そんなの無理だ!戦車には大抵歩兵がくっついているじゃないスか。

おじさん　そう反論すると思ったよ。確かにその通りだ。孤立化した戦車や走行不能となっている戦車であれば比較的攻撃しやすいけど、そうでなければなかなか難しいだろう。だが、諦めるのはまだ早い。随伴歩兵が戦車と分離した好機を利用すれば、戦車に接近できるかも知れない。

もちろん、その攻撃にあたっては戦車を停止させるか、その速度を低下させることが重要だ。そこでだ、自然のものだろうが人工物であろうが、障害物となりそうな資材を事前に準備するんだ。この際、煙幕などの手段が併用可能ならばなおいいな。前に説明した對機甲戰闘動作教育上ノ参考では、「木桿若シクハ鐵棒《てつぼう》ニヨル攻撃」として、履帯と起動輪もしくは誘導輪の間に、木桿や鐵棒あるいは円匙《えんぴ》を差し込んで戦車の停止を図る要領を記述している。

太郎　エンピって何スか？

おじさん　スコップだよ。現在の自衛隊では「戦闘シャベル」とか「携帯シャベル」と呼んでいるけど、隊員間の通称は「円ぴ」だ。本来は「エンシ」と発音するのが正しいが、それが訛ったものでね。旧軍が消滅して5年間の空白があった陸自でも、旧軍用語が生きているということさ。まあとにかく、敵戦車の足周りに棒っ切れなり円匙《えんぴ》なりを突っ込んででも停めろ、というわけだな。

で、それらも準備できない場合はどうするか。潜望鏡などの光学視察装置や暗視装置、砲塔部に備えられた予備燃料の携行缶とか、戦車の脆弱部を射撃するしかない。これらの部分は、小火器でも破壊することが可能だ。このように、手元に満足な対戦車火器がなかったら、敵戦車に察知されることなく接近して、これらの手段を使って攻撃するしかないのだよ。

戦車の天敵「攻撃ヘリコプター」

おじさん　弱肉強食の自然界では生物に天敵が存在するように、軍事の世界における各種兵器にも天敵が存在する。もちろん、戦車などのAFV、つまり戦闘装甲車輌にも天敵は存在するのだ。

太郎　戦車にとって天敵の最右翼といえば、対戦車ミサイルを装備した攻撃ヘリコプターでしょ？

おじさん　そう。なんせ、戦車は装甲という鉄の殻に防護されているとはいっても、全周のすべてを均一に分厚い装甲とするわけにはいかない。特に車体上面は装甲も薄くなりがちで、脆弱な部分のひとつだ。だから、航空攻撃でこの部分を狙われたらひとたまりもなく撃破されてしまう。

それに、航空攻撃だけでなく、最近の砲兵も戦車の大きな脅威だ。砲弾が車体上面に直撃でもしたら破壊されるし、ICMと称する子弾をバラ撒くタイプの砲弾も、実に厄介な相手となる。

特に近年は、トップアタックといって戦車などの上面装甲を貫徹して撃破（あるいは乗員の殺傷・内部破壊）する誘導砲弾やミサイルなどが多く出現しているからな。センス・アンド・デストロイ・アーマーの各頭文字を組み合わせた、米軍のＳＡＤＡＲＭ「サダーム」などがそうだ。

で、このＳＡＤＡＲＭ、野砲から発射される特殊な砲弾でね。1発の砲弾に数個の子弾が内臓されていて、目標上空数百メートルで放出される。放出された子弾は、定められた高度になると搭載された赤外線、あるいはミリ波センサーが作動し、目標の走査を開始する。目標を探知すると自己鍛造破片型弾頭が起爆し、秒速３０００メートルほどの速度で戦車などの上面装甲を貫徹するようになっている。

太郎　ジコタンゾー？

おじさん　自己鍛造とは、簡単にいえば弾頭前面に凹面の皿型ライナーがあって、これが爆発時に一瞬にして1個の破片《スラグ》となる技術だ。

これは、戦車にとっては大きな脅威だな。機動性に優れた最近の戦車といえども、その最高速度は時速約70キロメートル程度で、起伏の多い不整地では速度が低下する。これでは、速度性能に勝る航空機の前には静止目標同然だ。

移動目標に対する射撃というのは、静止目標よりはるかに困難なのはいうまでもない。自衛隊の富士総合火力演習をおじさんと一緒に見にいったことがあるだろう？　対戦車ヘリコプターＡＨ-1ＳのＴＯＷ対戦車ミサイルの射撃を見ると、自衛隊は空中に静止しての、いわゆるホバリング射撃しか訓練していないと思うだろう。実はどっこい米国のヤキマ演習場における海外射撃訓練では、機動しながらの射撃訓練を実施しているのだよ。

太郎　ところで、アパッチっていう攻撃ヘリコプターがあるよね。

おじさん　うむ。たった13機だけだが、陸自も装備しているよな。あれは世界最強で、撃ち放し式のヘルファイア対戦車ミサイルをぶっ放す。ＡＨ-1ＳのＴＯＷ対戦車ミサイルの射撃と違って、目標に命中するまでホバリングしながら誘導する必要がないから、その間に撃墜されてしまう可能性も少ない。ジェット戦闘機や攻撃機の空対地ミサイルも怖いが、やはり戦車にとって一番の天敵は、攻撃ヘリコプターといってよいだろう。

ライフル砲に滑腔砲「戦車砲とその弾薬」

おじさん　現在、世界のＭＢＴに搭載されている戦車砲は、ライフル砲と滑腔《かっこう》砲に大別される。この他にも、ガン・ランチャーというものも存在した。これはその名称通り、砲弾とミサイルの両方が発射可能なのだが、あくまで主兵装がミサイルだから戦車砲の範疇には入らないし、主流とならなかったから説明は省く。

この滑腔砲、旧ソ連がT-62戦車に搭載するため世界に先駆けて開発したもので、同車の2A20型115ミリ滑腔砲は、出現当初、西側諸国に大きな衝撃を与えた。

太郎　滑腔砲の利点は？

おじさん　そうさな、ライフル砲に比べて砲身磨耗が少ないばかりか、なんといっても徹甲弾の射撃時に要求される高初速が得られるところにあるだろう。

代表的なライフル砲である英国のL-7系105ミリライフル砲の場合、後で説明するけどAPDS弾使用で秒速約1231メートルで、その長砲身型のL-74でもせいぜい秒速約1500メートル程度の初速にすぎない。これに対して、ドイツのラインメタル社製120ミリ滑腔砲は、APDS-FS弾使用で秒速約1700メートル。さらに演習弾にいたっては、秒速約1800メートルという高初速だ。

また、旧ソ連の2A系125ミリ滑腔砲は、9K系の対戦車ミサイルが発射可能となっている。従来、砲弾とミサイルの発射を兼ねるものは、前述した米国製のM-162型152ミリ「ガン・ランチャー」しか存在しなかったから、この一門二役の機能も無腔線である滑腔砲ならではといえるだろう。

太郎　ふ〜ん。西側の軍隊では、ガン・ランチャーは普及しなかったんですね。それじゃあ次は戦車の弾薬について教えてくださいよ。

おじさん　よかろう。まず弾薬とは、銃砲などから発射されるかロケットやミサイルなどに運搬されて目標に到達し、その運動エネルギーや化学エネルギーによって目標を撃破するものをいう。弾薬の歴史は意外と古く、火薬が発明されたといわれる11世紀の中国、つまり宋の時代では、攻城用投石機用として早くも原始的な弾薬、つまり砲弾が出現している。その後、砲弾に用いる金属の精錬など冶金技術の発達と、黒色火薬、ピクリン酸爆薬の発明で弾薬はめざましい発展を遂げた。

では、戦車砲に使用される弾薬とはどんなものだろう。他の火砲用弾薬と同様に、戦車砲用弾薬にも、その期待される効果によって異なるさまざまな種類の弾種が存在するんだ。大別すれば、運動エネルギーを利用したKE弾と、化学エネルギーを利用したCE弾が存在する。まず、戦車砲は何といっても敵戦車の撃破が目的の火砲だ。そのため、最も種類の多い弾種であろう、徹甲弾から説明しよう。

徹甲弾はKE弾で、弾頭の運動エネルギーにより敵戦車の装甲を貫徹し、その撃破を図ろうとするものだ。装甲を貫徹した徹甲弾は、運動エネルギーが尽きるまで車内をメチャクチャに跳ね回り、内部の諸装置を破壊したり乗員を殺傷する。一口に徹甲弾といっても、「徹甲弾（AP）」「曳光被帽徹甲弾（APC-T）」「曳光高速徹甲弾（HVAP-T）」「装弾筒付高速徹甲弾（APDS-SS）」「装弾筒付翼安定徹甲弾（APDS-FS）」など、徹甲弾だけでもこれだけの種類が存在するのだよ。

ちなみに、装弾筒付翼安定徹甲弾を「APFSDS」と標記する外国文献や軍事雑誌が多いけれども、おじさんは自衛隊の教範等で用いられる標記方法に従って「APDS-FS」と説明するからな。

まあ、語順が前後したところでどちらも同じものなのだが、初心者には紛らわしいかもしれない。この点は、我慢してくれよ。

太郎　はあ、自分も教育隊でAPDS-FSと習いました。

おじさん　そうか、じゃあ復習といこうか。さて、一般的に徹甲弾は「実体弾」といって炸薬が填実されていないものがほとんどだ。つまり、弾頭部分は炸薬のない「鉄の塊」に過ぎないわけだ。また、飛翔間の空気抵抗を減ずる目的で、曳光被帽徹甲弾のように徹甲被帽とか仮帽とかいうキャップが先端部に付いているものもある。

ところが、初期の徹甲弾は熱処理を施した高抗張力鋼でできていて、単なる金属塊に過ぎぬ単純な構造だったんだ。その後、タングステン・カーバイト合金（WC合金）でできた弾芯の高速徹甲弾が出現した。これに改良を加えアルミ合金製などの筒に弾芯を収納して、初速の向上を図った装弾筒付高速徹甲弾が登場したのだ。従来の徹甲弾は全口径といってね、砲の口径と弾頭の直径が同じものだったけれども、これに対して装弾筒付高速徹甲弾は、砲の口径より小さな弾頭となったにも関わらず、逆に貫徹威力は増したんだ。

太郎　えっ、弾の直径が小さくなったのになぜだろう？　120ミリの口径がある砲から、火薬の入っていない細長い槍のような弾が飛んで来たところで、たいした威力もないんじゃないの。

おじさん　ところがだ。何しろ、装弾筒付翼安定徹甲弾ほどの初速ともなると、弾着時ですら秒速約1400メートルという高速だぞ。だから、弾芯の直径が減っても初速は上がったことで、威力は逆に増したんだ。で、この「装弾筒付翼安定徹甲弾」では、タングステン合金（W合金）を使用した羽根付きの細長い弾芯となり、現在の各国軍における徹甲弾の主流となっている。もちろん、自衛隊の90式戦車でも使用されている弾薬だ。

　こうなると、弾芯の直径は小さくとも、その直径の数倍に破壊が生じていくブローバック現象が起きる。この時に弾着部に発生する衝撃波と圧力はすさまじく、固体である防弾鋼板が塑性変型して液状化するというから、これはもう流体力学の世界だな。

太郎　兵器の威力は、見た目で判断してはいけないってことか。

おじさん　そんなところだ。それで、これでも強力なのに米軍は、タングステンよりさらに比重の重い劣化ウラン合金（DU合金）を装弾筒付翼安定徹甲弾の弾芯に使用していて、湾岸戦争やイラク戦争でこれを使用したのは有名だな。M-829A1という正式名称のものがそうだ。

太郎　じゃあなぜ、米軍はあれほどまでに悪評の劣化ウラン弾にこだわるんだろう。

おじさん　ふむ。劣化ウラン合金は、四フッ化ウランにチタンを加えて作られるんだが、その焼夷効果と弾芯材料としては現在最も高比重であるという特性から、何よりも貫徹力を重視していることが判る。つまり、放射線による危険性など多少のリスクを承知の上で使用しているんだろう。

　このお陰で「みんなで使えば恐くない」とばかり、英国もL26ウラン弾芯（DU）徹甲弾を開発してしまった。さらにフランスも負けじとこれに追随し、OFL-120-F2という正式名称のDU徹甲弾を開発中というから困ったもんさ。

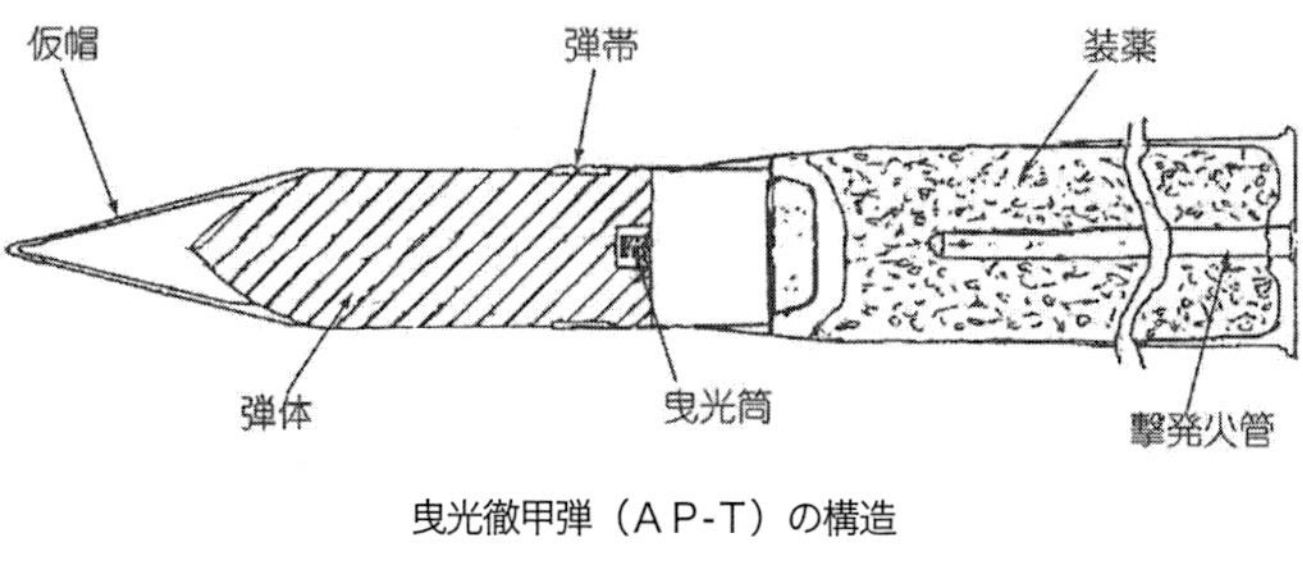

曳光徹甲弾（AP-T）の構造

　おじさんはタングステン弾芯でも充分で、これ以上の貫徹力を求めるならレールガンにすればよい、と思っているから、劣化ウラン弾否定派なのだよ。将来、この先いつまでも装薬銃砲が使用されるとは限らんしな。遠い将来、現在の火器が皆無とならないにしても、ビーム兵器が主流となって火器という言葉が死語となるかも知れないぞ。

　さて、続いては対戦車榴弾（HEAT）だ。これは、V字型に窪むように成形した炸薬に円錐形のライナーを付け、装甲に大穴を開けるのではなく、そのジェット噴流状の爆発エネルギーで装甲に小さな穴を開けて貫徹しようとするものだ。ライナーの材質には、通常、銅合金が用いられる。この

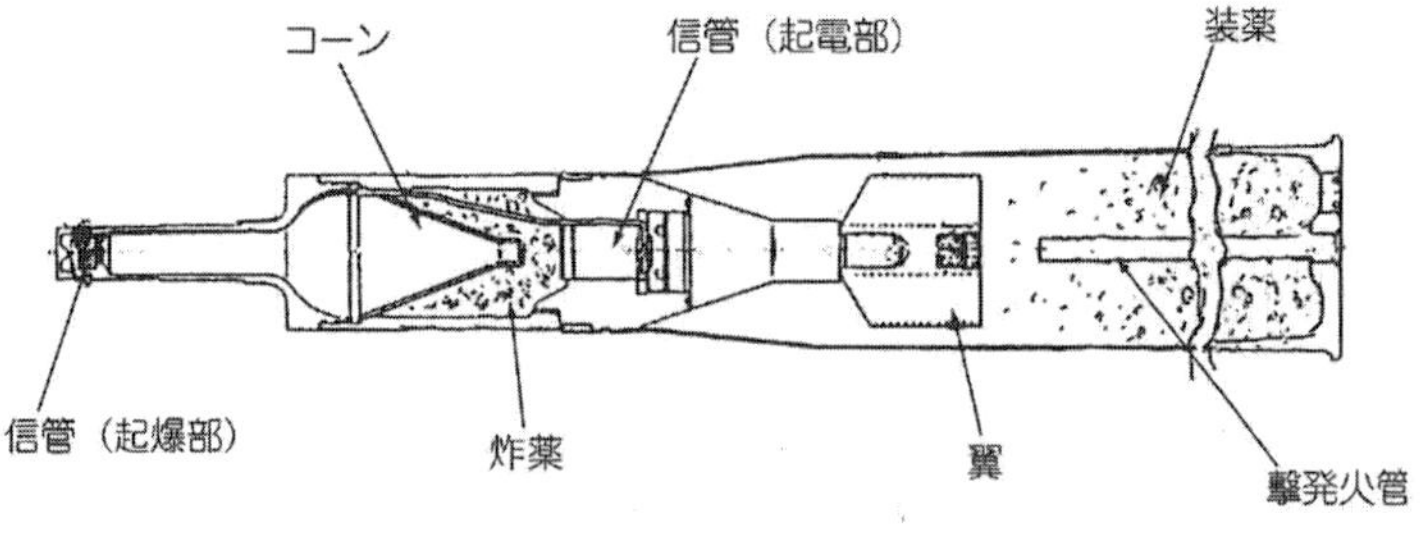

対戦車榴弾（ＨＥＡＴ）の構造

作用をノイマン効果、もしくは成形爆薬効果といい、英語ではモンロー効果と呼ばれる。

　一般的に、大きな爆速が要求される対戦車榴弾の炸薬には、通常、オクトールや混合爆薬（コンポジット）Ｂが使用される。また、弾頭部に円錐ライナーを設けるために、ピエゾ式圧電素子を利用した、弾底で起爆させるタイプの信管が使用されている。この対戦車榴弾、「対戦車」とはいうものの、現在では対人殺傷効果を合わせ持つ多目的弾薬でもあるんだ。だから、多目的対戦車榴弾（ＨＥＡＴ-ＭＰ）とも呼称される。

　そして、お次は粘着榴弾（ＨＥＰ）。これは、戦車の装甲を貫徹するよりも、戦車の乗員を殺傷することを主眼とした弾薬だ。弾殻内部には可塑性の混合爆薬（コンポジットＣやＡ３など）が填実されている。つまり、手で必要な大きさに切断して使用できる、いわゆるプラスチック爆弾のような材質の炸薬と思えばいい。これが戦車に命中すると、装甲板の表面に潰れて密着して起爆し、装甲板の裏面に応力波が生じて積層状に剥離する。その破片が車内で飛び跳ねて戦車の乗員を殺傷し、内部を損傷させるわけだ。これが有名なホプキンソン効果という奴さ。

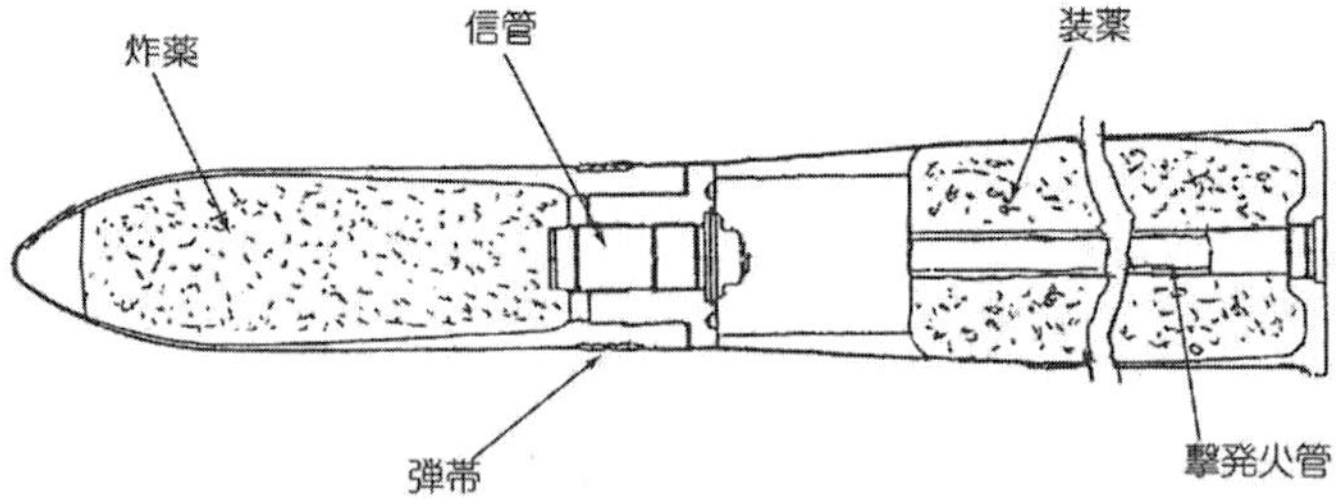

粘着榴弾（ＨＥＤ）の構造

　切り刻まれて戦死するのだから、この作用は非常に恐ろしいよな。もしおじさんが戦車男だったとしたら、勘弁願いたいものだ。信念のために生き、信念のためには死をも恐れぬことを信条とするおじさんだ。己の墓など無用だと思っているくらいだから、どうせ死ぬんだったら死ぬときは搭載弾薬が誘爆して、肉片どころか骨も残らぬほど木っ端微塵になるのが理想だな。
太郎　へぇ、男らしいっていうか正にプロの自衛官って感じだけど、壮絶な死に方ッスね。
おじさん　軍人が畳の上で死ねるのは、平時の話さ。有事になったらそうもいくまい。平素から覚悟があるかどうかが重要ってことだ。で、最近の戦車は、被弾による弾薬の誘爆時に吹き飛んで砲塔内部の損害を減少させるための「ブローオフ・パネル」が設けられていたり、装甲裏面の剥離対策としてケブラー繊維の内張りを施したりしている。乗員の生存性を重視した設計であるのは非常に好ましいことだが、おじさんが戦車男だったとしたら余計なお世話だな。もっとも、徹甲弾だって装甲を貫徹すれば車内を飛び回るから、どのみち切り刻まれて戦死することになるし、湾岸戦争のソ連戦車のように弾薬が誘爆することもある。おじさんと運命を共にする他の乗員にとっては「戦死するのはアンタだけで結構」ということになるだろうがね。

脅威のパンチ力「対戦車ミサイル」

太郎　対戦車ミサイルについても教えてくださいよ。

おじさん　ふむ、そうだな。では昔に遡って話すとするか。第一次世界大戦時のソンム会戦において史上はじめて出現した戦車だったけれども、これを撃破する手段としては、長らく戦車砲もしくは対戦車砲、あるいは対戦車銃が用いられてきた。当初は、これら弾頭の運動エネルギーを利用して装甲を貫徹する方式の兵器しか存在しなかったが、成形炸薬が開発されるに及んで初速を重視しなくともよい対戦車ロケット弾が登場したのだ。

これは、第二次世界大戦末期におけるドイツ軍のパンツァーファウストや、米軍のM-20ロケットランチャーの弾薬として有名だよな。
太郎　いわゆるバズーカ砲ッスね。
おじさん　ああ。しかし、ロケット弾は無誘導であるため命中率が悪く、その後は必然的に誘導弾、すなわちミサイルの開発が進むこととなる。

第二次世界大戦時のドイツ軍は各種のミサイルを開発中であったんだが、結局試作のみに留まって、対戦車ミサイルを実用化することはできなかったのさ。戦後、実用型の対戦車ミサイルをいち早く装備したのはフランスで、１９５６年にSS-10を正式化した。

この第一世代型対戦車ミサイルは、主としてヘリコプターに搭載されたもので、射手が目視で目標を照準し、発射されたミサイルを操縦桿、つまりコントロール・スティック、通称ジョイスティックを操作して誘導する有線誘導方式だった。これは、SS-10に続いて登場した旧西ドイツ軍のコブラ、旧ソ連軍のAT-1スナッパー、そして我が国の64式対戦車誘導弾も同様なんだ。

　次いで登場した第二世代の対戦車ミサイルは、第一世代の物と同様、ワイヤーによる有線誘導であるのは変わりない。しかし、飛翔するミサイルの後尾部にあるフレアーつまりIR（赤外線）光源を、IR検知器が組み込まれた照準装置で射手が照準すればよい方式となった。これにより第一世代のミサイルのように、射手が目標に命中するまでミサイルを照準の軸線上に捉え続けるように目視照準し、難しい誘導操作をし続ける必要がなくなったわけだ。このため、ミサイルの飛翔速度も命中率も向上することとなったのだよ。

　この第二世代のミサイルとしては、米国のTOWを筆頭に、独仏共同開発によるミランやHOT、旧ソ連のAT-2にAT-3などが有名で、我が国の７９式対戦車誘導弾（通称重MAT《マット》）もこの世代に属するんだ。

　そして、旧ソ連製AT-1の発展型ともいえるAT-3サガーは、第四次中東戦争においてアラブ側、つまりエジプト軍などに使用され、イスラエル国防軍の戦車をことごとく撃破してしまった。イスラエルは、この「ショバフニヨム作戦」において戦車の大量損耗を被り、精鋭部隊である第14機甲旅団が壊滅したんだ。同旅団は、主として米国製のM-48パットン中戦車を装備し、3個戦車大隊を基幹とした編成だった。この戦闘で同旅団は約百輌もの戦車を喪失し、可動する戦車が2輌にまで減ったという。その戦車装備定数は各種合計１２２輌であったから、これはもう壊滅というより全滅といってよいだろうな。このように、実戦でその真価を発揮した対戦車ミサイルも、有線誘導方式ゆえに、運用上の制約があったのは否めないだろうよ。

太郎　対戦車ミサイルも、戦車には大敵なんだなあ。

おじさん　うん。で、これがヘルファイアなど第三世代のミサイルではレーザー誘導方式となり、「ヒモなし」となった。しかし、発射後から命中に至るまでミサイルを誘導する必要があるのが欠点だ。これは、偽装・隠蔽した地上の射撃陣地から発射するのならともかく、攻撃ヘリコプターからの射撃となると、母機の生存性が問題となってくる。

太郎　対戦車ミサイルの誘導中に攻撃を受けても、回避行動を取れないってことでしょう？

おじさん　ああ。ただ、目標に照射するレーザーは、必ずしもミサイルを発射した母機が照射する必要はなく、地上の兵士が照射することが可能だ。これにより、ミサイル発射後の母機の生存性は大きく向上した。

そして、最新の第四世代のミサイルとなって、いわゆる「撃ちっぱなし」が実現する。フルアクティブ・レーダーホーミングという奴さ。この技術は、ＡＩＭ-１２０アムラームや我が国のＡＡＭ-４などのように、現代の各国軍戦闘機に搭載されている空対空ミサイルではすでに実現されているけどな。てなわけで、このように対戦車ミサイルが発達するにつれ、戦車には不利な状況となってきた。

太郎　じゃあ、戦車は対戦車ミサイルからどうやって生き残ればいいんだろう。

おじさん　戦闘状況下における戦車の対抗手段には、大別すると積極的手段と消極的手段があるんだ。

前者は対戦車ミサイルが発射される前に、その母機なり発射機、あるいは射手もろとも撃破してしまうことさ。しかし、これはかなり困難だろう。相手が攻撃ヘリコプターであれば、ホバリング時以外にまず射撃の機会はない。その上、戦車の装備する重機関銃は有効射程も限られている。地上設置の対戦車ミサイルの場合はどうだろう。これも撃破するのは容易ではない。なぜなら離隔射撃といって、発射機と射手がケーブルで繋がれて、離れた位置に布陣していたりする。さらに、その陣地も巧妙に偽装隠蔽されているから、発射前の発見もなかなか困難なんだ。

通常は、発射時の煙でも目視しない限りは、対戦車ミサイルの発射後に、レーザー検知装置などの警報で自分が狙われていることを知る。最近の対戦車ミサイルはロケットモーターの無煙化により、飛翔中の煙が目立たぬようになっているからだ。となれば、後者のような消極的手段で対処するしかない。つまり、発射された対戦車ミサイルを欺瞞し誘導不能にしたり、戦車の車体を煙覆することで照準を困難にするわけだ。

第一世代などの有線誘導による対戦車ミサイルであれば、その飛翔速度も秒速100メートルにも満たないものであったし、もうもうと煙を出しながら飛翔するから割と発見し易かった。しかし、現在の対戦車ミサイルのそれはもっと高速で、無煙化がなされている。これでは、急旋回による回避も困難というものでね。そこで、回避機動と同時に煙幕を構成したり、対戦車ミサイルを欺瞞するなどの手段を併用するのだ。

ところが、ロシア軍のＴ—80戦車の場合には、対戦車ミサイルを欺瞞して回避するどころか、「積極的に撃墜」しようという防御システムまで搭載されているから驚きだ。これは、アレナＤＡＳと呼ばれるシステムだ。ロシア語では、アリエーニャと発音するようだがね。まず、接近する対戦車ミサイルなどを、ミリ波レーダーが探知する。そして、その飛翔経路をコンピューターが計算し、爆発パネルを作動させることで目標を破壊する仕組みさ。

太郎　へえ〜、実にユニークなアイディアだなあ。

おじさん　まったくだな。もっとも、完全な実用化まではまだ時間を要するらしいがな。それに、戦車の周囲にいる随伴歩兵にとっては、すごく危ない代物だ。なんせ、飛来する対戦車ミサイルをパチンコ玉のようなものを飛散させて撃墜するんだから、随伴歩兵も巻き添えを食うだろう。だから、我が日本ではこの種の防護システムを装備化しようとする動きはない。

太郎　ふ〜ん。韓国のK2戦車も、これと同じものを装備しているっていうけど、戦車と行動を共にする歩兵にとっては危険なんだね。

おじさん　うん。このように、時としてロシアは、西側諸国が思いも付かないようなアイディアの兵器システムなどを具現化したりするから、決して技術的にも侮れんぞ。これは、何も自由な体制となってからの話ではない。旧ソ連時代からもそうだったな。しかも、戦車などの陸戦兵器以外の分野においても、この傾向は顕著だった。一例を挙げれば、水上戦闘艦のVLS、つまり垂直発射システムや、カモフKa-50ホーカム攻撃ヘリコプターのイジェクション・シートによる脱出システムなどがそうだ。

現在のところ、飛来する対戦車ミサイルの直接的な破壊を狙った防御システムは、ドイツのメーカーが発表した同種のものを除けば、このアレナDASくらいのものだ。しかし、いずれ同種の防御システムが世界的に普及するかも知れんな。このロシアの独創的な技術開発に、今後も目が離せないというものだろう。

歩兵が戦車をノックアウト！　個人携行対戦車火器

おじさん　次は、個人携行対戦車火器だ。これは、主として対戦車榴弾（HEAT）などを用いて戦車などの装甲目標の撃破に用いられる火器で、兵士が一人で携行・操作可能なものをいう。射手と装填手の2名で操作するものもあるがな。

これは、「使い捨て型」と「再使用可能型」に大別される。前者としてはベトナム戦時に米軍が多用したM-72シリーズのロケットランチャー、戦後にドイツのダイナマイト・ノーベル社が開発したパンツァーファウスト3が有名だ。同じものが自衛隊でも使用されているが、発射装置のみ再利用するので「弾薬扱い」になっている。後者には、旧ソ連製のRPG-7や、スウェーデンのFFV社が開発した84ミリ無反動砲「カールグスタフ」、米軍のM-20ロケット発射筒などが

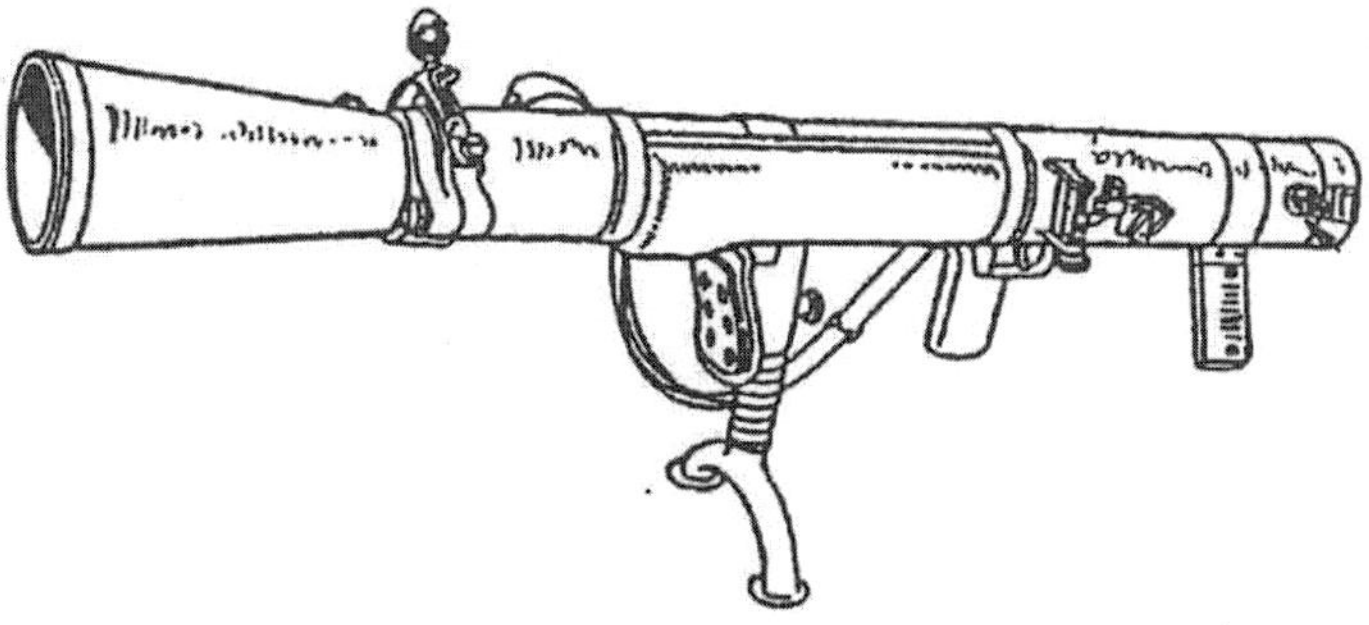

無反動砲・個人携帯型の対戦車火器の代表ともいえる、スウェーデンが開発したカール・グスタフ

ある。

太郎　一口に対戦車火器っていっても、無反動砲もあればロケットやミサイルもあって、なかなか多様ッスね。

おじさん　うむ。古くて知らないかもしれんが、昭和30年代から40年代にかけて一世を風靡した「コンバット！」という、第二次世界大戦をテーマとした米国のTVドラマがあった。かのサンダース軍曹が活躍することでお馴染みのヤツだ。この作品は、当然ながら米国の視点で描かれているから、ドイツ兵は「やられ役」として登場するんだが、この「やられ方」というのが実に情けない。何しろ、自分が投擲した手榴弾を相手に投げ返されて爆死するんだから。

　このお約束の演出、実戦でもしばしば発生しているから、描写としてはリアルで笑ってはいかん。ところが、戦争映画のすべてがリアルな描写をしているとは限らんぞ。その代表例はといえば、屋内における個人携行対戦車火器の射撃だ。RPG-7にせよカールグスタフにせよ、この種の対戦車火器には後方危険区域というものが存在する。これは、自衛隊が射撃訓練における安全管理を目的として設定しているものだ。だから「大袈裟な！　そんなの実戦じゃ関係ねーや」とばかりに、もし映画のように壁を背にして屋内から発射しようものなら、発射時の後方爆風が壁に反射して、射手本人もやられてしまう。マヌケなようだが笑ってはいかんのだ。一見たいしたこともなさそうで、この後方爆風というのは実はかなり危険だったりするのだよ。

　そのため、実戦的訓練より安全管理を極度に優先する自衛隊では、これらの対戦車火器の実弾射撃訓練時には後方危険区域を設定し、防護マスク、つまりガスマスクを装面した上で実施しているくらいなんだ。ところが、前述したマヌケな兵士の描写は、映画ではほとんど見られない。というか、皆

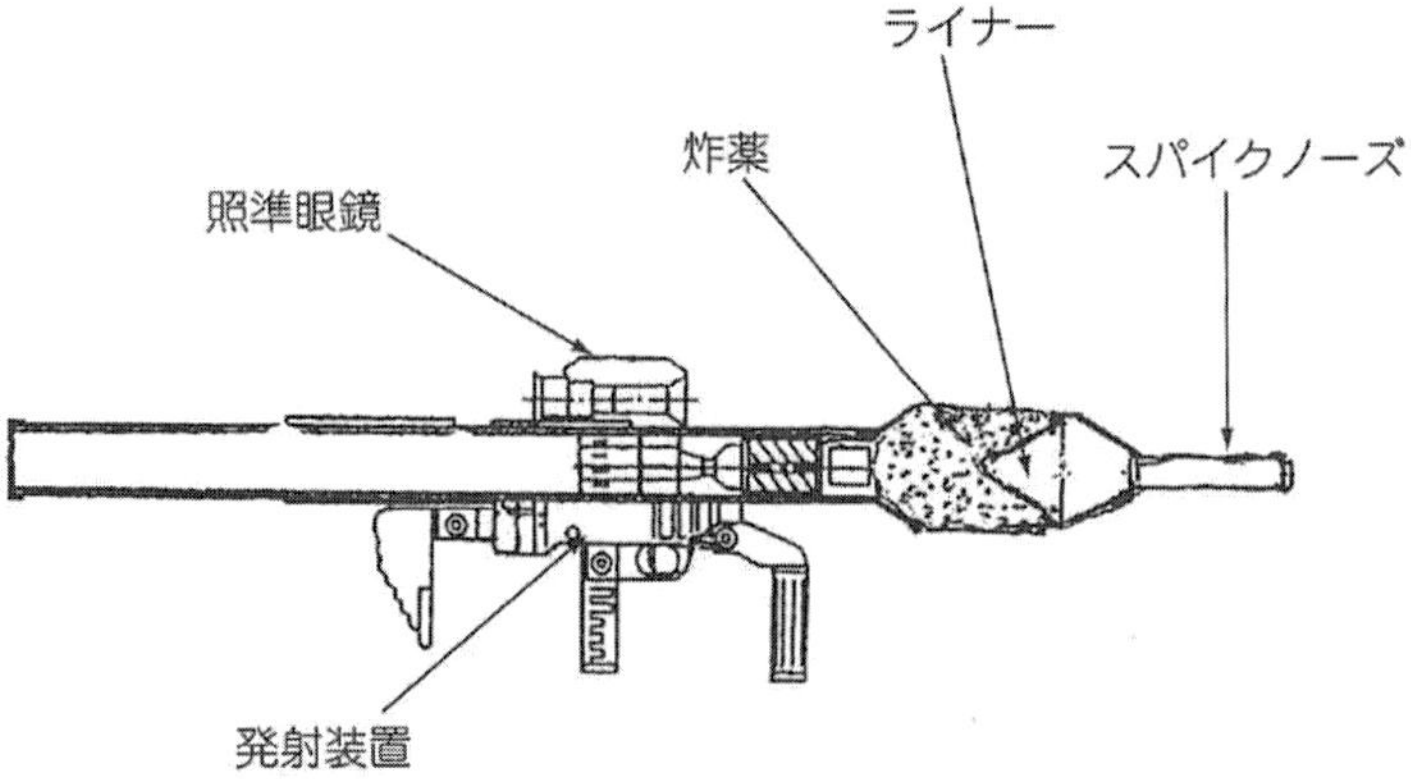

ドイツが開発した自衛隊も装備している１１０ミリ対戦車ロケットであるパンツァーファウスト３

無だろうな。どうせなら、その辺もリアルに描写してもらいたいものだ。

さて、この個人携行対戦車火器だけど、中には1発で戦車を撃破可能な装甲貫徹力を持つものも存在するから、これはなかなか侮れん。

太郎　歩兵相手にノックアウトされるとあっちゃあ、戦車もたまりませんね。

おじさん　「うん。しかも01式軽対戦車誘導弾の場合は、射手が発射後のミサイルを誘導する必要もなく、撃ちっぱなしが可能だ。だが、ミサイルならともかくロケットや無反動砲のタイプは無誘導だから、目標に命中させるにはかなりの演練が必要だ。そこで、何度も反復して射撃訓練を実施する必要がある。ところが、厳しい防衛予算下の自衛隊では、実弾射撃の機会がそう滅多にあるわけでもないしな。

太郎　そういえば、その昔、隊員の有名な川柳で「たまに撃つ　弾がないのが　玉に傷」というのがあったって、何かの本に書いてあった。

おじさん　ああ。備蓄弾薬どころか訓練用弾薬の少なさを詠んだものだな。小銃の訓練用弾薬も少なければ、対戦車火器の訓練用弾薬もまた少ないわけでね。だから、通常は「射撃予習」といって、実弾射撃を実施する前の段階、つまり射撃姿勢の練習と照準・撃発練習を中心とした訓練とならざる

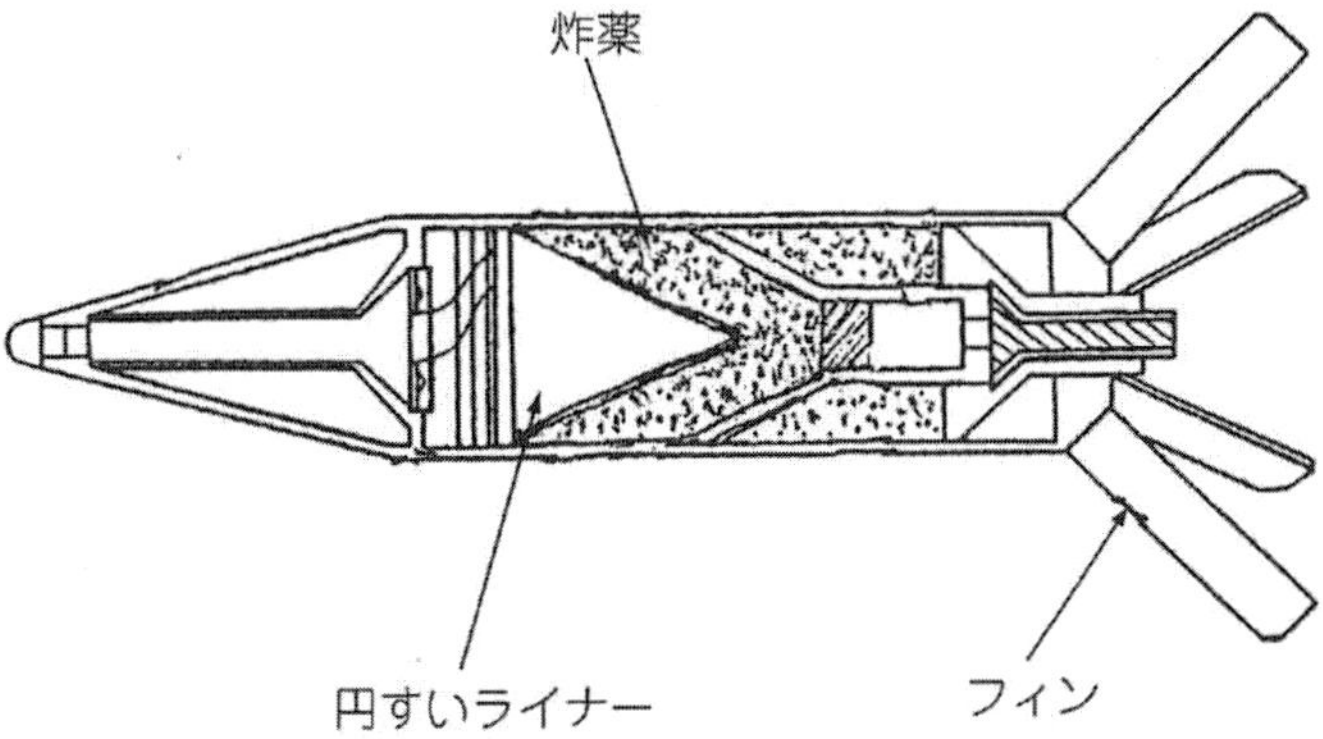

個人携帯対戦車火器に用いられる弾薬の一例（対戦車榴弾）

を得ないんだよ。つまり、普段はカチャカチャと空撃ちばかりしているといっていい。

　現在の陸上自衛隊における、代表的な個人携帯対戦車火器であるパンツァーファウスト3、通称LAM《ラム》は、IHIエアロスペースによりライセンス国産されているんだが、ハンドリング・セットという取扱操作訓練用の器材が用意されている。これは、実弾はおろか訓練用演習弾なども含めてまったく発射機能のないものだが、実物と寸分違わぬ外観をしているんだ。もちろん、寸法も実物と同じなら重量も同じさ。ちなみにこのハンドリング・セット、初期に調達されたものはドイツのH&K《ヘックラー・ウント・コッホ》製であったりする。で、コイツを使用して操法訓練を実施するわけだ。

太郎　じゃあ、自衛隊の個人用対戦車火器の実弾射撃訓練って、一体どのように行なわれているのかな？

おじさん　おじさんが現役自衛官であった際に射撃した経験のある、M-20ロケット発射筒を例としようか。これは、磁石発電式の電気発火による発射方式でね、装填後に短絡クリップを外し引金を引くことにより発射する。そして、静電気による不時発射防止のため、発射前に身体をアースしなければならない。そのため、M-20ロケット発射筒の実射訓練では、帯電しやすい私物の「ノー・アイロン作業服」は着用してはいかん、と厳しく指導されたもんさ。

　さてこのM-20ロケット発射筒だが、発射時に一瞬だがロケット弾が発射筒内を移動するのが体感できる。つまり、装填されたロケット弾は発射筒の後部から筒先に向けて移動するから、当然、それに伴い重心位置も変化するわけでね。この際、下手をすれば筒先が下がって自分のすぐ足下を撃ちかねない。

太郎　ゲーッ！これじゃ、炸薬の入っていない演習弾ならともかく、対戦車榴弾だったら爆死すること必至だなあ。

おじさん　まあ、すぐ近くの地面を撃ったからといって100％起爆するとは限らないけど、危険だよな。それを防止するために、戦闘射撃を別にすれば、自衛隊ではこの種の個人携行対戦車火器の実弾射撃では、立射をすることは少ない。掩体つまりタコ壷状の穴に入り、しっかり肩付けした上で筒先を土のうに依托して射撃するのがほとんどなんだ。

　特に、実弾射撃における撃発の瞬間は「ドキがムネムネ状態」でな。優れた戦闘員たる者、ここで冷静にトリガーを絞らねばならないところだ。しかし、おじさんなどはトリガー・ハッピー気質なのだろうか、つい興奮してしまう。つまり、早く撃ちたくてたまらないんだな。これではガク引きの原因ともなり、目標を外すこととなる。

太郎　おじさんは、パンツァーファウスト3も撃ったんでしょ？

おじさん　ああ。即応予備自衛官（以下、「即自」）になってから撃ったな。ＬＡＭ《ラム》、つまりパンツァーファウスト3だが、あれはいいぞ。無反動砲よりも発射時の後方爆風が少ないからな。外国軍で実際にあったそうだが、無反動砲のすぐ真後ろに立っていれば、後方爆風のガスで胴体が千切れて即死するそうだ。その点、パンツァーファウスト3なら、大怪我はするだろうが死ぬことはまずないだろう。もっとも、噴出した後方爆風が地面に斜めに当たって、その反射した衝撃波が自分の太腿を叩く。丸めた新聞紙で太腿を「バシッ」と叩かれる程度だから、大して痛くはないがね。おじさんは、現役時代は陸自の航空科職種だったけど、即自になったら職種変更して、普通科隊員になったんだ。5・56ミリ機関銃のミニミや、84ミリ無反動砲も実弾射撃をするよ。ちなみに、パンツァーファウスト3だが、「3」は英語でスリーというが、ドイツ語ならドライというから、パンツァーファウスト・ドライって呼ぶべきだぞ。

太郎　なるほど。

おじさん　そして、最後に紹介するのが「小銃てき弾発射機」、いわゆるグレネード・ランチャーさ。この小銃てき弾発射機は、小銃の銃口先端部に装着して使用するものと、小銃の銃身下部に装着して使用するものに大別される。前者は、自衛隊の64式小銃や89式小銃などに使用されている。後者は主として対人用で、米軍のＭ-２０３グレネード・ランチャーなどが有名だ。おじさんが紹介するのは前者のタイプだ。

　小銃てき弾発射機のメリットは、何といっても操作簡便な上に装甲目標も攻撃できる点につきる。手榴弾を発射可能な「てき弾発射補助筒」という補助具がオプションとして用

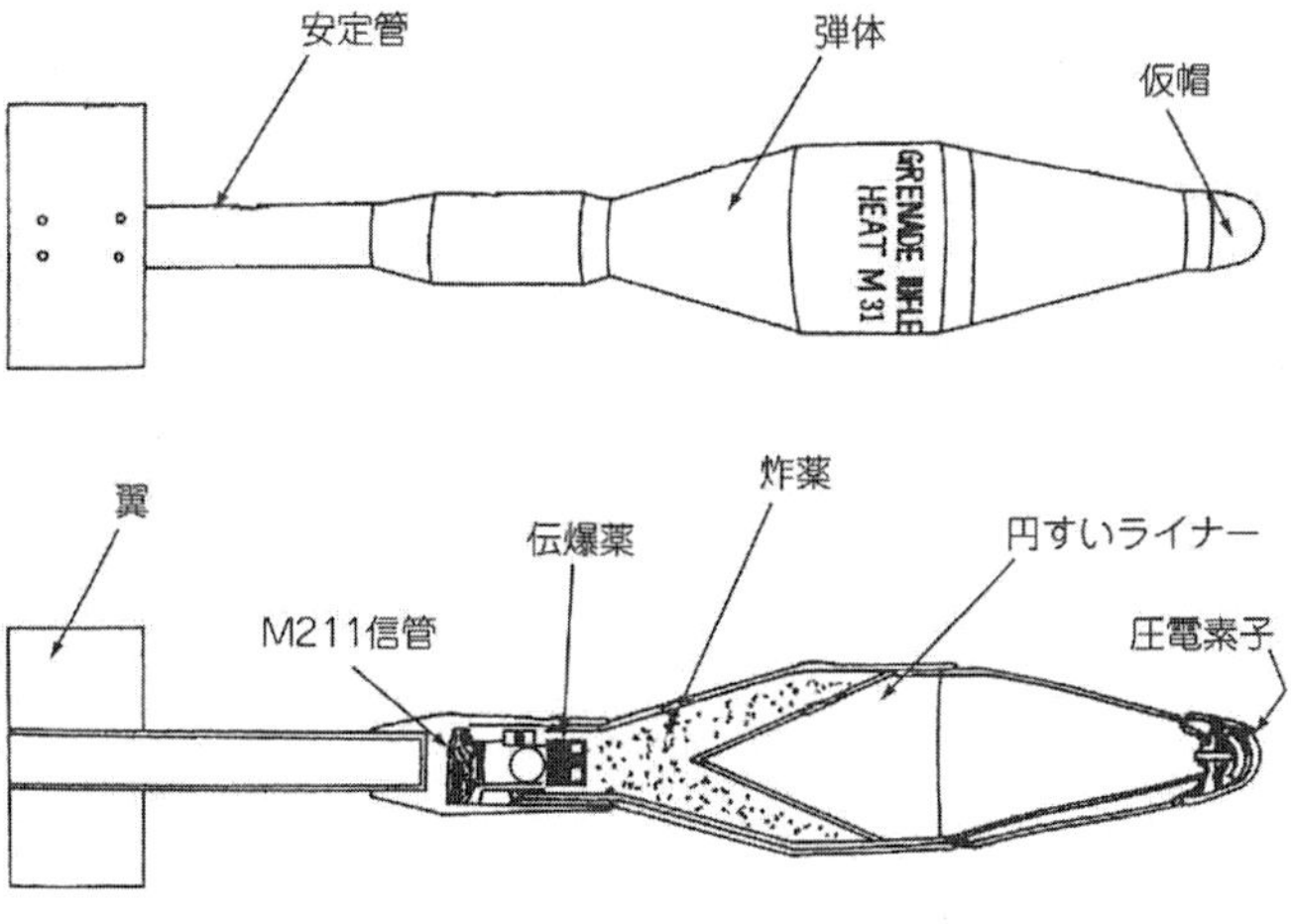

M-31対戦車小銃擲弾の構造

意されているけど、対人用なのでここでは割愛だな。
おじさんが新隊員のときに、この小銃てき弾を実射したことがあってね。もちろん炸薬のない「訓練用演習弾」だけどな。これも前に説明したM-20ロケット発射筒と同様、やはり依托射撃だったんだ。小銃てき弾発射機を装着した64式小銃を地面に依託し、約45度の角度で発射するわけだ。教範、つまりマニュアルには立射姿勢での射撃要領が写真入りで解説されているんだが、普通科部隊の隊員でもなければそうそう立射する機会もないだろう。

太郎　最近は、自分みたいに89式小銃しか触れたことがない新隊員も多いってことは、今後は64式小銃用の小銃てき弾もレアな存在となるに違いないよね。

おじさん　まあな。さて、小銃てき弾発射機は他の火器よりも射程が短い。その上命中精度や発射速度などの点でも劣る。このため主として対人用なのだが、「M-31対戦車小銃てき弾」という弾薬を使用すれば、戦車を相手に戦闘できるんだ。装甲板貫徹能力は約２５０ミリといわれているが、最新のＭＢＴを相手にするのはチトつらいな。また、M-31対戦車小銃てき弾はＨＥＡＴ弾だから、ＥＲＡなどを装着して装甲防護力を強化した戦車への効果は疑わしい、といったところかな。しかし、それ以外の軽装甲目標（ＡＰＣなど）に対しては、まだまだ有効といえるだろう。

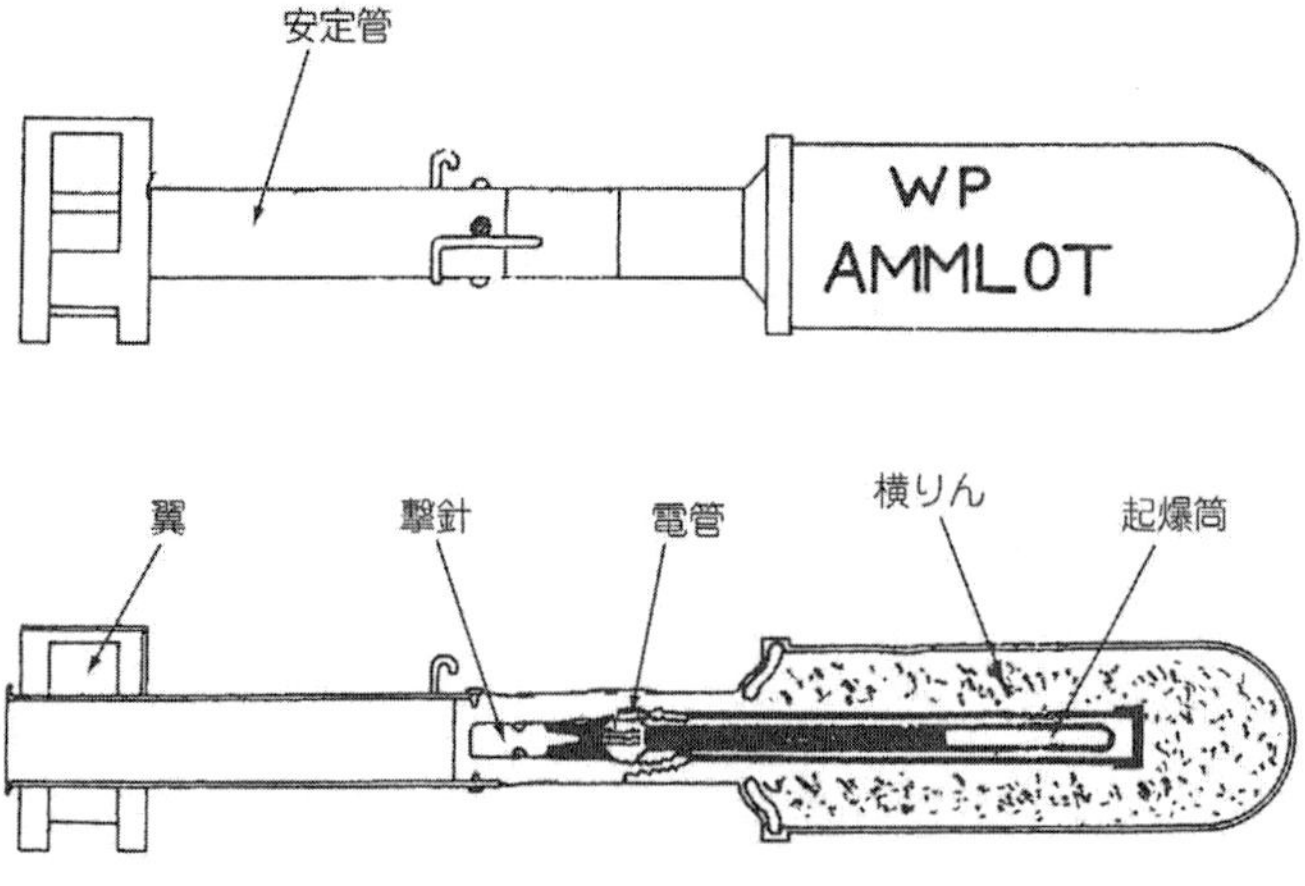

M-19A 1黄燐発煙小銃擲弾の構造

未だに有効な「対戦車地雷」

太郎　対戦車火器以外に戦車を破壊する手段っていえば、地雷があるよね。

おじさん　うん。地雷は、その作動対象によって対人地雷と対戦車地雷に区分されるが、これから説明するのはもちろん対戦車地雷の方だ。１９９７年、カナダのオタワで我が国を含む１２１ヵ国が調印して全廃した対人地雷の保有国は一気に減少したが、対戦車地雷は現在も多くの国々で使用されている。

　対人地雷と対戦車地雷の最も異なる点は、その大きさ、つまり炸薬量だな。対人地雷は、せいぜいパインアップルなどの果物の缶詰程度の大きさしかないが、対戦車地雷は少なくとも直径約30センチはあろうかという、大きなブ厚い円盤型をしている。

　また、対戦車地雷は対人地雷の数十倍の力が加わることで作動するような信管が装着されている。

太郎　そりゃそうだよね。対戦車地雷は対人地雷よりもかなり値段が高いから、たまたま通りかかった人や動物が踏ん

陸上自衛隊の72式演習対戦車地雷。訓練用であるため爆発はしないが、実物に酷似した作りとなっている

づけた程度で爆発しちゃったんでは、物凄く不経済ッスね。

おじさん　それでは大型の対人地雷に他ならないよな。だから、対戦車地雷の場合は、一般的には数百キロの圧力が加えられなければ、信管が作動しないんだ。つまり、逆のいい方をすれば、人が対戦車地雷を踏んだところで爆発するものではないのだよ。

従来の対戦車地雷は、戦車の履帯、つまりキャタピラに踏まれることで爆発し、履帯を切断損傷させ、機動不能とさせることが目的だった。これでは、戦車の損傷はせいぜい起動輪や転輪とか、あるいはサスペンションといった部分に限定され、乗員も戦死することはないよな。しかも、機動不能となったところで戦車砲などの射撃は可能だから、戦闘力を奪うまでには至らない。戦車の外部に予備の履帯を搭載していれば、それを用いてその場で修理可能でもある。

ところが、近年の対戦車地雷は磁気感応式などのように、直接戦車が踏み付けなくとも爆発する構造となっていたりするから、実に厄介なんだ。もちろん破壊力も向上していて、車体底部の装甲板を貫徹して戦闘室内部にまで被害を及ぼすどころか、場合によっては戦車砲の搭載弾薬が誘爆して完全に破壊されることもあり得るのだよ。

こうなると乗員は負傷して戦闘不能どころか、最悪の場合戦死する可能性もある。また、戦車が全損しなくとも、大破でもすれば野整備レベルでの修理はまず不可能で、戦車回収車などを使用してデポ、つまり補給処に後送しなければならない。

地雷ってのは受動的な兵器でね、当然ながらそれを埋設した側の軍隊は、敵の予想接近経路に地雷原を構成するんだ。

太郎　もし、予想に反して敵部隊がその経路上を通過しなかったらどうするの？

おじさん　いい質問だな。通常は、どうしてもそこを通過せざるを得ないように、河川や地隙などの地形障害や、対戦車壕などの人工的な対戦車障害、さらに対戦車火網と複合的に組み合わせることで、敵戦車部隊を地雷原へ誘い込むのだよ。

このように、地雷は現代でもなお有効な対戦車兵器といえるのだ。

地雷より恐ろしい！　ＩＥＤも戦車の敵

太郎　先日、インターネットの動画で、シリアの内戦で破壊される戦車の映像を見たけど、臨場感も迫力もありました。
おじさん　そうか。あれは現代の陸戦がどのような様相か、大変勉強になるぞ。何といっても、21世紀はＩＴ時代だから、戦場での生映像がライブでネット配信されても不思議ではなかろう。
太郎　政府軍側だかの戦車が、道路脇に埋められていた地雷か何かで、破壊されてしまった映像なんだけど。もの凄い爆発だったな～。
おじさん　うん、それはＩＥＤといってね、即席爆発装置の略さ。対戦車地雷1個で戦車を撃破できないのなら、3個をひとまとめにして爆発させればいいだろうって発想だ。対戦車地雷の他にも、榴弾砲などの155ミリ砲弾を３つひとまとめにして、それを同時に起爆させるのだよ。大抵のＩＥＤには、携帯電話が括りつけられていて、着信したときにその電流が流れて起爆する仕組みさ。戦車が通りそうな道路脇に埋設して、目視で戦車が見える所から電話を掛けるのだ。もちろん、戦車が通過する瞬間にね。
太郎　へぇ、よく考えたな。まさに弱者の戦法ってトコか。ＩＥＤって、ある意味で対戦車地雷より厄介なんだなぁ。

戦車の敵は兵器だけではない「各種障害の話」

おじさん　「戦車の敵は戦車」とは昔からよくいわれるけれども、敵の戦車をはじめとする兵器だけが「敵」ではない。気象条件などの天候や、地形地物などといった自然環境も戦車の敵となるんだ。現代のハイテク戦車は、ナイト・ビジョンやサーマル・イメージャーなどにより、夜間や霧といった条件下でも走行間射撃が可能だし、シュノーケル、つまり潜水装置等を使用した上で防水処置をすれば、「潜水渡渉《としょう》」により渡河することも可能だ。
太郎　自衛隊でも潜水渡渉訓練をやっているよね。
おじさん　うむ。戦車用のプールのような施設を用いて訓練しているよな。
　しかし、この世に万能の兵器など存在しないのだ。いかにハイテク戦車でも空を飛べるわけではない。垂直に近い断崖絶壁を昇り降りできないし、超壕能力以上の地隙を飛び越えたりすることすら不可能だ。例えば、昭和30〜40年代の少年雑誌には、シュノーケル装備で渡河することが可能な戦車を「スゴイぞ！　まるで忍者だ、これが潜水戦車だ」などと紹介した記事が掲載されたりしていたんだ。

まあ、これは少年向けに兵器を紹介した記事だから、このように大袈裟な表現がなされているのであって、実際には戦車の渡渉可能水深には限度がある。通常動力型、つまりディーゼル機関の潜水艦を、俗に「可潜艦」と呼ぶのと同じようなものだ。地形などの自然環境ですら限定的にしか克服できないのだから、天然であれ人工であれ、各種の障害は戦車の行動を阻害することになる。特に、人為的に構築された「対戦車障害」などの場合は、それ以上にやっかいな敵となるのだよ。

対戦車障害とは、人工的に構築されるか、自然の地形・地物に手を加えるなどにより構築される。そして、「対戦車障害」の際たるものは地雷原だろう。現代の戦車は、マイン・プラウという鋤のような装置を車体前方に装備できるようになっていて、それを用いて進路上の対戦車地雷を掘り起こし、爆発させて処理しながら地雷原を通過することも可能だ。しかし、保有するすべての戦車にマイン・プラウが標準装備されているわけではないし、その能力や効率からいっても、やはり工兵部隊に地雷原啓開してもらう必要があるわけだな。

戦場タクシー「ＡＰＣ」と戦車の関係とは？

おじさん　かつての第二次世界大戦時、ドイツ軍による電撃戦が確立される以前は、戦車は歩兵支援のために存在するといっても過言ではなかった。しかし、現代戦においては「歩戦協同」、自衛隊では「普戦協同」というけれども、戦車に歩兵が随伴し相互に連係して戦闘するのが常識だ。

いかに戦車が陸の王者とはいえ、その衝撃力をもってしても陣地占領することは不可能でね。逆に歩兵だけでは機動力と火力の発揮に制約があるし、装甲防御力という面では己の着用する防弾チョッキのみが頼りなんだ。そこで、ＡＰＣによって歩兵を装甲化し機動力を与え、戦車に随伴させて戦闘するようになったのだよ。

ところで、タクシーを利用したことがあるだろう？

太郎　当然あるに決まっているじゃないスか。今時の現代人で一度もタクシーに乗ったことのない人って、まずいないでしょう。でも何で？

おじさん　当たり前だが、タクシーは「ヘイ、タクシー！」と手を挙げるだけで停車してくれる。いや、別に「ヘイ」と叫ぶ必要もないけどな。そして「どちらまで?」との問いに、行き先を告げれば自宅の玄関先にも横付けしてくれる。

APC、つまり装甲人員輸送車は、その用途から「戦場タクシー」と表現される。73式装甲車が代表的だな。だが、乗用タクシーのようにドア・トゥ・ドアというわけではない。突撃発起点で、客である兵隊さんは下車しなければならないからだ。これは、現在のIFV、つまり装甲歩兵戦闘車でも同様で、状況によっては歩兵が下車せず、IFV固有の強力な搭載火器を使用しての乗車戦闘もする場合があるとはいえ、あくまで歩兵の下車戦闘が基本だ。

これは、欧米各国軍のIFVが固有のガンポート、つまり車内から歩兵が射撃可能な銃眼を相次いで廃止したことからも判るだろう。使用頻度が少ないのなら、敵の攻撃に際して脆弱な部分なのだから、これを廃止して増加装甲を付加しよう、というわけさ。これに対して、我が国の89式装甲戦闘車は予算不足のためか、未だにガンポートを廃止できずにいる。

そしてこのAPCやIFV、戦車の陰で目立たないとはいえ、兵員輸送の他に指揮連絡等多目的に使用される重要な傍役だ。何しろ多目的に使用されるのだから、数を揃えなければならない。通常は、戦車の装備数の倍の数量が必要とされ、欧米各国軍においてもそれは例外ではない。

ところがつい最近まで、我が国の自衛隊においてその数量比は戦車2に対してAPCが1と、まったく正反対だったんだ。これも予算上の制約で、戦車の装備定数を充足するのに精一杯だったからだ。近年になって、安価な装輪型APCの調達に力を入れ始めたのと、防衛計画の大綱見直しによって戦車の総数が600輛と従来の約2/3に削減されることとなったため、この不均衡もようやく是正される見通しとなったけどね。

太郎　う〜ん、何とも皮肉な話だよなあ。

戦車男の所属する機甲科とは?

おじさん　陸上自衛隊には、諸外国軍でいうところの兵科に相当する「職種」というものがあるよな。これは、軍事色を薄めるためか、歩兵は普通科、砲兵は特科と呼ばれている。お主の所属する機甲科もその職種のひとつで、戦車の火力および装甲防御力ならびに卓越した機動力をもって敵を撃破するのが任務の職種だ。

そして、機甲科は戦車部隊と偵察部隊に区分され、第2および第7師団は連隊規模、その他の師団は大隊規模の戦車部隊を持っている。もちろん、戦車男が所属するのは戦車部隊であるが、第7師団隷下の偵察隊は別だ。他の師団等と異なり、第7偵察隊には戦車が装備されている。

その昔、師団が管区隊と呼ばれていた時代は、各偵察中隊にも戦車が装備されていたことがあったんだ。当時は「特車」と呼ばれていたがね。しかし後の改編により、第7師団を除く各偵察隊の戦車装備数はゼロとなってしまった。つまり偵察部隊といっても、ジープやオートバイ主体の斥候に過ぎなかったわけだ。これが現在では87式偵察警戒車の装備により、戦車ほどではないが限定的な威力偵察が可能となった。

さて機甲科は、警察予備隊創設当初から存在していたのではない。機甲科の誕生は昭和27年に保安隊に改編された際に、「20トン型特車」として装備されたM-24チャーフィー軽戦車が米軍から供与されたことに遡る。

機甲科の発足当初は、すべての装備車輌が米軍供与でね、その多くが朝鮮戦争で酷使されたものだったんだ。しかも装備面に限らず、訓練環境なども満足に整備されていなかった。このような制約下だったけれども、昭和35年、戦後初の国産ＡＦＶである60式自走無反動砲が登場した。翌年には、念願の戦後初の国産戦車として61式が装備化され、その後の主要陸戦兵器を国産する礎ともなったのだよ。

ところで、陸上自衛官の着用する制服の襟には、職種き章と称する金属製のバッジが付いているよな。この職種き章により、その隊員が何の職種に属しているかが判る。

陸自の機甲科であることを示す職種き章

太郎　はい、機甲科の職種き章は、天馬つまりペガサスと戦車を組み合わせたものだそうです。

おじさん　うむ。で、すべての戦車男《マン》が着用する制服の襟には、このき章が誇らし気に輝いているわけだ。

戦車部隊もスクランブル？「応急出動訓練とは」

太郎　ところでおじさん、もし日本がどこかの国に武力攻撃されたら自衛隊が防衛出動することになるよね。戦車部隊の出動って、実際にはどんな感じなんです？

おじさん　うん、自衛隊が防衛出動するといってもだな、突然「オイ、出動だ！」「ヘイ、合点！」てな具合とはならん。防衛出動命令が発令される前には防衛出動待機命令が発令されるし、それに至る間には国際情勢の変化など、必ず何らかの徴候がある。まず、我が国周辺の国際情勢が怪しくなってきた時点で、応急出動訓練の名目で準備を開始するのだ。かつてのＭｉＧ-25亡命事件のときもそうだった。

これは、俗に「Q訓練」ともいってね。大抵の場合、非常呼集の合図でもって始まる。訓練ならば、「訓練、非常呼集」というように「訓練」という一語を冠して放送される。だけど、夜中に本当に何か非常事態が発生して叩き起こされるときは、単に「非常呼集」といって区別するんだ。それと場合によっては非常呼集らっぱがスピーカーから流れることもあるよ。

太郎　へえ～、起床らっぱや食事《メシ》らっぱ以外にもそんなものがあるんスか。

おじさん　それで、昔の日本陸軍では衛兵詰所に24時間喇叭《らっぱ》手がスタンバっていたけど、今じゃ、ＣＤとかＩＣカードのような電子媒体に録音されたものを放送する場合がほとんどだ。もっとも、訓練であれば肉声で「第○中隊、訓練非常呼集。ただちに当直室前に集合せよ。繰り返す。第○中隊、訓練非常呼集……」などと、一部の部隊のみ起こすことがある。

暗闇の中でも戦闘服を着て靴を履き、ヘルメットを被って整列する。訓練の非常呼集なら、当直幹部などが自ら照明をつけるか「電気をつけろ」と指示をする。でも、実際には有事の非常呼集では電気などつけないだろう。

太郎　灯火管制ってやつですか。

おじさん　うむ。もっとも、ＧＰＳが発達し夜間戦闘技術が確立された現代では、市街地での灯火管制の効果を疑問視する人もいるがな。まあ、煌々と灯りをつけているよりはマシというものだろう。だから、その際は隊舎などの窓という窓すべてに暗幕を張って、灯りが漏れぬようにするんだ。何しろ、カーテンやブラインドだけでは灯りが洩れるからな。これを遮光覆いというんだが、大抵は使い古した雑毛布を使用するところが貧乏臭いな。

太郎　なるほど、前期教育の際には昼間に非常呼集訓練があったけど、夜中だったら大変だったろうな。

おじさん　もちろんさ。そして航空自衛隊のスクランブルの場合なら、パイロットも整備員もアラート・ハンガー内の戦闘機目指してダッシュする。消防なら「火災発生、出動！」のアナウンスとともに消防車目指してダッシュだ。ところが、戦車部隊では非常呼集だからといって、戦車目指してダッシュしてもしょうがない。

太郎　えーっ、そりゃまた何で？

おじさん　陸自の戦車には実弾が搭載されていないからさ。普段からそうしているのはアラート待機、則ちスクランブルに備えた空自の戦闘機とペトリオット地対空ミサイルを装備した高射部隊くらいなもんだ。

海自の護衛艦だって、対艦ミサイルから魚雷までがフル装填されているわけではないし、戦車だってそうだ。だから、出動前に弾薬を搭載することから始めなければならないんだ。

太郎　本当ですか？　やれやれ……。

おじさん　それに、所属部隊の全隊員が駐屯地内にいるわけではない。「非常呼集！」の肉声放送なり非常呼集らっぱで集合するのは営内者、つまり隊内に起居する若年独身隊員と単身赴任の既婚隊員だけだ。幹部自衛官や所帯持ちの営外者は駐屯地近傍の官舎、あるいはもっと離れた所にマイホームを建てて住んでいる場合だってある。だから、彼らを電話で呼び出す必要がある。しかし、ＮＴＴなどの通信施設がゲリラなどに破壊されれば、携帯電話だって通じない。

太郎　そうなったら、どうやって呼集するんですか？

おじさん　そのときは、手分けしてジープなどで車輛呼集するしかない。ジープが使用できないなら自転車、それもダメなら駆け足してでも一軒ずつ隊員宅を回って呼集する。非能率的だが仕方ないな。

大地震発生時の場合なら、まず災害派遣の非常呼集が掛かると思っていい。だから、震度６以上の揺れを体感したら自動的に自主登庁したりするけど、防衛出動などの場合はそうもいかん。国際情勢が緊迫してきたら、主要な幹部などが駐屯地の中隊本部に寝泊まりするようになる。だからといって、いつ非常呼集が掛かるかは判らないからだ。

太郎　あと、他の呼集方法っていったら伝書鳩とか狼煙《のろし》くらいですか。

おじさん　まあしかし、日本は島国だ。どこぞの独裁国家と陸続きだったりすれば、国境付近の部隊は24時間臨戦体制でなければならんが、島国でよかったよ。

太郎　そのかわり、海上や航空自衛隊は御苦労サマってとこですね。

おじさん　まったく同感だ。その島国ニッポンでは、戦車部隊が出動するような事態になる前に、すでに海上戦や航空戦が始まっていることだろう。

太郎　でも、そうはいっても、陸自の駐屯地にいきなり弾道ミサイルや巡航ミサイルが飛んで来るかも知れないでしょう？

おじさん　その可能性も否定できんが、実際には国際情勢が緊迫してきたら、訓練として出動準備する。それが応急出動訓練なのさ。それに現代戦では世程情報収集を怠っていない限り、駐車場に整然と並んでいる戦車の上に、突如として空対地ミサイルが降って来る、という程マヌケな奇襲のされ方はまず起こらないと考えていい。

それに、飛んで来るのが弾道ミサイルだとしたら、戦車部隊にはどうしようもないな。ミサイル防衛は、海自や空自に対処してもらうしかないな。

さて、とにかく出動準備だ。

モタモタするな！「陸自戦車部隊の出動準備」

太郎　じゃあ有事の場合、実際の出動準備はどんな感じなんスかね？

おじさん　自衛隊では、自転車やリヤカーは別として、およそエンジン付きの車輛は中隊長印を押した「車両運行指令書」という書類がなければ動かせない。有事であろうとなかろうとだ。

太郎　よく草刈り作業に「バロネス」って名前の草刈り機を使っているけど、あれはどうなの？

おじさん　おっと、アレには運行指令書は必要なかったな。バロネスはあくまで自走式草刈り機だからだ。

ともかく、その運行指令書には「出発日時」「経路」「帰隊日時」などが記入される。航空機の場合なら、離陸に先立って飛行場などの運行事務所にフライト・プランを提出するだろう？　それと同じようなものだ。もっとも、車輛運行指令書の場合は車輛各部の点検チェックリストも兼ねているがな。

それでだ。有事の際にそんなものを一々記入していられない、それじゃ柔軟に行動できるものかと思うだろう？　そういう場合は、「出発日時」「経路」「帰隊日時」の各欄ともそれぞれ「別名による」と記入して構わない。つまり、予定は未定だからその都度別に命ずる、というわけだ。

そしてこの書類、車輛を運行する都度作成するからといって、1回の運行につき1枚の運行指令書を作成していたのでは、紙の無駄にもなる。第一、長期にわたって毎日のように多目的かつ頻繁に車を動かす場合は煩雑だよな。そこで、車輛の使用期間に応じて1週間分なり半月分なりの運行指令書を「通し」で作成するわけだ。

この運行指令書、各部隊の中隊長等が発行者で、かつその許可権者でもあるんだが、中隊長直筆である必要はない。訓練陸曹や文書係か誰かが、せっせと起案する。しかも昔は手書きだったが、今じゃワープロでフォーマット化されているし、電力が使用できなくても、主要な項目はスタンプ化されているから便利だ。部隊によっては、これを有事になってから慌てて起案しなくてもいいように、「防衛出動」とか「災害派遣」などの車輛使用目的ごとに予め作成して、ディスパッチ・ケースつまり車検証入れに常に保管していたりする。

こうしておけば、予期せぬ非常呼集が掛かっても安心だ。戦車やジープ、トラックなどの操縦手が記入するのは、さっきもいったような「出発日時」や「経路」、「走行距離」など数項目といった程度だから、記入に5分とかからない。すぐにでも車を動かせる。

これを平素から準備している・いないでは大違いだし、臨機応変に対処するのとお役所のように対処するのとでも大違いだ。「さて非常呼集だ、車を準備しよう」となってから、やれ「運行指令書の用紙がない、用紙は何処だ」だの「起案してもらったが、中隊長印が押されていない、ハンコは何処だ」などと右往左往すれば、たちまち5分や10分過ぎてしまう。有事の際には迅速な初動が重要だから、この程度の時間のロスも馬鹿にならないのだよ。

さて、そうこうしている間にも武器庫が開けられ、小銃や拳銃に機関銃などが搬出される。この際は書類も不要だ。中隊長のツルの一声、つまり「オイ、武器を出せ！」というたった一言の口頭命令でいい。当直幹部は課業時間外の中隊長代理のようなものだから、中隊長がまだ部隊に到着していなければ、当直が武器庫を開けてもいい。

ところが、武器を出すには書類が不要でも、弾薬庫から弾を出すには書類が要る。なぜかといえば、弾薬庫は駐屯地所在部隊で共有していて、駐屯地業務隊が管理しているからだ。

太郎　各部隊にそれぞれ独自の弾薬庫があるわけじゃないんスね。そういえば、真珠湾を奇襲された米軍が慌てて弾薬を貰いに行ったら、書類がないから「出せ」「出さない」で一悶着あったというのが何かの本に書いてあったなあ。

こんなとき、「今は非常時だ」とかいって弾薬管理官に拳銃を突き付けて、無理矢理弾を出させるシーンが映画にはよくあるけど。

おじさん　で、わが中隊は何発弾を受領するのだ？　ということになるのだが、それは普段からＳＯＰ（作戦規定）という部内規則で決まっている。最初に各部隊がもらう弾数をＢＬ（ベーシック・ロード＝初度交付）と呼び、この数量はもちろん部外秘だ。ＳＯＰのような文書は、「取扱注意」だとか「秘」、「機密」あるいは「極秘」といった秘密区分が指定されている。当然、下っ端の隊員には知る由もない。作戦計画を起案するようなレベルの幹部なら別だが、たかが一陸曹ごときには何発交付されるのか判らないのさ。

とにかく、それに基づいて弾薬庫に弾をもらいに行く。この際に、「請求・異動票」という書類が必要になるんだ。

太郎　といっても、中隊全部の弾だからかなりの数量ッスね。小銃弾だけでなく戦車砲の弾ももらうんじゃあ、リヤカー曳いて気軽に行ける雰囲気じゃないよね。

おじさん　ああ。とてもじゃないが、リヤカーでは無理だ。たとえ百往復したところで、日が暮れてしまうぞ。だから、73式大型トラックなどで弾薬受領に……おっと、そもそも戦車中隊のトラック装備定数は、一般部隊よりも少ない。何しろ戦車が装備車輌のメインだからな。

では、分かりやすいように実際の出動準備風景をイメージしてみようか。非常呼集後の各人に対する作業指示も終わったところから考えてみよう。早速、車輌に物品等の積載開始だ。

さて、この時一輌のトラックが、野外炊具1号つまり炊事用トレーラーを牽引して駐屯地業務隊糧食班に行ってしまったとする。現品受領、つまり生鮮食料品や戦闘糧食などを積載するわけだ。そして、別の1輌のトラックは、水トレーラーを牽引して水汲みに行き、先程戻ったばかりだ。現在は、中隊の補給倉庫で天幕だの野外用折り畳み机や椅子、発電機やその他、野外で必要となる資材を積載中ということにしよう。

この調子だと、とてもじゃないがトラックの数が足りない。本来なら、弾薬受領だけで何輌もトラックがあれば良いが、戦車中隊は何十輌もトラックを装備しているわけではないのだよ。

太郎　そもそも、中隊が装備する14輌の戦車に積み込む弾は何発になるんスか？

おじさん　そうだな、じゃあ74式戦車の場合で考えてみることにするか。105ミリ戦車砲弾が2発入った木箱の重量は約66キログラム。74式戦車の搭載弾数には諸説あるが、ここでは50発としよう。で、12・7ミリ重機関銃M2の弾薬は200発入り木箱で約30キロ。これまた諸説あるが60

通称「3トン半」と呼ばれる陸上自衛隊の73式大型トラック

0発は積むというから、3箱で約90キロ。

そして、7・62ミリの連装銃つまり74式車載機関銃だが、この弾を4050発積むから1120発入りの木箱で4箱と20発もらわなければならないことになる。これらの他に拳銃弾や小銃弾、それと53式21・5ミリ信号拳銃の弾も搭載するが、弾数は少ないから重量的にはほとんど問題ないだろう。

とにかく戦車1輌に搭載する弾の重さは約3・6トン。74式戦車の重量の約1割に相当するんだ。中隊の戦車装備定数は14輌だから、1個戦車中隊がすべての戦車に搭載する弾薬重量は合計約50トンを超える。イメージできるかな？73式大型トラックの1輌や2輌を弾薬庫に向かわせたところで、どうにかなるといった量じゃないのだよ。

それに、状況によっては駐屯地の弾薬庫にではなく、人里離れた山奥にある弾薬支処まで直接弾薬を受領に行かなければならないのだ。

太郎　ゲーッ、これじゃ全然車輌が足りないな。それにしても、1輌の戦車に積む弾が3・6トンですか。これを車長以下の乗員4人で積み込むわけでしょう？　これじゃ、戦場に行って負傷する前に腰痛で入院しそうな重さだなあ。

おじさん　だがな、その程度で悲鳴を上げていられんぞ。何しろ、特科つまり砲兵部隊が装備する155ミリ榴弾砲の弾は弾種によって重さも違うが、飛んで行く砲弾だけで1発約45キロだからな。

そして、これを撃ち出す装薬、つまり布袋入りの発射薬が鉄の容器に入って約16キロ。これも緑とか白とかいろいろな種類があるけど、代表的なところでそれくらいの重さだ。諸外国の軍隊でもこの辺の事情は同じだ。だから戦争するってことは、その準備段階からしてかくも重労働なのだよ。

戦車部隊に所属したことがなくても、おじさんは機甲科の隊員から戦車や擬製弾などを触らせてもらったりした。話を聞くだけでなく自分でも実際に体験してみれば、彼らの大変さも少しは理解できるというものさ。まあ、このような観点から戦車の何たるかを言及した人も、あまりいないと思うがね。

太郎　やれやれ、これじゃドンパチ始める前に疲れちゃうどころか、ギックリ腰にでもなったら大変だな。

おじさん　それと、弾だけでなく燃料も要るわな。燃料がなきゃ、戦車もただの鉄屑に過ぎん。74式戦車の燃料タンク容量は、約750リットルといわれている。戦車中隊合計で戦車が14輌、ってコトはそれに必要な燃料は1万飛んで500リッター。

だけど、燃料は普段から訓練後に満タンにしているから心配ない。当たり前だが、ガス欠になる前に給油するからな。

で、戦場に行くときは、戦車の後部に軽油200リットル入りのドラム缶を積んで行くことになっているそうだ。

このドラム缶、中身が入った状態で約200キロの重量がある。これでは倒れているものを一人で起こして転がすことはできても、それを一人が人力で「エイヤッ」と持ち上げて運び、戦車の後部に載せるのはスーパーマンにでもならなきゃ不可能だ。

そこで、ドラム缶を集積してある場所は戦車のエンジン・デッキとほぼ同じ高さになっていて、横付けした戦車の上をレールを利用して転がして行けるようになっている。だから、燃料のドラム缶積載は弾薬の搭載ほど重労働ではないのだそうだ。

運転始め！「陸自の戦車・操縦法」

太郎　いよいよ来週から戦車の操縦訓練なんスけど。
おじさん　ほう、そうかそうか。じゃあ戦車の操縦法を簡単に説明しよう。戦車に乗り込んで操縦席に座ったところから説明しようか。
まず操縦手は、「運転始め」と復唱して、扇型をしたロータリー・スイッチを1番の位置にする。つまり、これがメインスイッチだな。で、戦車には乗用車のようなイグニッション・スイッチはなく、その代わりにスターター・ボタンってのがある。これを押し続けると、キュルキュルという音とともにエンジンが始動する。空冷2サイクルだから、旧ソ連のT-55戦車より排気煙は濃く、音もうるさい。
エンジンが始動したら、エンジン音に異常がないか確認しながらまずは暖気運転だ。計器類の指示値は正常か、各種装置やクラッチ、ブレーキなどの操行装置に異常はないか確認するのも大事だぞ。それが終われば操縦手用ハッチを閉めて、「ハッチよし」と発唱する。
次に、操縦手席周辺を点検確認して異常がなければ、「操縦手よし」と発唱する。まあ、ざっとこんな具合だ。そして、車長の「前進用意、前へ」の号令で、ギアを一速もしくは二速に入れてクラッチをゆっくりと繋ぎつつ、アクセルを踏み込んでおもむろに発進するわけだ。74式戦車の場合、変速機はセミ・オートマチック式だ。だから、かつての61式戦車に比べはるかに操縦は容易そうだ。判ったかな？
太郎　はいッ、がんばります。ところで、90式戦車とか米軍のM-1戦車なんかは変速機もオートマチックで、74式よりもっと操縦が簡単って聞いたけど、どうなんでしょう？
おじさん　うん、しかも90式戦車はバイクのようなTバー型のハンドルだから、操縦は容易だそうだ。61式戦車や米軍供

七四式戦車の操縦手席

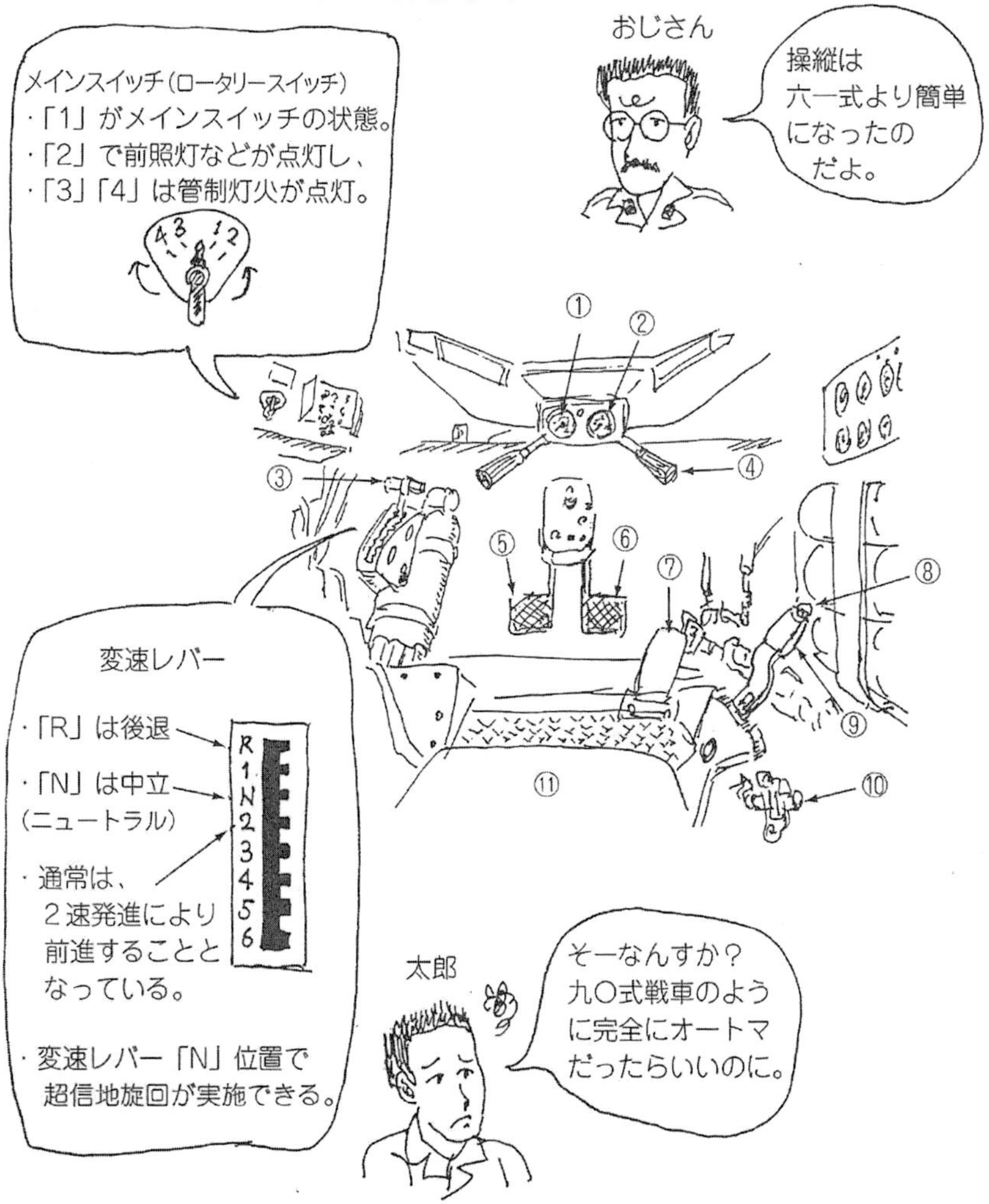

①速度計
②回転計（タコ・メーター）
③変速レバー
④操向ハンドル
⑤クラッチ・ペダル
⑥ブレーキ・ペダル
⑦アクセル・ペダル
⑧ブレーキロック解除ボタン
⑨ブレーキロック・レバー
⑩アイドリング整調整レバー
⑪操縦手用シート

七四式戦車の操縦要領

①車長の号令「運転始め！」

②操縦手は「運転始め」と復唱し、メインスイッチを「入（通常は「1」）」にする。
「メインスイッチよし」と発唱する。

③クラッチペダルを踏み、スタートボタンを押しながらアクセルペダルを踏むとエンジンが始動する。
エンジン始動前には、変速レバーが中立「N」となっていることを確認すること。

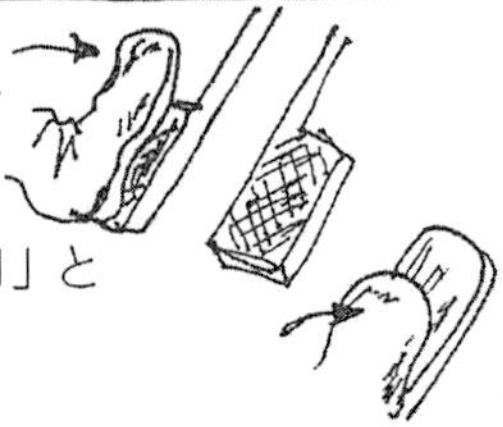

④エンジン始動後、数分間、暖機運転を実施する。
諸装置の点検を実施し、異音の有無および計器の指示値に注意して操縦手用ハッチを閉める。

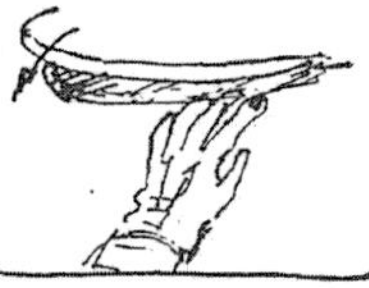

⑤操縦手は、ハッチを閉めたならば「ハッチよし」と発唱し、操縦席周辺を点検して異常がなければ「操縦手よし」と発唱する。

⑥車長の号令「前進用意、前へ」で、操縦手は復唱してクラッチペダルを踏み、変速レバーを「2速」に入れる。
ブレーキロック·レバーの「ブレーキロック解除ボタン」を押しながらレバーを倒す。
同時にアクセル·ペダルを踏み込むと、戦車は前進する。

与のM-4戦車を操縦していた人からすれば、まさに隔世の感があるだろうな。

地の利を活かして戦闘せよ！「陸自の戦車運用」

おじさん　次は、陸自の戦車運用、つまり戦車を用いた作戦について説明しようか。自衛隊の国土防衛戦における究極の目的は、「戦勝を獲得し国民の生命財産を守ること」だ。クラウゼヴィッツの言を持ち出すまでもないんだが、「戦争とは政治をもってする目的達成の手段に過ぎない」。戦争の目的が何であれ、また、それが自衛戦争であれ、戦争に勝たなくちゃ意味がないよな。

そして戦勝の獲得は、各種火力の発揮によって敵を撃破し、普通科部隊、つまり歩兵が目標を陣地占領することにある。その積み重ねによってはじめて目的を達成できるんだ。しかし、いかに歩兵が最終的に陣地を占領し戦闘の勝敗を決する存在だといっても、歩兵だけをもってして戦争に勝てるわけじゃない。

そのため、戦車部隊や特科部隊などの火力なくしては敵を撃破できないのだ。したがって、火力の発揮という点において、戦車は必要不可欠な存在だ。

一般的にどこの国の軍隊も、それぞれの国情に合致した独自の戦術を確立し、それを基礎として訓練に励んでいる。それは我が国も同様で、陸上自衛隊には戦術のバイブルともいうべき「野外令」というものが存在する。これは旧陸軍の「作戦要務令」を焼き直ししたようなものだな。

その野外令では戦いの原則として、「一、目標」「二、主動」「三、集中」「四、経済」「五、統一」「六、機動」「七、奇襲」「八、簡明」「九、保全」の9つを挙げている。この中で、戦勝獲得に際しての重要な要素は「集中の原則」と「奇襲の原則」だろう。陸自の戦車運用というのがまさにそれで、「緊要な時期と場所において、戦車部隊を攻撃的かつ奇襲的（奇襲の原則）に努めて集中して（集中の原則）使用する」のが基本だ。

太郎　キンヨウな「時期と場所」って？

おじさん　これはね、機動打撃部隊の骨幹となる戦車は、主戦場において決定的なタイミングで投入することが重要だということさ。今が敵を撃破するチャンスだってときに、戦車を投入するわけだな。

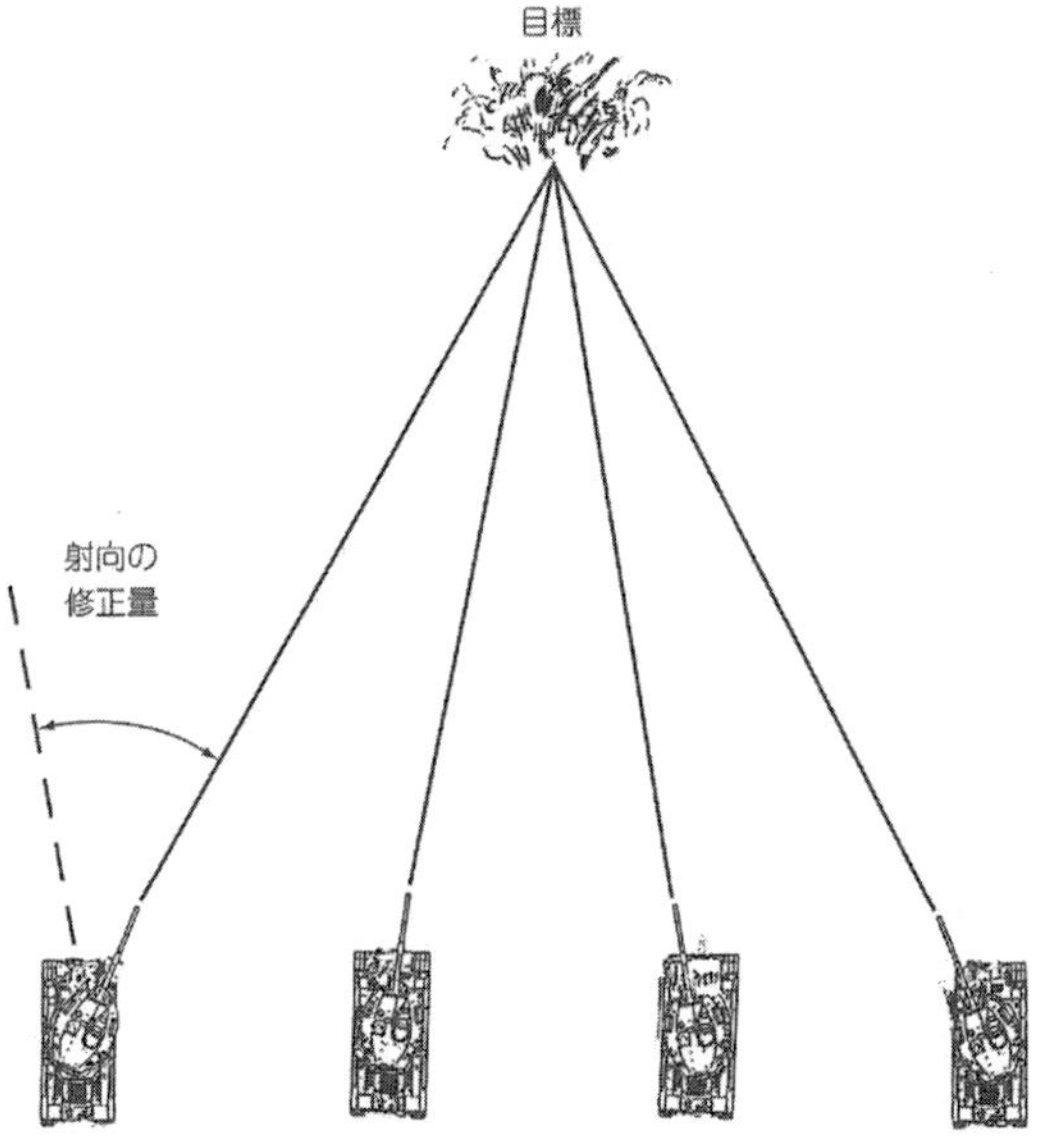

【戦車の射撃術①】74式戦車における、集中射向束による同時弾着射撃の一例。射向の修正量はミル公式で求められる

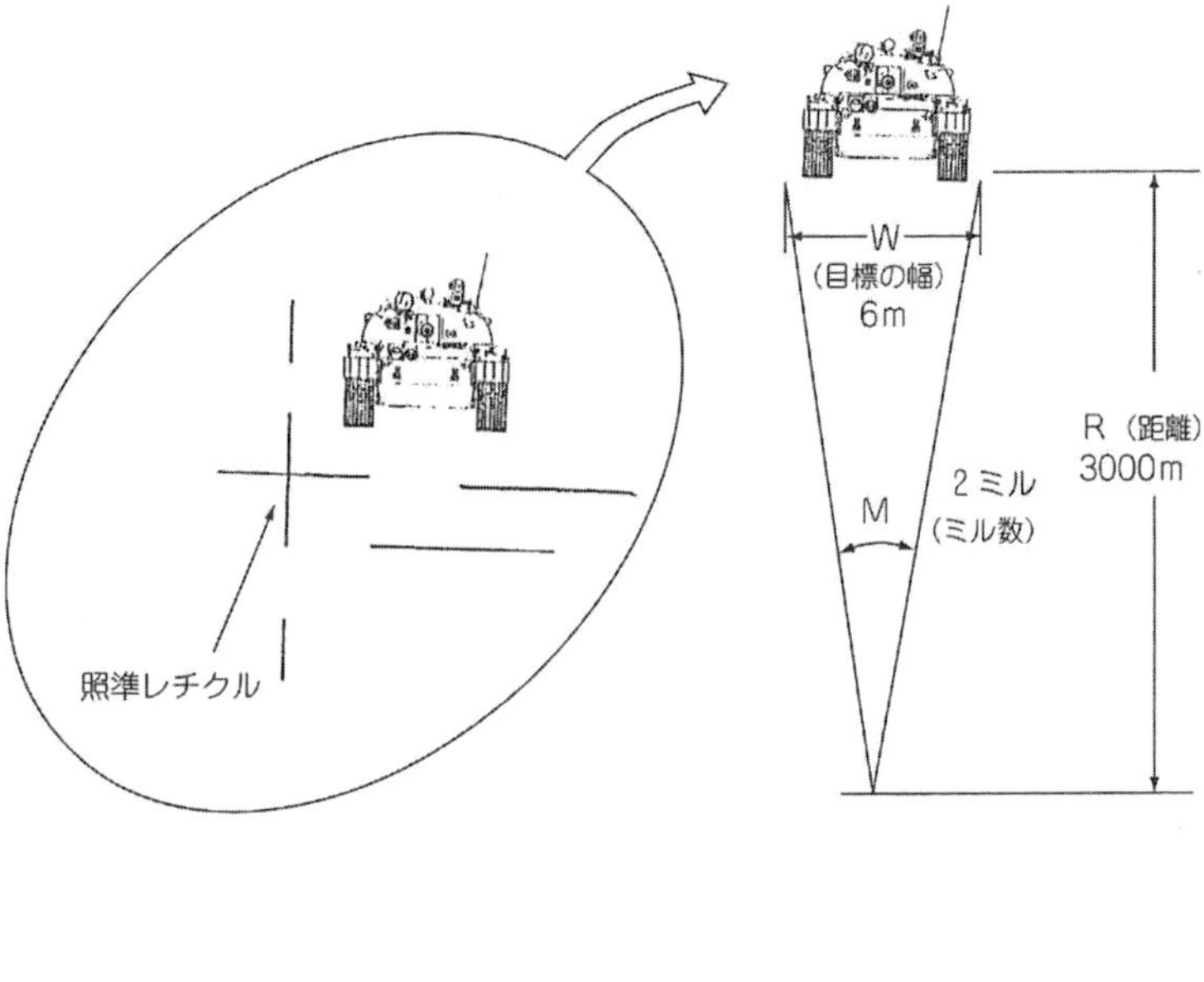

【戦車の射撃術②】射撃においては、目標までの正確な射距離を判定することが重要だ。通常、ミル公式（※）を用いて目標までの射距離を決定する。「ミル」とは角度の単位で、1ミルは「円周の6400分の1の弧に対する中心角」である。軍隊（自衛隊）においては、実用上「1000メートルの距離において1メートルの幅を見る角度」を1ミルとして使用している。※ミル公式「R（距離）＝W（目標の幅）÷M（ミル数）」

で、戦車は本来攻撃的に使用される兵器だ。つまり、戦闘においては防御や機動防御という局面よりも主として攻撃に際して使用されるものだ。とはいえ、現代の戦争は、開戦劈頭つまりドンパチ開始当初における航空優勢の確立いかんが、その後の戦争の帰趨に大きな影響を与える。専守防衛を国是とする我が国は、航空撃滅戦での先制攻撃は許されない。したがって、敵国の着上陸侵攻に際して戦闘の主導権を握られては、戦車の活躍の場もせいぜい機動防御が関の山だろうな。局地的航空優勢を獲得してそれを徐々に拡大し、機が熟すまでひたすら堪えた後に反撃に出るしかあるまい。

これが、冷戦時代の旧ソ連軍の場合であれば、大量に装備された戦車に濃密な砲兵火力を組み合わせ、全縦深にわたっての同時打撃によって、迅速かつ一挙に敵を撃破するドクトリンを旨としていた。何しろ、かつての大祖国戦争においては電撃戦を確立したドイツ軍を相手に戦ったのだから、その影響も多分にあるだろうよ。

しかし、仮に我が国が、冷戦時代に旧ソ連軍と砲火を交えていたとしても、華々しい大戦車戦はまず生起しなかっただろう。なぜかというと、前に説明したように、我が国土は山地が主体で、平野部は狭隘なうえに市街地や水田の占める面積が意外と大きいしな。したがって、局地的かつ小規模な戦車戦は発生しても、数百輌もの戦車が同時に交戦するような大規模戦車戦はあり得ない。それだけの規模の戦場となるべき地積がないからだ。

太郎　残念だなあ。

おじさん　しかも戦車戦といっても、通常は戦車が単独で敵戦車と戦闘することは少ない。戦車とは、あくまで敵戦車を撃破するための主役で、自走もしくは歩兵携行の対戦車火器と組み合わせて運用されるのだ。

一般的な陸自の戦車部隊であれば、中隊もしくは小隊単位で普通科部隊を増強し、特科部隊や施設科部隊、航空科部隊などとともに諸職種連合部隊として機動的に使用される。つまり、主役は機械化された普通科部隊であって、この場合の戦車は歩兵支援が主たる任務となるわけだ。

これに対して、第7師団の普通科連隊は少々事情が異なってね。第7師団隷下の戦車連隊は、89式装甲戦闘車によってすでに装甲防護力と機動力を付与されている。しかも、限定的ながら自前で火力も備えている。さらに、他の師団等に比べて対戦車部隊の装備にも恵まれている。これにより第7師団の戦車連隊は、状況によっては対戦車戦闘に専念できるというものだろう。

もし、北朝鮮軍のT-62と戦わば……

太郎　ところでおじさん、もし北朝鮮軍のT-62と74式戦車が交戦するとしたら、どんな様相になるんだろう？　軍事雑誌には「楽勝だ」って書いてあったけど。

おじさん　うん、まあ北が保有するT-54／55やT-62クラスであれば、74式戦車でも充分に対処可能だろう。北朝鮮軍の重装備揚陸能力を考えないとしての話だがな。可能性からいえば、今の時代は戦車戦が生起するより、An-2コルトによる特殊部隊浸透作戦の方がより現実的だ。

太郎　あ、それ知ってる！　An-2って古臭い複葉機だよね。自分は、ヒコーキに関しては戦車以上に無知だけど、そんな旧式なのが現代戦に役立つとは思えないなあ。

おじさん　いやいや、旧式だと侮ってはいかん。小型で低速な航空機だけに、レーダーの覆域外を低空で飛行されたらお手上げだ。何たって、An-2のRCSつまりレーダーの電波反射断面積はカラス並みというからな。

それでだ。もっと現実的な話をすれば、北朝鮮軍の戦車は揚陸前に船ごと撃沈されるだろう。何といっても海自護衛艦と潜水艦、それにP-3Cの対艦ミサイルに空自支援戦闘機の空対艦ミサイルを突破しなきゃならん。陸自だって地対艦ミサイルを装備しているしな。

たとえ上陸できたとしても、今度は、空自の支援戦闘機と陸自の対戦車ヘリコプターの餌食となるさ。

太郎　おじさんも人が悪いや。それじゃ回答になっていませんよ。

おじさん　いや、すまん。で

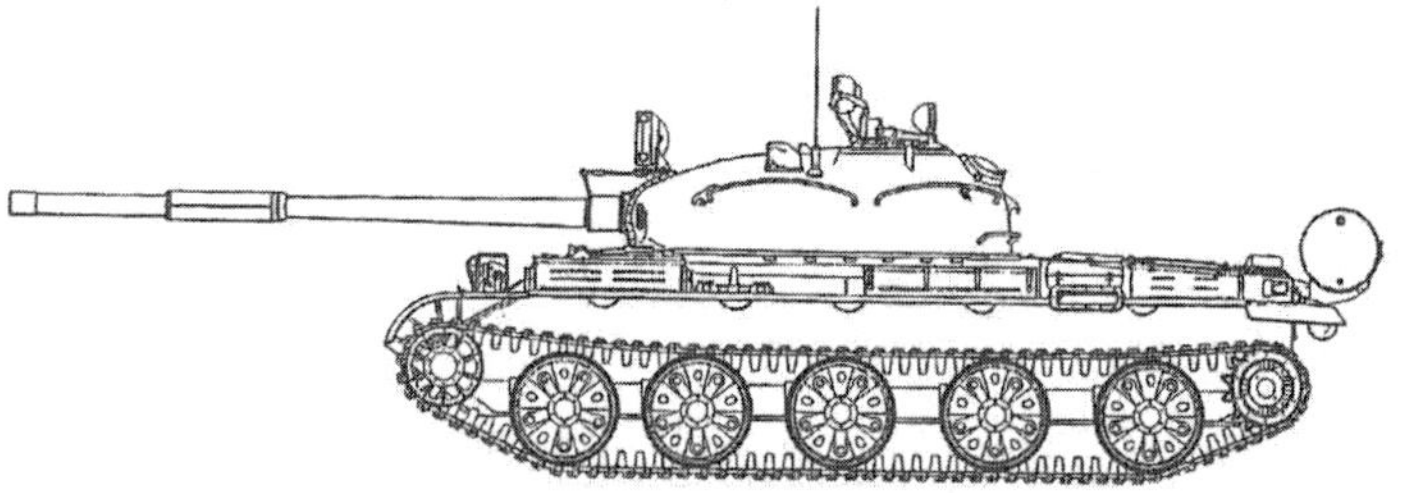

朝鮮人民軍も装備しているT-62戦車

は、北のT-62が無事上陸して来たとするか。そして、航空攻撃や各種の対戦車障害と地形を克服して、我が戦車部隊と砲火を交えることとなったとしよう。
　まず当然だが、敵戦車は昼間を避けて夜間に機動するだろうな。そして、74式改ならともかく、最新型のサーマル・イメージャーでも装備していない限り、夜間戦闘能力はたかが知れている。でも、それは我が方の74式戦車だって同じことだ。
太郎　てことは、照明弾の下で戦闘することになるんでしょう？
おじさん　アクティブ式の赤外線投光装置を使用して戦うよりも、少しはマシかも知れんな。で、照明下の戦闘であろうとなかろうと、先に敵を発見して初弾を命中させた方が勝ちだな。
太郎　それじゃあ、逆に初弾を外して敵の反撃で弾が命中でもしたら、生き残れないってことスかね。
おじさん　恐らくそうだ。だが、乗員の練度や士気などはこちらが上回っているだろうから、日頃の訓練の成果を遺憾なく発揮できれば、T-62を撃破するのも難しいことではないだろうよ。
太郎　ところで北朝鮮は、T-62よりもましな新型戦車を保有しているよね。
おじさん　うむ、北朝鮮が国産化し改良を加えたT-62を「天馬号（チョンマホ）」というが、２００２年にそれより高性能な新型戦車の性能試験が行なわれたことから、M２００２と米国防総省が名付けた戦車があるな。これが通称「暴風号（ポップンホ）」だ。
太郎　名称だけは勇ましいけど、性能はどうなの？　自衛用として、歩兵が携帯する対空ミサイルと同じ赤外線式のやつを搭載しているっていうけど。
おじさん　そうだな、朝鮮人民軍にしては画期的な戦車で、陸自の74式戦車よりはマシだろう。しかし、それでも90式戦車の敵ではない。大体にして、工業基盤の脆弱な国にまともな戦車を作れるわけがなかろうよ？　まだまだ不明な点が多くて専門家の解析も進んでいないが、武装はせいぜい１２５ミリ滑腔砲を搭載している程度だろう。自動装填装置の有無も不明だし、高出力なディーゼル・エンジンやアクティブ・サスペンションといった装備もなさそうだ。さすがに、複合装甲や爆発反応装甲は独自開発できないだろうから、中国やパキスタンから技術支援を受けて、85式戦車を参考に開発したんじゃないかね。

陸自戦車男のユニフォームと装備

太郎　おじさん、野営訓練の写真ですけど見ますか？　自分の戦闘服姿、なかなかキマッてるでしょ。

おじさん　どれどれ、ふうむ。馬子《まご》にも衣装という奴かな？　ところで、戦闘服といえばどこの国でもそうだが、一般的に、戦車乗りのユニフォームは歩兵のそれとはデザインを異にしている。と同時に難燃性の付与や着脱の容易さなど、機能的にもいろいろと考慮されているんだ。これは、戦車王国と呼ばれるドイツ連邦軍やイスラエル国防軍などをはじめとする国々で、難燃素材でできたファスナー式カバーオール、つまり「つなぎ型」のユニフォームが用いられていることからも判るだろう。

このユニフォームは着脱が容易でないため、その出現当初は戦車乗りから敬遠された。しかし、難燃繊維の普及と耐久性に富むスライド・ファスナーの出現により、迅速な脱着が可能となったのだ。このため、現在では各国で広く使用されるようになったのさ。

これに対して我が国で使用されている「戦闘服、装甲用」は、芳香族ポリアミド系繊維と難燃レーヨンの混紡で、迷彩2型、つまり新迷彩のパターンがプリントされた生地でできている。これは難燃素材というだけでなく、近赤外線偽装が施された生地でもある。つまり、肉眼でも赤外線暗視装置でも発見されにくいわけで、偽装性にも優れているんだ。形状は、ファスナー式でもカバーオール型でもなく、一般部隊の隊員が着用する「戦闘服、一般用」同様、ボタン止めで上下に分かれたセパレート型だ。

上衣のデザインは、一般用の戦闘服と似たデザインだけれども、背部の襟の下辺りに救出用ループが付いている点が異なる。これは、被弾した車輌から乗員を救出する際に使用する取っ手で、この部分を掴むか、もしくは何かに引っ掛けて引きずり出すために設けられているんだ。

太郎　戦車からの脱出訓練で、実際にやるんですよね。

おじさん　うむ。従来は、このような状況下では、乗員の弾帯、いわゆるピストル・ベルトやズボンのベルト部分を掴んで引っ張り出すしかなかったが、弾帯やベルトは時として外れたり弛んだりすることもあるから具合が悪いよな。たかが取っ手とはいえ、これが付加されたことで、万一の際における乗員の救出も楽になるだろう。

そしてズボンだが、ポケットの位置などの構造は、第一空挺団などの隊員が着用している「戦闘服ズボン、空挺用」に酷似した形状だ。こちらも上衣と同様、難燃素材を使用している。

服も独特なら、靴もまた独特の形状だ。第二次世界大戦時の戦車兵は、旧帝国陸軍をはじめとして、各国とも丈が長い革製の長靴が一般的だった。戦後における各国の戦車兵は、歩兵用のコンバット・ブーツと異なる、紐なしの専用ブーツを着用するのが一般的だ。これも、素早い着脱を重視した結果で、我が国もまた同様だな。戦前は、紐なしの長靴で戦後の自衛隊でもバンドで留める「戦闘靴、装甲用」が用いられている。

また、多くの場合、戦車乗りは歩兵用とは形状の異なるヘルメットを着用している。自衛隊では、戦車用ヘルメットを戦車帽と呼称している。最近、「装甲車帽」と呼称変更されたようだが、これは正式名称の話だ。第二次世界大戦時は、各国とも素材に皮革を用いるのが主流だったけど、日本陸軍ものは、何と厚紙を成形して革で包んだものだったのだよ。

太郎　……貧乏臭いッスね。

おじさん　これは、小銃弾や砲・迫つまり迫撃砲の弾片から頭部を防護するためのものではなく、車内の突起物から頭部を保護することを目的としているからなんだ。また、素材が革といっても当時の飛行帽のような柔軟な革ではなく、厚手の革を何層にも重ねて成形したものが多かった。そのため、ヘルメットは脱いでもその形を保っていて、かなり剛性が高かったのだよ。

戦後は、旧ソ連などの共産圏では革や布製のヘルメットが使用されたが、米軍などではグラスファイバーなど樹脂性のものが多用された。現在では、自衛隊をはじめとする各国とも、ケブラー繊維などを使用したヘルメットを使用している。ちなみにケブラーは米国デュポン社の商標で、我が国では合弁会社の「東レ・デュポン」が生産を担当している。

このように戦車男は、服や靴も一般隊員と異なったものを使用しているが、その個人装備はどうだろう。一般隊員の場合であれば、89式小銃の弾倉も30発入りのものが用いられている。これに対し、機甲科の場合は20発入り弾倉が使用される。したがって、弾倉を入れるための「弾入れ」もそれ用のものを使用するわけだ。

これは車内でかさ張らないための配慮であり、お主らの装備する89式小銃も、床尾つまりストック部分が折り畳み式となっている。もちろん諸外国でも同様に、コンパクトで取り回しの容易なカービンやサブマシンガンが戦車兵の平均的な携行火器として使用されているぞ。

太郎　サブマシンガンといえば、現在の自衛隊には、国産のものがあるよね。

おじさん　うん。和製マイクロＵＺＩ《ウージー》ともいうべき「９ミリ

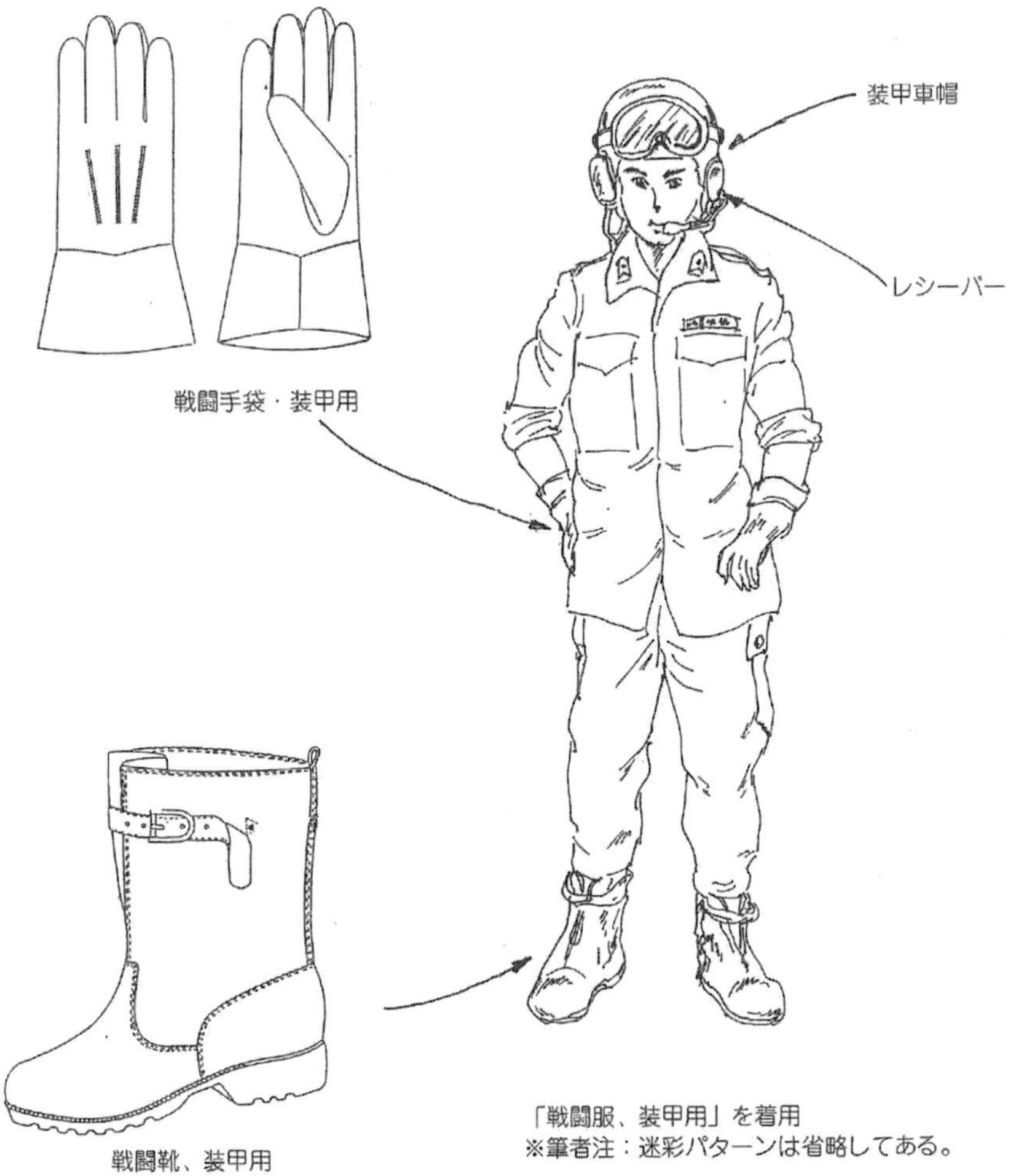
装甲車帽
レシーバー
戦闘手袋・装甲用
「戦闘服、装甲用」を着用
※筆者注：迷彩パターンは省略してある。
戦闘靴、装甲用

戦車男の一般的な服装

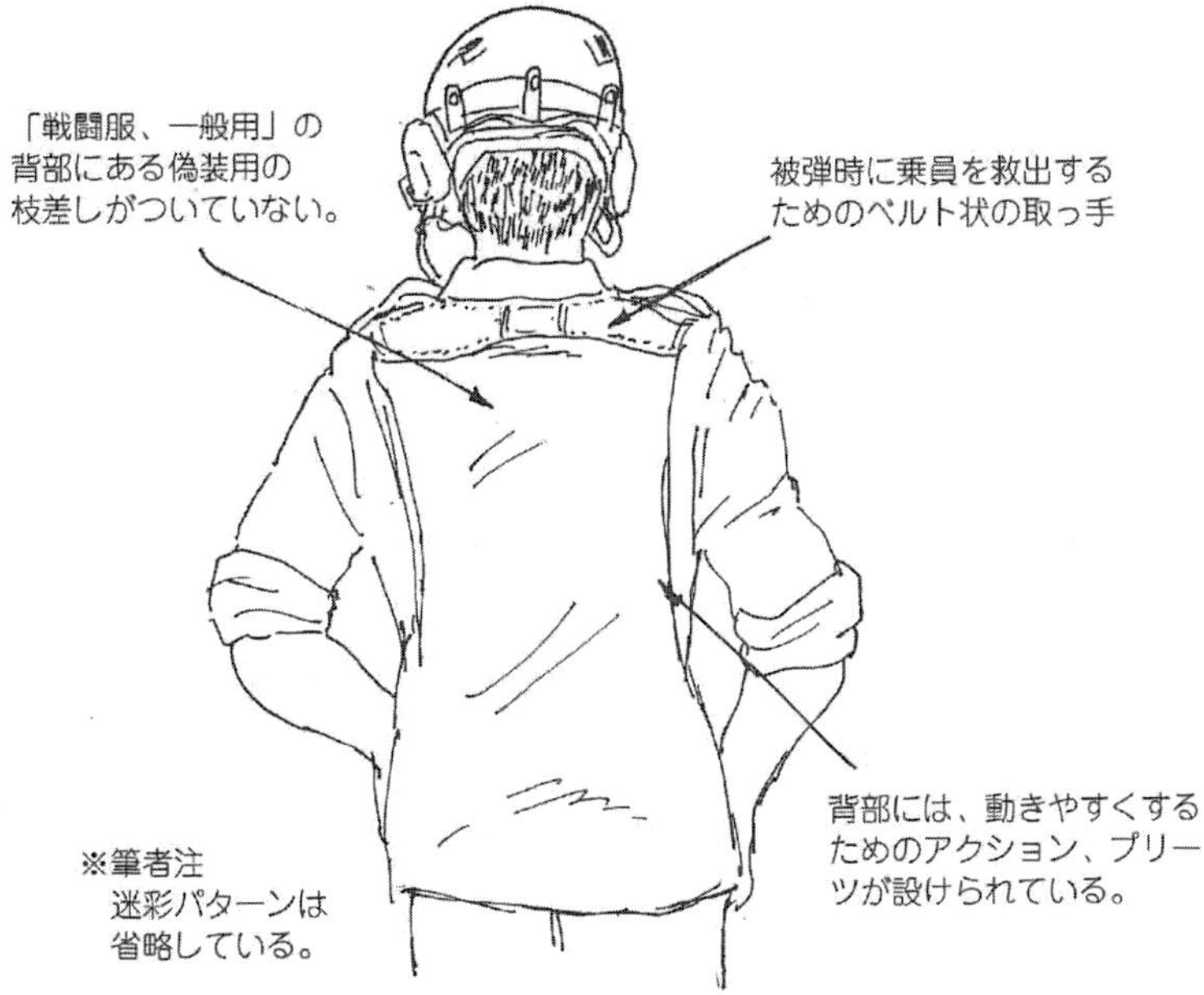

装甲車帽

戦闘服（装甲用）の背面

機関拳銃」が装備されているな。このサブマシンガンというかマシン・ピストルが登場したとき、巷では従来戦車男《マン》が使用していた11・4ミリ短機関銃、つまりM-3グリース・ガンの後継となるのでは、と期待されたものだった。しかし短機関銃は、所詮拳銃弾を使用する小火器であって、自衛用火器に過ぎない。

たとえ戦車男であっても、状況により下車戦闘を実施する場合がある。その際には、通常74式車載7・62ミリ機関銃を降ろして使用するが、これが故障したとなると個人携行火器で下車戦闘するしかないよな。その個人携行火器が自衛用にしか役に立たないとあっては、下車戦闘の意味がないというものだろう。その点、折り畳み床尾式の89式小銃ならば車内でかさ張らず、下車戦闘に際しても充分な威力を発揮するのさ。

ところで、走行中の戦車内は騒音のためにかなりうるさいという。そのため、戦車の乗員はヘッドセット型の無線通話装置を使用する。これは騒音の遮断と同時に、車輛間および上級部隊等との無線通信はもちろん、車内における乗員間の意思疎通に必須のものだ。つまり、インカム機能付きのヘッドフォン・マイクというわけだな。

このタイプの無線通話装置は世界的標準のスタイルといってよく、多くの国々で使用されている。これに対して、第二次世界大戦時のドイツ軍のように、スロート・マイク、つまり咽喉マイクとヘッドフォンを組み合わせた形式の無線通話装置を使用している国もある。携帯電話でも「骨伝導」を利用した通話技術が話題になったりしたけれども、その原点はドイツ軍にあったりするのだ。

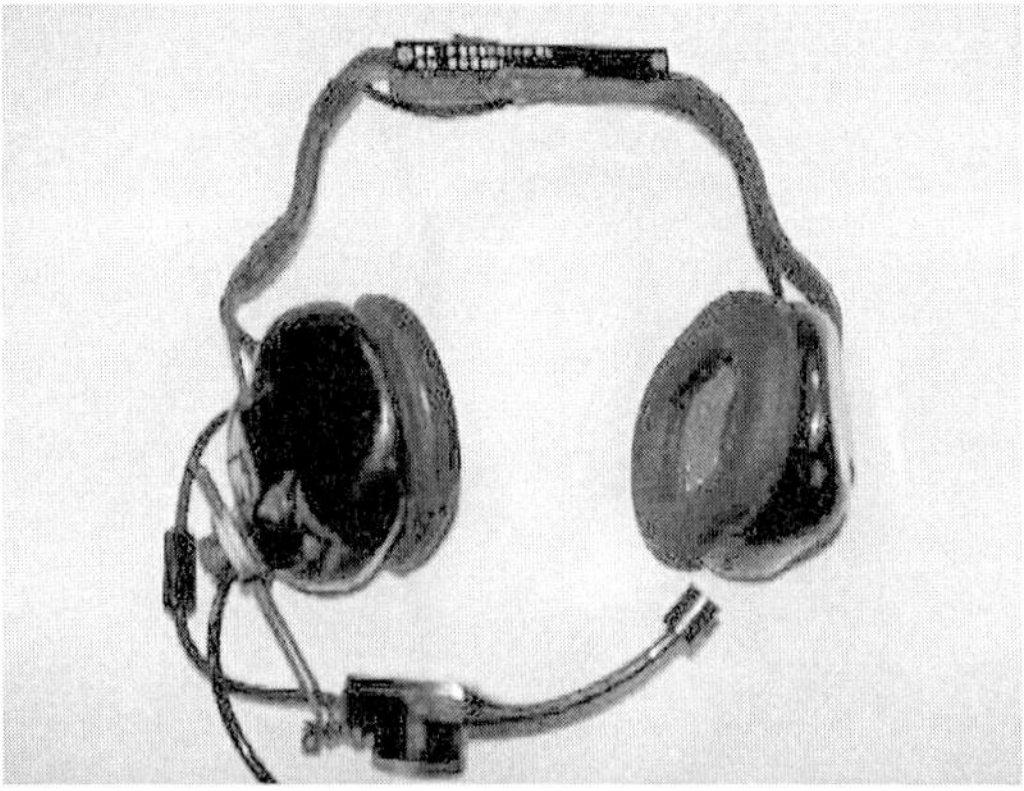

陸上自衛隊戦車乗員用のヘッドセット、ＪＨＳ-Ｎ８型たい頭送受機

自衛隊でも、このヘッドセット型の「ＪＨＳ-Ｎ８」型たい頭送受機が長らく使用されてきたが、90式戦車の登場以降、送受機が内蔵された「装甲車帽」の普及により、今後徐

々に姿を消していくことだろう。

ちなみに、無線機を搭載した戦車がはじめて出現したのは、1936年のことでね。この年にフランスが開発したシャールB1型戦車に、史上初めて無線機が搭載されたんだ。

太郎　へえ〜、現在では、無線機を搭載していない戦車なんて皆無だろうな。

おじさん　恐らくな。自衛隊の富士総合火力演習で、戦車などの射撃に際して、緑や赤の旗を用いているのを見たことがあるだろう。あれは、第三者に弾薬装填の有無を周知させるものだ。緑は射撃準備よしを、赤は射撃で危険だということを意味するためのものだよな。

ところが、B1型戦車の登場以前は、指揮官車の標示する旗が「前進用意、前へ（前進せよ）」とか「後《あと》へ（後退せよ）」とか、あるいは「撃ち方やめ」といった号令を示していたんだ。つまり、当時の戦車は、手旗を用いた原始的な信号通信によって、指揮官の命令が伝達されていたのだよ。

では、当時の戦車では、車内における乗員間の意志疎通はどうしていたのか。これも各国ほぼ同様で、例えば「右旋回」なら車長が操縦手の右肩を、「停止」なら頭を足で蹴るといった原始的かつ粗暴なものでね。これは、車内の騒音のため、いくら車長が叫ぼうとも操縦手に伝わらないことが多かったためだ。これでは操縦手もたまらんぞ。

赤色旗
敵発見、または危険

緑色旗
準備よし、または了解

橙色（オレンジ）旗
不関知、または状況外

陸上自衛隊における手旗信号の一例

太郎　戦車に無線機が装備されたことで、操縦手も安堵したでしょうね。

おじさん　ああ。何たって、もう蹴られる心配はないからな。ちなみに、冷戦下のソ連でも、戦車の車長が操縦手を足で蹴って命令していたらしいな。これは無線機が装備されていないとか故障のため使用できないのではなく、単にロシア語を理解できない操縦手が多数いたためといわれているがね。いかにも多民族で構成されていたソ連らしい逸話だ。

首から下で御奉公？「陸自戦車男に要求される資質とは」

おじさん　戦車男は自らを称して、「首から下で御奉公」と半ば自嘲ぎみにいうことがある。かつては確かにそうだったかも知れないが、現在の戦車はハイテクの塊だ。いくら現代戦車の装備するＦＣＳ＝射撃統制装置などの修理は乗員の手に負えない（最悪の場合、補給処などに後送してユニット交換となる）とはいっても、故障探究くらいはできなければならない。だから、補給処などに修理を依頼するにしても、故障の状態などを口頭で説明できずに、電話で「とにかく故障しているんです、早く直してください」などといっているようではお話にならんぞ。

太郎　そうッスね。もっと自分も勉強しなきゃ。

おじさん　だから、電気や電子機器に関する基礎知識もなければいかん。

そのため、ＴＡＳつまり取扱説明書にＭＯ（メンテナンス・オーダー＝整備諸基準）や補給カタログといった技術図書と格闘することとなるわけだ。これらのマニュアル類は一車種につき何冊にも及ぶから、通読するだけでも容易なことではないがな。

また、日常の訓練でも教範というマニュアルのお世話になるぞ。最近は、自衛隊の教範もカラー写真や図版が豊富で理解しやすくなったとはいえ、米軍のＰＳマガジンのように、全ページがカラーの漫画で説明しているわけではない。昨今、若年世代の国語力低下が社会問題となっているが、教範に記述してある専門用語の漢字が読めなくては内容も理解できず、訓練にも支障があるというものだ。つまり、脳みそまで筋肉でできていては戦車男も勤まらないのだ。

また、もちろん戦車男には体力も必要だ。椅子に座ったまま戦争するんだから楽だろう、と思ったら大間違いだ。常に戦車に乗って走り回っているわけではないしな。戦車部隊が宿営する際は、戦車を止めて偽装を施し、乗員が交代で直接警戒にあたる。状況によっては、直接警戒用の個人用掩体、つまりタコ壷や車体がすっぽりと隠れるような掩体（穴）を掘ることもある。この場合は、施設科部隊の油圧ショベルなどが支援にやってきてある程度は掘ってくれるが、後は自分達で完成させなければならないし、個人用掩体までは掘ってはくれんぞ。

74式戦車の時代までは乗員が４名だったけれども、90式戦車では３名に減った。だから、これらの作業も一苦労だ。また、状況によっては普通科部隊のように、個人装備火器で下車戦闘することもあるし、車載機関銃を降ろして使用することもあるんだ。

　このように体力も求められるが、重要なのは持久力だけではない。中でも筋力は大事な要素だな。90式戦車は自動装填装置の採用によって、人力で弾薬を装填することはなくなった。しかし、戦車へ弾薬を搭載する作業までが自動化されたわけではない。

　だから、1発1発の戦車砲弾を手渡しで車内の弾架に搭載することになる。しかも5発や6発どころの話ではなく、数十発もの搭載数となる。これは重労働だ。何しろ、多目的対戦車榴弾1発の重量が約23キログラムといわれるからな。おじさんは、訓練用の擬製弾しか抱えてみた経験はないが、それでもかなり重く感じられたぞ。

　ここで、少々火薬の話をしよう。演習弾といって炸薬（火薬）の入っていない砲弾（代わりに不活性剤が填実されている）ならそれ自体が爆発しないし、砲弾の中に詰まっている炸薬は比較的鈍感だ。だから発射前の野砲の弾薬などのような、信管が付いていない砲弾を落としたところでまず爆発はしない。炸薬自体は、それを砲弾から取り出して火を付けたとしても、ゆっくりと燃焼するだけだ。

　ところが、信管の中には少量だが非常に鋭敏な火薬（起爆薬や伝爆薬＝アジ化鉛やテトリルなどを主剤としている）が入っているから、これが作動することで鈍感な炸薬が爆轟、つまり瞬間的に燃焼するわけだな。これが爆発だ。

太郎　もし弾薬を落としたら、信管が作動して「ちゅど〜ん」となったら即死かな。

おじさん　で、弾薬の内部には、これを爆発させるために「少量の鋭敏な火薬」と「比較的多量の鈍感な火薬」を組み合わせて配列してあるわけだ。これを火薬系列という。

　だから、信管付きの砲弾は慎重に取扱う必要がある。万一、落としたら最悪の場合爆発するかも知れないからな。これを落とさぬように注意しながら車内に運び込むのだから大変だ。通常、弾薬を手渡しする際は、渡す側の者が「弾（たま）」と発唱して渡し、受け取る側の者は確実に保持したら「よし」と発唱する。つまり「あ・うん」の呼吸というべきかな。二人が相互に連係して作業するのが重要だぞ。弾薬の搭載作業のキツさは素人の想像にも難くない、というものだろう。

　そして最後にもっとも重要なのは、協調性だ。もちろん、陸自の他職種であれ、海自であれ空自であれ、いや、自衛隊に限らずおよそ組織という組織にとって、協調性というのは非常に重要な要素だ。なぜなら組織とは人により構成されるものであって、「組織機能の骨幹は人にあり」といっても過言ではないだろう。そして、組織の規模に関わらずチームワークは不可欠だ。

一人で戦車を操縦することは可能でも戦闘するのは不可能であるし、逆に乗員の頭数が揃っていたところで、連係動作が上手くできなければ満足に戦闘できない。したがって戦車は、車長以下の乗員が一体となることによって、はじめて戦車としての機能を発揮できるんだよ。このように、知力・体力そして協調性が戦車男に求められる資質ということかな。

戦車の洗車もタイヘン！「陸自戦車男の苦労話」

おじさん　どうだ、少しは戦車に慣れたかい？

太郎　ええ、まあ。でも各部の手入れや洗車が大変ッス。

おじさん　だろうな。陸自航空科部隊の装備するヘリコプターなどの航空機は、乗員、つまりパイロット自身が整備することはまずない。飛行前の外部点検こそパイロットが実施するが、飛行後点検や整備は整備員が実施する。航空自衛隊に至っては、飛行前点検はもちろん、機上無線機のボイス・チェックすら整備員がコクピットに乗り込んで実施するくらいだ。

ところが戦車の場合はこうもいかんよな。乗員点検と称して、車長以下が自ら点検しなければならないのだ。それも運行の前後だけすればよい、というものでもない。運行中、つまり戦車の走行中であっても、燃料やオイル漏れの有無、各部の異音などの異常徴候や、積載品等の緊定状態、つまり弛んでいないかなどに注意しながら走行しているんだ。

また、戦車の場合は軽易な整備であれば、乗員が自ら実施しなきゃならん。さすがにエンジン換装（交換）などの大掛かりな作業は不可能だが、軽微な故障や破損であれば、搭載工具等で修理できる。

そればかりか、外れた履帯の結合、戦車砲の閉鎖機を分解・結合したり、潜水渡渉訓練では潜水補助装置の着脱なども自ら実施するのだ。さらに、C整備やD整備と称する定期整備も、専門の整備員と一緒になって実施するしな。

また、戦車は主として演習場などの野外を走行するため、かなり泥だらけとなる。航空科部隊のヘリコプターも野外に展開するとはいっても、その汚れ方は戦車の比ではない。せいぜいスキッドやランディング・ギアなど降着装置部分が汚れる程度だから、演習後の手入れもそう大変なものではない。バケツに汲んだ水でセーム革を使用するくらいで事足りる。

太郎　しかし、シャレじゃないけど戦車の洗車は大変ッス。

おじさん　うむ、そうだろう。73式大型トラックなどの装輪車輌（装甲車を含む、車輪の付いた車輌の総称）を洗車するのとはわけが違うからな。自衛隊の車輌は、その任務や使用目的によって形状も違えば車体寸法も異なるし、何よりも突起物が多い。したがって、自家用車のようにコイン式自動洗車機のようなもので洗車することは不可能だ。だから駐屯地にもそのようなものはないし、スチーム・クリーナーのウォーター・ガンで洗車することになる。

それでも、戦車は巨大だから表面積も大きい。しかも履帯や転輪には泥や小石が挟まっていたりして、容易には取れなかったりするしな。さらに、90式戦車の場合はサイド・スカートが標準装備されているから、従来に比べ、足周りの洗車も手間が掛かるようになったというものだ。乗用車のフェンダー部分を洗うのとは比較にならん。御苦労さんだな。

太郎　射撃後の手入れも大変なんです。

おじさん　戦車だから当然射撃も実施するからな。これは実包（実弾）でも空包でも同様だ。特に空包は、その発射薬の特性上エロージョン、つまり腔内つまり砲身内部や薬室などが、磨耗したり腐蝕したりする原因ともなる。空包だからといって馬鹿にできないぞ。そして手入れを怠れば、最悪の場合砲が使用不可能となることもある。

よって射撃後は、戦車砲の腔内に付着した汚れを速やかに除去しなければならん。海上自衛隊の護衛艦でも１２７ミリ速射砲などの砲腔掃除《ほうこうそうじ》を実施するけれども、あれと同じ要領で「ワッセ、ワッセ」と数人が息を合わせて手入れするんだ。これはなかなか大変で、全員の息が合わないとつんのめったり転倒したりすることもあるらしい。

太郎　この前の実弾射撃後に、初めてやりましたよ。キツかったなあ。

おじさん　おじさんは現役時代、某駐屯地で74式戦車の１０５ミリライフル砲の手入れを手伝ったことがある。演習の際に水トレーラーの給水に行ったんだが、たまたま近くで戦車砲の手入れをしていてな。興味津々のおじさんを察してか、先任陸曹らしき年輩の隊員が「アンタもやってみたいのか？　結構キツいよ」といいながら作業に混ぜてくれたんだ。

出発時間となったので礼をいって去ろうとすると、「御苦労さん。時間がありゃ内緒で体験操縦もさせてやるところだが、航空科は空を飛べていいなぁ。戦車は陸の王者だが、攻撃ヘリに狙われちゃかなわんよ」と、皮肉混じりに呟いたのが印象的だったな。このとき、戦車を体験操縦させてもらえる絶好のチャンスだったのだが、時間がなくて実現できなかったのは今でも残念に思うぞ。

さて、戦車にとって戦車砲は、敵戦車を撃破可能な唯一の武装だよな。もし、戦闘中に砲が使用不能ともなれば、直ちに戦闘を中止して後方へ離脱し、砲身を交換しなくてはならん。車載機銃の予備銃身は携行できるが、予備の戦車砲身までは携行できないし、その場での迅速な交換も不可能だ。

太郎　だったらイスラエル軍の戦車のように、迫撃砲も搭載すればいいんじゃないの？

おじさん　しかし、観測手段もなしに目標に命中させるのは困難だし、元々戦車の撃破を目的とした火砲じゃあるまい。

さらに、砲の手入れを怠ったために砲身交換に至る程度で済めばまだよいが、砲身が破裂でもしたら悲惨だ。つまり、砲弾が砲口を飛び出す前に破裂（過早破裂）するのではなく、砲身そのものが金属疲労などにより劣化して、破裂する可能性があるわけだな。実際に、米軍では砲身の手入れ不良に起因する砲身破裂事故が過去に発生しているという。幸い、自衛隊ではこの種の事故があったという話は聞かんがね。しかし射撃というものは、撃っているときは楽しいが、終わってからの手入れが大変だな。まあ、おじさんは射撃後の手入れも楽しいがね、実戦では楽しんでもいられんなあ。

それから、燃料や弾薬の補給も一苦労だ。弾薬補給の大変さは前に話したから、燃料補給上の苦労の一端を紹介しようか。

現在の自衛隊が装備する戦車の燃料は、いうまでもなく軽

戦車砲の手入れは、傍で見るより大変である

油だ。ガソリンはオレンジに着色されているのに対し軽油は淡黄色だし、第一、ニオイも異なるから、種類を間違って給油することはまずないだろう。しかし、これがエンジンオイルなどの潤滑油となると、そのニオイが似ているものだから、よく確認しなければならんぞ。

また、軽油は着火性（ガソリンはオクタン価だが、軽油はセタン価で表す）が高い反面、引火性は低い。航空燃料のJP-4やガソリンに比べたら引火性が低いからといって、侮ってはいかん。その引火点は常温より高いが、引火の危険がまったくないわけではないのだよ。

さて、一般的に車輛の燃料は、駐屯地の給油所で補給されるよな。どこの駐屯地にもガソリンスタンドのごとき給油所があり、駐屯地業務隊の担当者（燃料係）の立会《りっかい》の下でセルフサービスにより給油することとなっている。

これが演習時などの野外における燃料補給となれば、タンクローリーの出番となる。しかし、タンクローリーがすべて出払っていたりすることもあるから、常にタンクローリーから燃料補給が受けられるとは限らんぞ。そこで燃料携行缶やドラム缶から燃料を補給することとなるんだ。」

太郎　実はドラム缶からの給油は、まだ経験してないんスよ。

おじさん　そうか。では予習だな。実技訓練の前に知識として覚えとけばいいさ。で、ほとんどの戦車には、燃料携行缶、いわゆるジェリカンを予備として車体に搭載しているんだが、この燃料携行缶で給油する場合は、ストーブに灯油を補給する際に使用するようなポンプで給油するわけではない。蛇管と称するノズルを燃料携行缶に装着して給油するんだ。燃料携行缶の上下が逆様になるくらいに傾けることによって、重力を利用しての迅速な給油が可能となる。しかし、その容量は約20リットルに過ぎない。

そして、各車固有の予備燃料だけで足りないとなれば、ドラム缶から給油することになる。一般的に、師団などの作戦区域内では「段列」と称する補給整備のためのエリアが設けられる。ここには燃料交付所も開設されるが、戦車部隊の大隊や中隊本部でもドラム缶で燃料をストックしてあるから、まずはこれを使用することになる。この際に使用されるのが手動式のロータリー・ポンプだ。

このロータリー・ポンプ、動力式の給油ポンプより装備数が多いから、大抵の部隊が保有している。その構造は、手回し式ポンプに吸入管とノズルが付いたホースからなっていて、手回しハンドルを何百回も回して給油するんだ。その吐出量は毎分約1リットルにも満たないそうで、これではたかが知れているよな。これを使用しての給油は正に大仕事で、1回の燃料補給で汗だくとなってしまう。

このように給油も一苦労なら、ドラム缶をトラックから卸下《しゃか》、つまり降ろすのも一苦労だ。何しろ1本当たり約２００キログラムの重量だから、いかに数人がかりでの作業とはいえ、それを倒して転がすのも骨が折れる。航空機の場合であれば、パイロットが自ら燃料補給をすることはまずないが、戦車の燃料補給は乗員自らが実施しなければならん。したがって、ドラム缶の卸下《しゃか》一つとってみても、補給係と協力して実施することとなる。

ちなみに、民間で使用されるＪＩＳ規格品のドラム缶は1・2ミリ厚の鋼板で、その耐用年数は約3年といわれている。ところが、自衛隊で使用しているドラム缶は、民間のそれよりもやや厚手の鋼板を使用して製造されている。これは大抵の場合、ドラム缶をトラックなどの車輌から卸下《しゃか》する際に、地面に置いた古タイヤの上に落とすようにして降ろすためだ。もちろん、古タイヤがない場合は地面に直接ドスンと落とすことになる。

しかも自衛隊では、消防法に定める第一石油類の野積み保管の禁止が摘要除外となっており、駐屯地などではドラム缶を無造作に野積みした上で集積保管しているんだ。

太郎　つまり、このような手荒な扱いでも破損しないように、民間仕様のドラム缶より丈夫にできているわけでしょう。

おじさん　その通り。したがって、その価格も民間仕様のドラム缶と比較してかなり高価でね、これが航空燃料ＪＰ-4用ドラム缶ともなれば、内面塗装が施されているため更に高価なんだ。たかがドラム缶とはいえ、防衛庁仕様書に基づいて製造された立派な防衛専用品だからな。このように戦車男は、戦車の手入れや燃料補給などにも忙しい。つまり、戦車を降りてからも大変なのだよ。

ホッと一息？「陸自戦車部隊の宿営と行進」

太郎　こんにちは、おじさん！　自分、来週は総合訓練検閲で東富士演習場へ行くんですが、何かアドバイスをお願いします。

おじさん　ふむ、いよいよ後期教育もクライマックスとみえる。まあ、前期教育で野営訓練は体験済みだろうが、後期教育の、しかも機甲科となると少々勝手が違ってくる。

アドバイスか……そうだな、前期での野営は、普通科つまり歩兵としての野営を体験したわけだが、今度は戦車男として体験する野営となる。一般部隊の場合であれば、野営における宿営では天幕構築をして仮眠することが可能だ。

しかし、戦車部隊ではまずそんな悠長なことはしてられんな。せいぜい雨よけの簡易天幕を張って偽装を施し、スリーピング・バッグで寝るのが関の山だな。状況によっちゃあ、戦車内で仮眠することになるぞ。

太郎　ヒエ〜、操縦席に座ったまま仮眠スか？　エコノミー症候群になりそうだな。

おじさん　それに、宿営地に到着したからといって直ぐに休めるわけじゃない。すでに他の戦車部隊が終結しつつある宿営地の場合なら、すでに安全が確認されているからそのまま進入して問題ない。分進点に来たら、誘導員が誘導してくれるからな。

　ところが、初めて選定する宿営地の場合はそうはいかない。もちろん敵の脅威度が低い地域の場所を選定してあるが、進入前には再度事前偵察を実施する必要があるんだ。

太郎　敵に協力する民間人や工作員、ゲリラの類いがいないかチェックするんでしょう？

おじさん　御名答！　そして安全確認後、各車両を分散・偽装した後は、直ぐに警戒員を配置することになる。これが直接警戒というやつだ。

　そして、戦車も単にその辺に停めておけばよい、というものでもないんだ。大抵は、樹間進入といって、木の陰に戦車を隠してしまうのさ。

太郎　つまり、地形地物を有効に活用しろってことですね。

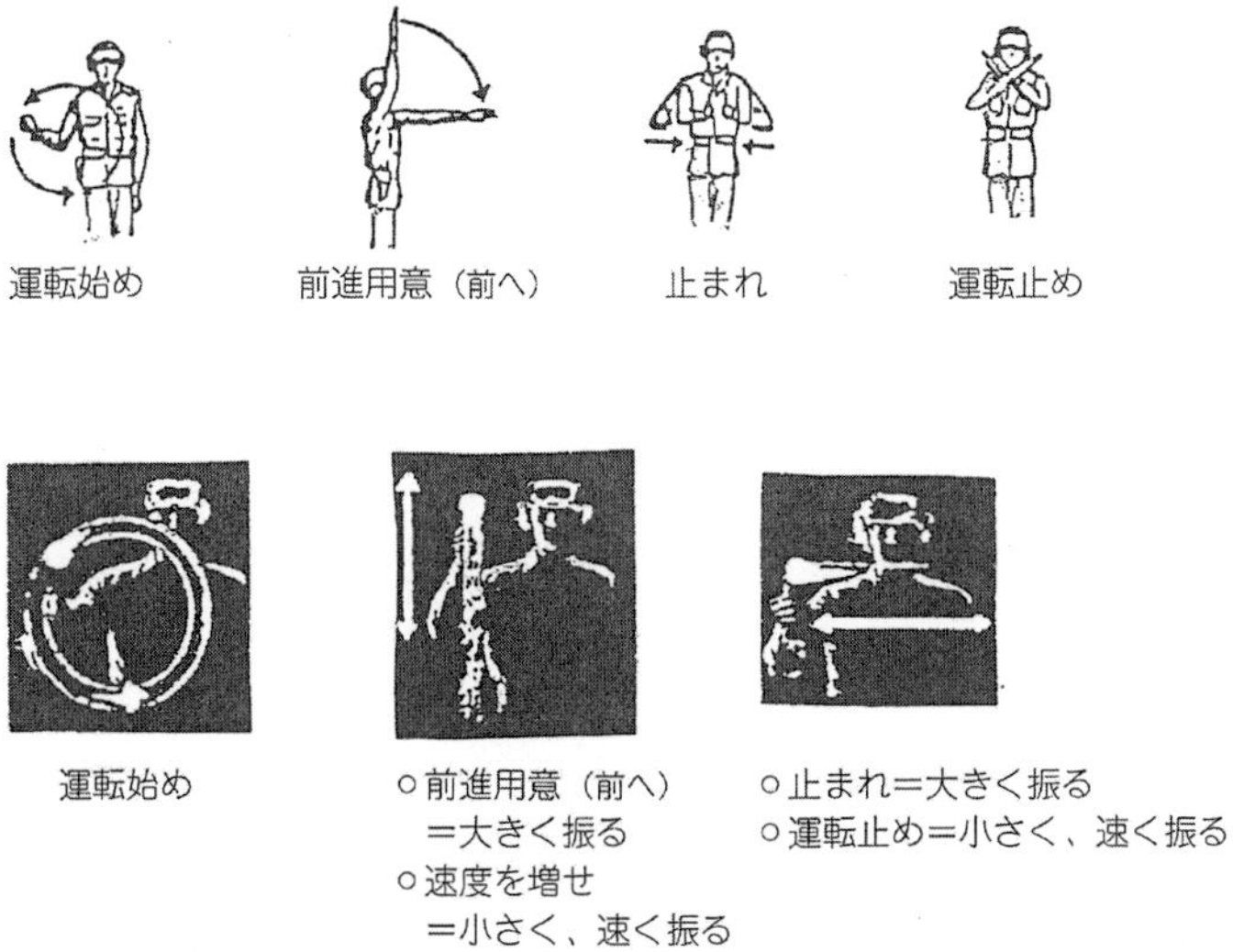

手信号（上）および灯火信号（下）の一例

おじさん　そう。だから、的確な位置に戦車を誘導することも重要だ。お主だって、後続車両の誘導をすることもあるだろうが、手信号は覚えたか？　で、宿営だけでなく行進間もまた大変なんだ。なにしろ、敵の脅威が小さいときは、小隊ごとに車両挺隊を組んで行進できるが、そうでなければ単車行動しなければならない場合だってある。車両挺隊での行進間であれば、一号車は前方、二号車は上空をというように、各車が警戒方向を分担できる。しかし、単車行動ではそうはいかんから、大変だぞ。

そして夜ともなれば、管制灯火での行進となる。さらに、灯火禁止線を超えたら暗視装置を頼りに無灯火行進したりするしな。お主も車間距離によって管制灯火の見え方が異なってくるのは、座学で習ったよな？

太郎　はい。距離によって灯火が縦に1本に見えたり、2本に見えたりしますね。

おじさん　ああ。じゃあ、灯火が横になっていたら？

太郎　？？？　え？　横って？

おじさん　前方の車両が横転すれば、灯火が横になって見えるよな。ごく稀なことだが、操縦ミスで横転することもあるらしいぞ。

太郎　ヒャ〜、慎重に操縦しなきゃいけないんスね。

まさに職人芸？「戦車男の高度な整備技術」

おじさん　お主がオートバイや自動車に興味があるように、一般的に、男性は女性に比べてメカに強い。もっとも、今のお主はバイクや車なんかよりも、戦車に夢中というかゾッコンという感じだが。で、おじさんの同期にも、古いスポーツカーなどのレストアが趣味だ、というのがいてね。そのような人にとっては、工具の取扱いも朝メシ前に違いない。これが趣味ではなく、一般家庭で必要に迫られて「モノ作り」をすることも多い。ＤＩＹという言葉がすっかり浸透した現代では、ホームセンターなどで何かの部品を買ってきて、自分で組み立てたりすることになる。

しかし、世の男性すべてが機械類に関して興味があるとは限らん。さらに付け加えるなら、知識があっても不器用だったりすることがある。逆にいくら器用であっても、それに関する知識もなければ扱った経験もないとなれば、目的を達成するのに苦労することになるよな。

自衛隊では、車輛に限らずさまざまな器材を整備することが多い。例えば、米軍は芝刈りや草刈りを部外業者に外注するが、予算の乏しい自衛隊は隊員自らがやることとなる。

太郎　自分もスか？

おじさん　うん。新隊員の教育隊では草刈りなぞしないが、お主も部隊に配属されたら嫌でもやるハメになるさ。で、この際に使用する「草刈り機」一つを取ってみても、使用後の手入れや点検整備をしなくてはならん。ところが新隊員の中には、男子であっても生まれてこのかた、レンチやドライバーを握ったことがないという者も珍しくないんだ。だから、草刈り機に用いられる2サイクル・ガソリンエンジンのスパーク・プラグを外せずに、途方に暮れていたりする。

それが戦車となれば、整備するにもMOS（モス）という資格が必要だからなおさらだ。MOSとはな、Military Occupational Specialty の略で、日本語では「特技」と呼ぶ。これは、自衛隊内だけで通用する資格なんだが、自衛官が職務を遂行する上で必須のものだ。陸上自衛隊における職務は、普通科や機甲科といった職種ごとに区分され、さらにこのMOSによって細分化されているわけなのだよ。

で、このMOS、通常は5桁の特技番号によって表される。新隊員の前期教育では、全隊員が共通的な自衛官としての基礎を学ぶことになっている。これに対し、後期教育ではそれぞれの職種に必要なMOSについての教育を受けるんだ。前に説明したように、自衛隊内の自動車教習所で大型免許を取得したからといって、直ぐに自衛隊のトラックなどの官用車が操縦できるわけじゃない。通常は、免許取得に引き続きMOS教育を受け、その検定に合格することによって、初めて官用車が操縦できるのさ。

だから、「装輪操縦」のMOSを持っていない隊員は、例え自衛官であっても、規則上1センチたりとも官用車を動かすことは不可能なんだ。で、逆にこのMOSという資格さえあれば、補給処などに勤務する防衛庁技官でも、戦車などの官用車を操縦できるのだよ。

このように、すべての戦車男は「機甲」というMOSを持っているが、整備に携わるには、さらに「機甲整備」のMOSも必要だ。また、このMOSは一度取得してしまえば停年まで有効だけれども、初級・中級・上級と区分され、隊員個々の階級と経験に応じてレベルアップすることが求められる。つまり、新隊員などの陸士であれば初級MOSだが、三曹、二曹と昇任するにつれ、より高度な技術も求められるんだ。そこで、MOSもより上位のものを新たに取得しなければならないわけさ。

さて、そのようなわけで、戦車の整備には「機甲整備」というMOSが必要なんだが、戦車の整備は大変だぞ。ブルドーザーなどの整備とはわけが違う。何しろ、自家用車の整備などに使用するJIS規格の工具だけでなく、専用の特殊工具も必要だ。
各戦車固有の搭載工具ならば、それほどの種類も数もない。しかし、野整備部隊や補給処の装備する整備工具セットの内容品となれば、まったく話が違ってくる。その種類たるや、何十品目ともなるんだ。これが、昔のM-4戦車などの米軍供与戦車が装備されていた頃は、MILスペックのインチ工具であったから、もっと大変だったそうだよ。

特に、エンジンやトランスミッションなどを換装しなければならないような場合は、作業工数も多く必要とする。補給処でエンジンを換装するような場合、通常は整備工場内の天井走行クレーンなどが使用される。整備工場の床はコンクリートだから、安定した足場で作業することが可能だ。取り降ろされたエンジンは、整備後に機能点検が待っている。これは台上試運転といって、エンジン単体での整備確認運転をすることもある。しかし、これが野外整備となると状況は一変するんだ。

通常、野外で戦車のエンジンが故障するなどして走行不能となった場合、戦車回収車などに牽引されて後方の整備所まで後送される。整備所は、全般支援隊（従来の武器隊）などの野整備部隊が開設する野外での整備エリアだ。整備所といっても恒久的な建物があるわけではなく、車両がすっぽりと格納できるサイズの天幕、つまりテントを張るのが関の山だ。で、この天幕は、整備作業時に風雨をしのぐばかりか、夜間整備で外部に灯火が漏れないためのものでもあるんだ。しかし、いくら整地してあるといっても、足場も悪い中での整備は大変だよ。

何たって、その整備所の天幕を建てるのも一苦労でな。最近でこそ、米軍のようなエアービーム式の天幕、つまり空気で膨らませるタイプが登場しているんだが、従来の天幕は構築するにも手間を要する代物だ。幌布のような厚手のビニロン素材で重量もあるから、開設するまでにかなりの工数（人/時《マン・ナワー》で表す）、つまり何人もの人手と時間が掛かったんだ。

さて、後方の野整備部隊等には、機甲科出身で戦車男であったという隊員も少なくない。整備にあたっては、整備諸基準などのマニュアルとにらめっこしながらの整備となる。しかしベテランの整備員ともなると、頭の中にマニュアルが丸ごと入っているというような者もいる。まさに「職人」だな。例えば、シリンダーケース・アセンブリーの取り付けボルトの緊締トルクはいくらで、トルク・レンチの数値を確認しなくても力加減でそれが判るとか、部品の噛み合わせ部分の間隙は、いくらまで許容かというような微妙な部分の調整を、「うん、今の間隙は0・2ミリというところだな」とかいって経験と感だけでサラリとやってのけるような職人も存在するんだ。ホンマかいな、と思ってその間隙を後で実際に計測してみると、これがピッタリ０・２ミリだったりするのだから恐れ入るよ。

ここまで来れば、もはや神業だ。ちなみに、おじさんの所属していた航空科のベテラン整備員にも、同様の「職人」が多く存在している。このように、彼らはいろいろと制約のある環境下で、戦車の整備に励んでいるのだ。

米軍も驚いた！「陸自戦車男の偽装テクニック」

おじさん　戦車の偽装、つまりカモフラージュには、大別すると迷彩塗装による方法と偽装網等を用いる方法がある。前者は2色の迷彩塗装がなされており、濃緑色と淡茶褐色から構成されている。後者は3色の迷彩で構成される、いわゆるカモフラージュ・ネットだ。これは「バラキューダ」と通称され、元々は１９８０年代にスウェーデンから導入したものを東レが国産化したものなんだ。ちなみに陸上自衛隊の装備するヘリコプター等の航空機には、黒が1色多い３色の迷彩塗装が用いられている。

太郎　じゃあ、なぜ航空機の迷彩塗装は３色で、戦車の迷彩塗装は2色なんスかね？

おじさん　これは多分に費用対効果の問題だろうな。何しろこの迷彩色は、戦車等の戦闘車輌だけでなく73式小型トラック（ジープの制式名称）をはじめとする装輪車輌や、中型以上のトラックに搭載するシェルター（プレハブ小屋状をした鉄の箱）等にまで塗装されるのだ。陸自の保有する航空機は、総数でせいぜい５００機にも満たないが、２色迷彩塗装の対象となる車輌および器材等は概算で「万」を越えるだろう。装備している数量の桁が違うんだ。それに要する塗料の量たるや、莫大な量だ。

あるとき、おじさんはそれが気になって、富士総合火力演習の際に地上展示していた82式通信車の説明係の隊員に、車輌1輌につきどれくらいの塗料を要するのか聞いてみたことがある。「解りません」という返答かと思っていたんだが、意外や「そうですね、補給処での車検整備前には自隊で再塗装しますが、一斗缶近くの量は使用しますよ。正確に何リットルの量を使用するかはいえませんが」とのことでね。82式指揮通信車ですら1輌にそれだけの塗料を必要とするわけさ。

太郎　これが、もっと表面積の大きな90式戦車だったら、かなりの量の塗料が必要となるっスよね。

おじさん　しかも、航空機に用いる3色迷彩塗装の場合、黒色部分の全体に対する面積比はたかが知れている。たとえ

陸上自衛隊の航空機には、三色の迷彩が施されている

黒1色が少なかったところで、遠方からの視認性にそう大きな差はないだろう。陸自のヘリコプターなどがいかに低高度を飛行することが多いとはいっても、偽装網を掛けたままフライトするわけにはいかない。仮にそのまま離陸できたとしても、回転翼つまりローター・ブレードに巻き込んで絡み付いてしまったら、操縦不能となり墜落するのがオチってもんさ。

　これに対して戦車の場合、野外における実戦では迷彩塗装された車体を剥き出しで運用することはまずない。走行に支障のないようにバラキューダを被せ、さらにその上から自然の偽装材料、つまり草木を使用し偽装を強化するんだ。

　偽装の基本は外形、すなわち輪郭をぼかすことによって、その物体本来の形状を目立たなくすることが重要だ。隊員個人の偽装なら鉄帽や肩の線をぼかし、戦車の場合なら、主として砲塔の形状を不明瞭にするように偽装する。これは地上からの視認性の話であって、上空からも形状が不明瞭となるように着意する必要があるのはいうまでもないよな。

太郎　それじゃあ、草をたくさんつけて偽装すればよいでしょう。

おじさん　これがそうでもないんだ。過度の偽装はかえって不自然で、逆に戦車の存在を明瞭にすることとなる。だから、適度な偽装を心掛けなければならない。また、いかに戦車の車体が艶消しの迷彩塗装されているとはいっても、潜望鏡などの、視察に用いる光学器材はガラス面が反射し、空地の敵から見つかりやすい。もっとも、この部分などは機能発揮に支障があるため、偽装は不可能な部分でもある。いくら偽装を徹底するといっても、それに夢中のあまり、これら外部視察装置の部分まで偽装してしまっては、車内から外部がまったく見えなくなってしまう。これではハッチから顔を

宮城県の玉城寺原演習場で実施された「日米共同演習ＦＴＸ １９８５」記念パッチ

出さないと操縦ができないよな。

太郎 それはマヌケッスね。

おじさん このように、現場の隊員には偽装の重要性がよく理解できているはずなのだが、頭では理解できていても実際に偽装するとなるとこれがまた難しいのだ。偽装作業は地上で実施するものだが、上空から自分達の施した偽装の効果を目にする機会が少ないからだ。可能なら、偽装を実施する戦車乗員等をＵＨ級以上のヘリコプターに搭乗させ、上空から偽装点検するような教育訓練の機会を増やすことが望ましいんだがな。

おじさんは、現役自衛官であった当時は航空科に所属していたから、上空から演習場に展開する部隊を何度も目にしている。天幕等の施設はもちろん戦車等の車輌も、手を抜いた偽装をしていると一発でその存在が暴露してしまう。逆に、気合いを入れて入念かつ適切な偽装を施したものは、周囲の地形地物によく溶け込み、履帯痕、つまり轍の跡を辿ってやっとその存在が判る程巧妙なものもある。これは実話でね、おじさんばかりか、パイロットも発見できなかった戦車があったのだよ。

これがどの位凄いかといえば、日米協同訓練のＦＴＸ、つまり野外実動演習を視察に来た米軍の機甲学校出身というお偉いサン（といっても大佐だが）を唸らせたほどだ。このお方、若かりし頃はベトナム戦争に従軍したとかでね、乗っていたＭ-１１３ＡＰＣが共産軍のＲＰＧ-２対戦車ロケットで被弾し、危うく命を落とすところだったそうだ。

このベトナム帰りの猛者も、我が陸自戦車男の偽装テクニックには心底脱帽したようで、お世辞抜きでしきりに感心していたくらいだ。

在日米軍の司令官でさえも、演習終了後における講評では「ベリーグッド（優良）」という御褒めの言葉がせいぜいで、「エクセレント（概ね優秀）」という評価はまず貰えない。しかも、「バット、ア・リトル・ミステイク……」などと付け加えたりするから、結構辛口だ。それが前述の大佐ドノ、エクセレントどころか「パーフェクト」を連発して、偽装した隊員に握手どころか抱擁するほどの感激ぶりでな。何しろ、同行の副官に制止されなければ、偽装した隊員にキスでもしそうな勢いであったから、戦車男の偽装テクニックもたいしたものであるといえるな。

第2章　陸自の戦車と機甲科部隊の変遷

「特車」と呼ばれた米軍供与戦車

太郎　自衛隊の戦車は、昔は「特車」って呼ばれていたって聞いたけど。

おじさん　そう。では、戦後間もない頃に遡って話そうか。敗戦から5年後の昭和25年、朝鮮戦争の勃発を契機として誕生した警察予備隊だったんだが、当初の装備は小銃にロケット発射筒、迫撃砲程度の実に慎ましやかなものでね。

その2年後、米軍からM-24チャーフィー軽戦車が供与された。旧軍時代から7年間の空白を経て復活することになった戦車だが、このときの名称が「特車」だったんだ。いわば「特殊車輌」ということで、軍事色を薄めようとしての苦肉の策だったわけだな。敗戦間もない当時は、国民の間に厭戦気分が蔓延していたから、それも仕方のないことだったんだろうよ。我が国で「戦車」の呼称が復活して、堂々とそう呼べることとなるのは、戦後初の国産である61式戦車の登場を待たねばならなかったんだ。

さて、名称は「特車」だろうが何だろうが、とにかく我が国は、戦後再び戦車を装備することになった。このM-24、朝鮮戦争で米軍が使用していた物のお下がりだったんだが、割とコンパクトで取り回しもよく、意外と隊員の評判は高かった。18トンほどの車体に似合わぬ「37口径75ミリ戦車砲M-6」を搭載していたんだが、これは旧軍の三式中戦車とほぼ同等の重量と武装だった。ちなみに、このM-24の車体にボフォース製40ミリ連装機関砲を搭載したM—19が、自走高射機関砲として供与されていたよな。

これに対して、後に供与されたM-4A3シャーマン戦車は扱いづらいと、隊員の評判は決して良くなかったのだよ。性能面では、旧軍の戦車が苦杯を舐めたほどの火力と装甲を持ち、約33トンという堂々たる中戦車であり特に問題はなかった。しかし、米国人の体格に合わせて設計されているものだから、小柄な日本の隊員は、操縦にも一苦労だったそうだ。何しろ、当時の標準的体格の隊員にすら、クラッチやブレーキに木製の「下駄」を装着しないと足が届かなかったくらいでね。

太郎　下駄履きで操縦したんスか？

おじさん　ああ。おじさんの大先輩に、機甲科から普通科を経て、航空科部隊に停年まで勤務したお方がいてね。つまり元戦車男というわけだ。曰く、「自分は小柄だったから、M-4戦車の操縦は大変だったよ。何しろさらに「アンパン（座高調整用クッション）」を用いなければ足がクラッチに届かんのだから」とのことで、決して大袈裟な話ではなく実話なのさ。

　ただし、砲塔は油圧駆動だし履帯はゴムブッシュ式だし、大戦中の我が国産戦車より技術的に優れていた。お主のじいちゃんが操縦したら、感動モノだったろう。

　そして、ウォーカー・ブルドッグの愛称で知られるM-41軽戦車は、M-24の後継ともいうべき戦車だ。この戦車は、米国が同盟国向けに大量に輸出した戦車でもあり、自衛隊のみならず西欧各国軍でも広く使用されたんだ。特にデンマーク陸軍などは、パワー・プラントやFCSなどを換装して近代化改修を施し、M-41DK1として今でも運用しているほどでね。また、台湾もオリジナルを大幅に改修し、性能向

旧日本陸軍が苦杯を舐めた米国製のM４シャーマン中戦車。戦後に「特車」として供与されたのは皮肉だ

上を図った64式軽戦車を装備している。

このM-41戦車、24トンという全備重量でありながらM-4戦車以上のエンジン出力を誇っていた。だから、時速約72キロメートルという高速で走行が可能だった。ちなみに、このM-41の車体にボフォース製40ミリ機関砲を搭載した「M-42ダスター自走高射機関砲」も若干数供与されていた。これは、前述のM-19を更新して、国産の87式自走高射機関砲が登場するまで、第7師団隷下の各戦車連隊の対空掩護という重責を担っていたのだよ。

「和製パットン」61式戦車の誕生

太郎　自分は、61式戦車って写真や展示車両でしか見たことないんスけど、どんな戦車なんです？

おじさん　61式か？　じゃあ、開発の経緯から説明するか。敗戦後、進駐軍に一切の兵器開発を禁じられていた我が国であったが、長い空白を経てやっと待望の国産戦車を開発することになってな。その開発における主契約メーカーは、戦前に戦車製造の経験がある三菱重工だった。その搭載する90ミリ戦車砲は、日本鋼管が開発を担当することになった。昭和30年、性能面で米軍のM-４Ａ３を凌駕することを目標として、開発がスタートしたんだ。

開発にあたっては、当時はまだ鉄道輸送による戦略機動を重視していたことから、その車体幅、つまり全幅および全備重量が制限されることとなった。というのも、61式戦車の開発当時は我が国のモータリゼーションは発展途上どころか未開といってよく、乗用車などはほとんどが外国製だったくらいでな。しかも主要幹線道路の舗装率はかなり低かった。これでは、専用の戦車輸送用トレーラーが存在していたところで、たいして役には立たなかっただろう。そのため、戦車の戦略機動手段として貨車による鉄道輸送が企図されていたのさ。これは61式戦車にとって不運でもあった。お陰で装甲防護力にしわ寄せが生じる結果となったんだ。

もっとも、開発着手前の要求仕様検討段階においては、25トン案というのもあってね。これは、我が国の地形を考慮すると重い戦車は不適で、そのためには装甲が薄くなければならない。装甲が薄くとも、軽快な機動性や戦術の工夫で充分対応可能である、というのが25トン案を主張する人々の理屈だった。

ところが、基礎設計が開始されて検討を何度も繰り返すうち、この重量では要求仕様を満足できないことが判明した。その後、船舶や貨車への積載上は35トンまで重量増加が可能と判明し、全備重量が決定された。そのかなりの部分が、装

戦後初の国産ＭＢＴである61式戦車

甲防護力の強化に振り向けられたんだ。それでも完成車ですら、その装甲防護力が不安視された61式だったがな。

太郎　25トンていったら、今時のＭＢＴの半分程度の重量しかないよね。

おじさん　で、こうして完成した61式戦車は、米軍のＭ-48パットン中戦車をひと回りコンパクトにしたような、オリジナリティーに乏しい外観となった。これは致し方ないところだろう。

何せ、戦後の空白を一気に埋めて世界水準に達する戦車を製造するのは、当時の技術力からいっても無理な話だ。戦車に限らず技術開発というものは、地道な基礎研究によって得たノウハウやデータを蓄積して初めて開花するといっていい。

太郎　つまり61式戦車は、いろんな制約を乗り越えて取りあえず完成させたもので、戦後初の習作的な意味合いの強い戦車だったってことでしょ。

おじさん　まあな。恐らく、61式戦車で実現できなかった要素は、後継の戦後第二世代戦車で実現しよう、と考えていたんだろう。

当時の米国は、Ｍ-41軽戦車を同盟国に対する輸出用として、大量生産していてね。もちろん我が国にも大量装備を強く働きかけていて、自衛隊の部内でも賛成派と反対派が激論を交わしていたんだ。

これに対し、我が国の防衛産業界は戦車の国産は可能であるとして、米国の圧力に屈することなく自力開発の道を選んだ。その結果、米国はM-41戦車の装備案を白紙撤回したんだが、これは61式戦車の試作車が彼らの想像以上に優れていたからに他ならない。

恐らく彼らは、当時の日本の技術力ではロクな戦車は作れまい、とタカをくくっていたんだろう。せいぜい旧陸軍の三式中戦車に毛が生えた程度のものを作り出すのが関の山、とでも思っていたんじゃないかな。

まあ、米軍にとってみれば、戦前の日本の戦車はほとんど脅威とならなかったから、どうせたいしたものは作れないと思われても仕方がないがね。この当時の時代背景を考えれば無理もないというものだろうよ。

このように、当時開発に携わった関係者の努力は筆舌しにくいものがある。当時の米国は、M-41軽戦車を本気で我が国に大量装備させるつもりであったし、自衛隊の部内でもそれを推す声が多く、戦車の国産開発を推進する勢力を圧倒しかねない勢いだった。彼らの努力なくしては国産戦車も誕生しなかったに違いない。

太郎　ふ〜ん、なるほどね。下手をすれば、現在の陸自MBTは、ライセンス国産のM-1戦車であったかも知れないってことか。

61式戦車のライバルたち

太郎　61式戦車と「同期」の戦後第一世代の戦車って、どんな顔ぶれが揃っているのかな?

おじさん　うむ。まっ先に挙げる戦車は、米国が開発したM-48パットン戦車だろうな。61式戦車より出現は早かったから、実質的には同期と呼べないが、やはり開発において強く意識したといわれる点で、取り上げるに値する戦車だな。

というより、日本の戦車は開発サイクルがズレていてね。つまり諸外国の動向を見ながら開発しているものだから、本当の意味で同じ世代の、しかも「同期」と呼べる戦車はないのだよ。

それに、旧西ドイツのレオパルト1戦車やフランスのAMX-30も、開発から就役に至るまでの時期が若干ズレているしな。ともかく、M-48パットンと比較してみるとするか。

まず武装だが、90ミリ戦車砲を搭載しているという点で、攻撃力に大差はない。しかし、装甲防護力はどうだろう。一応、砲塔は鋳造だが、M-48の装甲防護力より明らかに劣っていたそうだし、出力/重量比からしても、エンジンが非力なのは否めないな。わざわざ数字を挙げて比較するのもなんだが、36トンの車体を560馬力のエンジンで引っ張る61式戦車は、明らかに機動力不足だった。
太郎　う〜ん、つまりM-48に伍する戦車とはいえないけど、戦後の空白を埋めたことに意義があるってことなんスね。

我が国初の機械化部隊、第7混成団の新編

太郎　第7師団は日本唯一の「機甲師団」だけど、61式戦車が登場した頃から機甲師団だったわけじゃないんでしょう。

おじさん　うむ。それでは第7師団の歴史をかいつまんで述べてみるとするか。第7師団はその昔、混成団と呼ばれていてね。英語でコンバインド・ブリゲードなんだが、その第7混成団は、昭和30年の12月1日に新編された。しかし、第7混成団は当初から機械化されていたというわけではない。

　諸外国の軍隊では、戦略単位（自衛隊では「作戦単位」と呼ぶ）である「師団」が複数集まって「軍」となり、それが複数で「軍団」、またそれが複数集まり「軍集団」となる。この「軍」に相当するのが自衛隊でいうところの方面隊だ。

　当時は、方面隊制度の完成に向けて部隊建設の真っ最中でね、北部および西部の2個方面隊を除けば、他には「管区隊」しか存在しなかった。つまり、現在の方面隊が担当する広大な警備区域を、師団に相当する管区隊が担当していたんだ。

　そのような状況下で、新たに混成団が新編されることとなった。混成団とは師団に準ずる戦略単位で、人員と装備の限られた中で戦略単位を増加させるためには、師団相当の管区隊よりも小型の部隊編成となるのは仕方のないことだった。この混成団、数年前に「旅団」が設けられるまでは諸外国の旅団扱いだったんだ。

　通常、混成団とは諸職種連合といって、普通科部隊をはじめとする各職種からなる部隊で構成される。限定された独立作戦能力を持つのが普通なんだが、沖縄や離島の防衛に任ずる第1混成団には戦車部隊は存在しない。

太郎　しかも、特科部隊もなければ対戦車隊や偵察隊もないって聞いたけど。

おじさん　そうなんだ。このように第1混成団の場合、「混成」とはいっても完全な諸職種連合ではないから、独立作戦能力はなきに等しいのだよ。

　この点、第7混成団の場合、普通科部隊はもちろん中隊規模の特車（戦車）部隊など一通りの機能を有する部隊でね。つまり、当時から独立して戦える部隊だったわけさ。こうして第7混成団は、昭和36年2月28日付をもって機械化され

た。国産の61式戦車が制式化され、戦車の呼称が復活した年のことだ。

この当時、他の混成団は中隊規模で特車を装備していたんだが、第７混成団は特車大隊の他に装甲輸送隊も存在した。現在の第７師団隷下の普通科連隊では自前の装備で機械化されているが、装甲輸送隊のＡＰＣをもって普通科部隊を機械化したわけだ。この機械化にあたり、各部隊から相当数の車輌をかき集めたそうで、管理換も一苦労だったろうな。こうして機械化された混成団は、混成団（甲）と呼ばれた。

この当時、方面隊制度が完成してまだ間もない頃で、現在でいう師団や旅団はそれぞれ「管区隊」「混成団」と呼称されていた。ところが当時の管区隊というのは、米軍の第二次世界大戦時における師団を範にしたものだったんだ。

現在の師団等の基幹部隊たる普通科連隊は、大隊という指揮結節を飛び越えて、連隊の下にいきなり中隊が存在している。しかし、当時の普通科連隊は３個普通科大隊編制で、連隊内に特車中隊が存在していたんだ。

太郎　えっ、当時は、普通科連隊の中に戦車中隊があったってわけスか？

おじさん　そういうことだ。で、特車中隊は、特車各５輌からなる４個小隊で編成されていて、各普通科大隊に１個特車小隊を配属できた。そして残る１個特車小隊は、予備として控置するなり連隊長直轄として運用可能だったのだよ。

ところが、この管区隊編成は我が国の国情に合わぬとして、これを我が国独自の「ミニ師団」へ移行することとなったんだ。その師団は、９０００名からなる「甲師団」と７０００名の「乙師団」に区分され、それぞれ異なる編制だった。そのため、この移行期は正にテンヤワンヤの状態だったようだ。

そして第７（機械化）混成団は、昭和37年８月15日付で師団（丙）へ格上げされた。つまり、正式に機械化師団となったわけだ。そして同日をもって、陸上自衛隊の13個師団体制も完成したのだ。

世界が注目した74式戦車の出現

おじさん　さて、それじゃ今度はお主の愛車、74式戦車の話をしようか。

太郎　待ってました！　そうこなくっちゃ。

おじさん　61式戦車に続く、戦後第二世代目の国産戦車がこの74式戦車だ。74式戦車の登場に、世界の軍事関係者が注目した。武器輸出が禁止されている我が国の国策を知ってか知らずか、74式の採用を真剣に検討した国もあったようで、

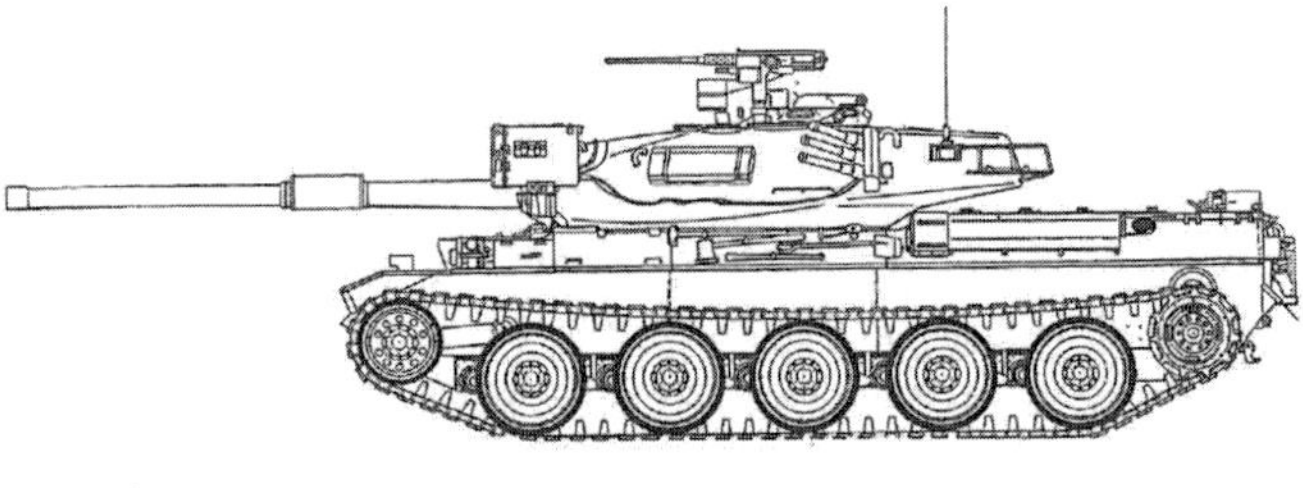

戦後第２世代目の国産戦車・74式戦車

防衛庁に74式戦車購入の打診をしてきたそうだ。

　では、一体74式戦車のどのような点が注目されたのか。前作の開発から13年が経過していることもあって、74式戦車に盛り込まれた技術は61式戦車のそれとは雲泥の差だ。まず、最も注目されたのは、油圧による車体の姿勢制御機能だ。この姿勢制御機能は、現在でこそいくつかの戦車で採用されているが、車高調整や前後に傾斜するのはともかく、左右にまで車体を傾斜させることが可能なのは、世界的にも珍しい機能でね。これは74式戦車の登場以前には、スウェーデンのＳｔｒｖ１０３戦車で実現されていたくらいだったんだ。

　そして搭載するエンジンは１０ＺＦ型、２ストロークのＶ型十気筒ターボチャージャー付き空冷ディーゼルで、７５０馬力の出力を誇った。当時の諸外国では、７００～８００馬力級のエンジンが戦車に用いられていたから、動力面で世界第一級の水準にあったわけだ。また、英国が開発したＬ７系１０５ミリライフル砲を日本製鋼所がライセンス国産したものを搭載し、武装面でも当時の世界水準を行くものだった。ただ、その装甲防御力という点に関しては、登場した時期が時期だけに、世界レベルからすれば若干見劣りするものとなったけどな。

太郎　どういうことスか？

おじさん　というのもこの時期、世界ではＡＰＤＳ-ＦＳ弾が実用化されたが、我が国は諸外国の後追いという形で兵器開発を行なっているから、その開発サイクルがどうしても諸外国とズレてしまう。また、研究開発の予算が諸外国の半分にも満たないという制約から、冒険的かつ斬新な技術開発も困難だ。それゆえに、戦後第二世代の戦車としては出現が遅かったことで、各国で実用化されつつあったＡＰＤＳ-ＦＳ弾への対応を考慮した装甲とはなっていないのだよ。

　その装甲は、車体がガス溶接による防弾鋼で砲塔が鋳鋼だった。砲塔を鋳造としたのは、主として成形炸薬を用いた対戦車榴弾を脅威の対象として想定していたからで、避弾経始に優れた砲塔のデザインにも自信があったようだ。これは、時代が時代なだけに無理からぬことであったろう。

74式戦車のライバルたち

太郎　それじゃ、74式のライバル戦車について説明してください よ。

おじさん　74式戦車のライバルは数あれども、スウェーデンが開発したＳｔｒｖ１０３ほどユニークな戦車は他にないだろう。Ｓタンクという俗称で有名なこの戦車を語る際、必ずといってよいほど誰しもが「ユニークな」という形容をする。

では、Ｓタンクのどの辺がユニークなのか。「全部」といってしまえばそれまでなんだが、まず外形がユニークだよな。

太郎　なんせ戦車なのに砲塔がないッスよね。

おじさん　砲塔がないといっても、戦車砲を搭載していないわけではなく（それじゃ戦車ではなくなる）、L-7系の62口径L-74型１０５ミリ戦車砲が、車体上にデンっと固定装備されている。これにより、まるで第二次世界大戦時にドイツ軍が多用した突撃砲・駆逐戦車のごとく、目標の攻撃時には車体の向きを変えることにより照準・射撃するんだ。

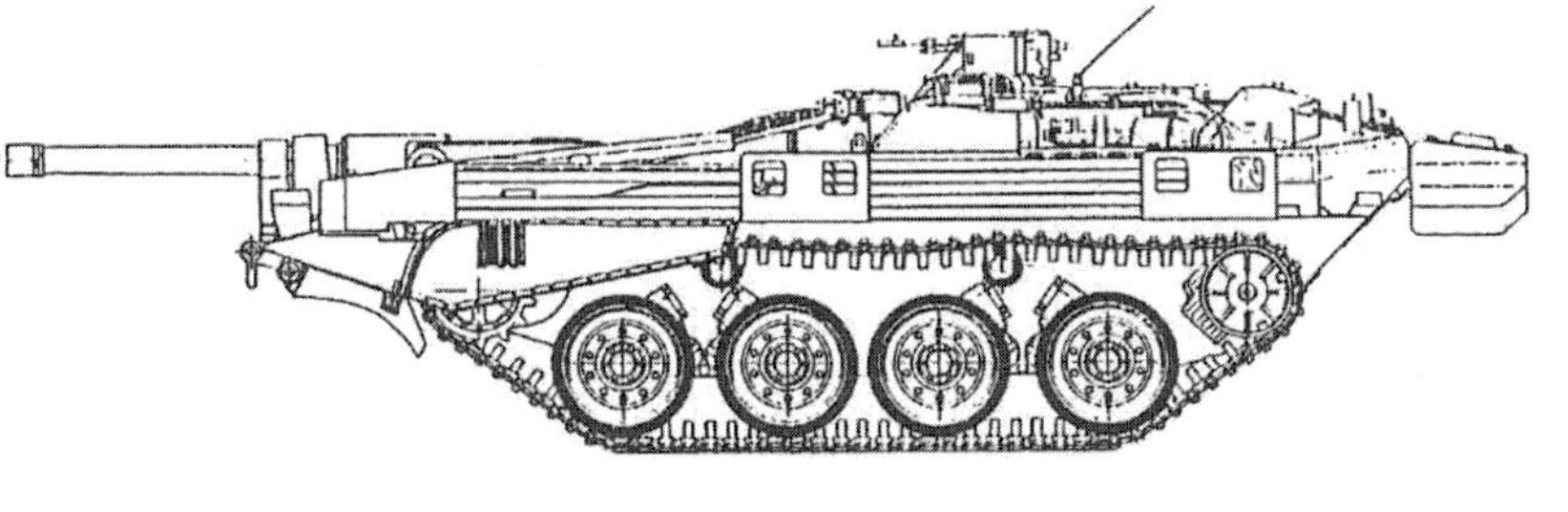

「ユニークな」と形容されるスウェーデンのＳｔｒｖ１０３戦車

そして、次にユニークな点は2系統のエンジンを有していることだ。２４０馬力のロールスロイスＫ６０ディーゼルエンジンと４９０馬力のボーイング５５３ガスタービンエンジンを装備している。

太郎　なんか海自の護衛艦みたいッスよね。巡航用のディーゼルエンジンの他にガスタービンを積んだのがあるよね。

おじさん　ああ。あれは、水上戦闘艦のＣＯＤＯＧ、つまりコンバインド・ディーゼル・オア・ガスタービンという推進方式でね。確かに似ているな。とはいえ、Ｓｔｒｖ１０３のガスタービンエンジンは、主として射撃に際して迅速に姿勢制御するためのもので、あくまで馬力の小さい方のディーゼルがメインエンジンなのさ。

で、さらにユニークなのは、自動装填装置の採用だ。現在でこそ90式やルクレール、T-72系の戦車などで戦車砲の自動装填装置が採用されており珍しくもないが、Ｓｔｒｖ１０３の出現当時に自動装填装置を有したＭＢＴは、旧ソ連が開発したT-64くらいしか存在しなかったから、いかにユニーク、というか先進的だったか判るだろう。

もう一つおまけにユニークなのは車内配置で、一般的な戦車とは逆に、エンジンが車体の前部にレイアウトされている。こうすれば、被弾してエンジンは破壊されても乗員を守ることができる。また、無砲塔ゆえに一般的な戦車に比べ、車高がかなり低い。

太郎　まさか、設計者が避弾経始に優れた砲塔のデザインに困って、「えぇい、面倒だ。いっそのこと無砲塔にしてしまえ！」と思ったからだったりして？

おじさん　そんなバカな。伏撃を主戦術とすることからこのような設計となったんだろう。ともかくＳｔｒｖ１０３、すなわちＳタンクは自動装填装置の採用と相まって、現在でも古さを感じさせない名戦車、といえるだろうな。

太郎　他にライバルと呼べる戦車はないのかな？

おじさん　う〜ん、やはり61式と同じく外国戦車とは開発サイクルがズレてるからなあ。強いて挙げるなら、米国のＭ―60シャイアン戦車や英国のチーフテン戦車かな。チーフテンは、戦車砲も車体のデザインも74式とは大分異なるが、Ｍ―60は74式を大型にして砲塔形状をずんぐりさせたようなデザインだ。こちらの方が、外観的には似ているというものだろう。

機械化師団から機甲師団へ「第7師団の改編」

太郎　ところで、第7師団はいつ機甲師団になったのかな？

おじさん　それでは説明しよう。機械化された第7師団は、長らく北部方面隊の重鎮たる戦略単位としてその存在を誇示してきた。いわば北部方面隊の基幹部隊であると同時に、切り札的存在でもあったわけだ。ところが１９８０年代となって、諸外国軍の機械科部隊などの近代化という趨勢に対して、機動打撃部隊としての能力低下が顕著となってきた。

そこで昭和55年、これを是正するため部隊の改編を実施し、我が国初の、そして唯一の機甲師団としてその能力の向上を図ることとなったんだ。そして翌年の3月25日付をもって、ここに戦車を中心とした本格的な機動打撃部隊が誕生した。ちなみに同日、第8師団の甲師団への改編に伴い、北熊本駐屯地において第24普通科連隊が新編されている。

さて、第7師団隷下の戦車連隊は、1個小隊あたり４輌の戦車を装備している。これが３つで12輌、そして中隊本部で２輌を保有しているから、1個中隊の装備定数は計14輌だ。この戦車中隊が5個で戦車連隊が構成されるわけだ。第７師団はこれが3個、他に第7偵察隊でも10輌の戦車を保有しているから、師団全体での戦車装備定数は合計２３２輌となった。同時に、装甲人員輸送車を３３６輌保有していたから、ミニ師団とはいえ、戦車装備定数からすれば立派な機甲師団だな。

その一方で、この２３２輌もの戦車装備定数を確保するために、第1戦車団を廃止しなくてはならなかった。第1戦車団は、昭和49年に新編された部隊で、戦車を中心とした機甲部隊としては、当時唯一の存在だった。そして、合計２２２輌もの戦車を装備していたんだ。

第1戦車団の前身は、昭和31年に新編された第1特車群でね。これは、従来の独立特車大隊を集約したもので、２１５輌もの戦車を装備していた。部隊の名称こそ「群」だったけれども、実質的にその戦車装備数からいえば外国の機械化師団並みであったわけだ。

それが、第7師団を機甲師団化するために、相当数の戦車を差し出すこととなった。なんせ、当時の第7師団隷下の戦車大隊における戦車装備定数は、合計で61輌（偵察小隊の分を含む）に過ぎなかったからだ。これにともない昭和55年には部隊が廃止され、新たに第1戦車群が誕生した。これは、実質的に「団」から「群」へと部隊を縮小・改編したようなものだ。

わが国唯一の機甲師団、第７師団の部隊章

太郎　つまり、特車時代と同じ「群」に戻ったようなもんスね。

おじさん　まあな。だから、その戦車装備定数も合計で74輌と、増強された戦車大隊程度の規模でしかない。とはいえ、第1戦車群は北部方面隊直轄部隊で、「戦略予備」ともいう

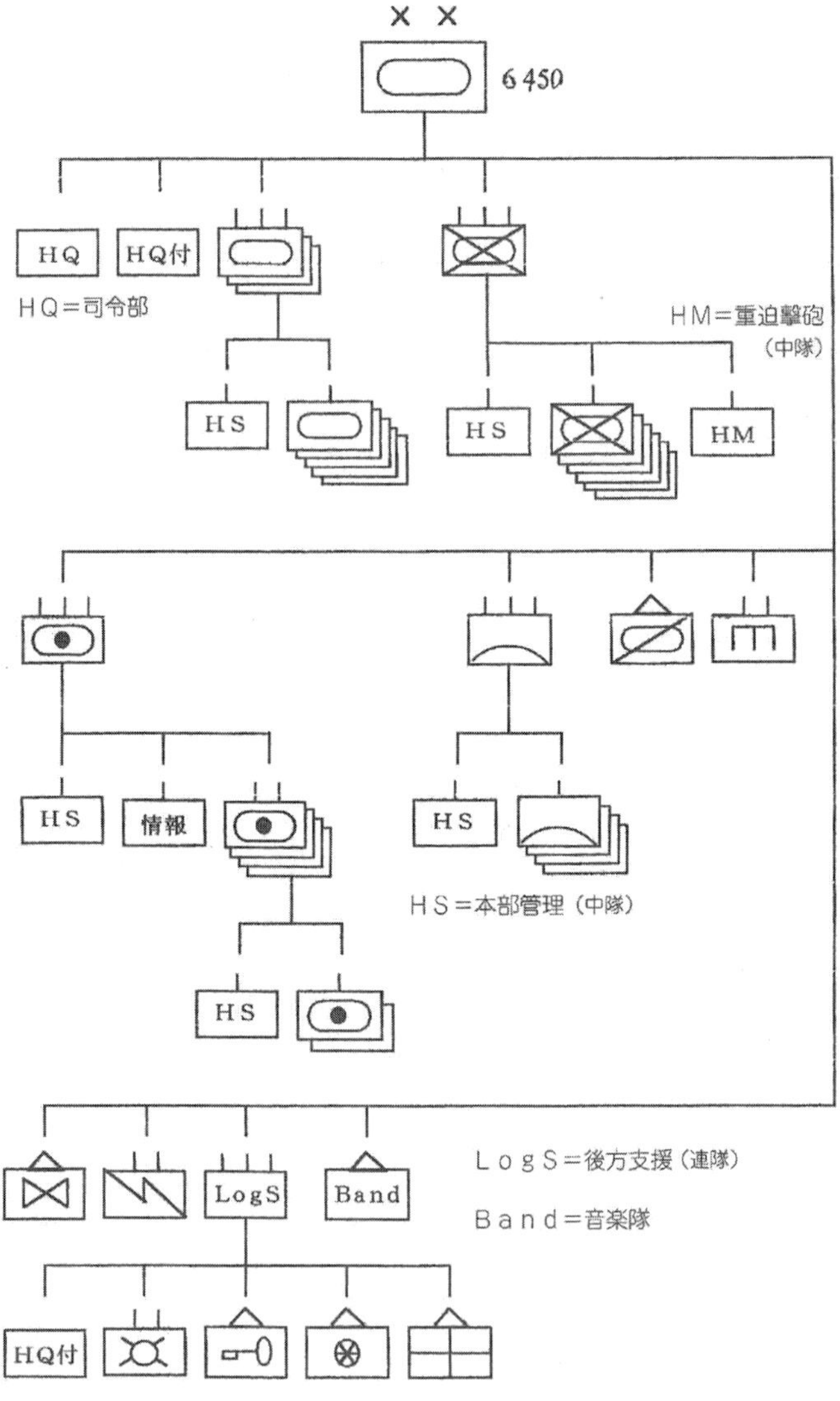

冷戦末期における陸上自衛隊第７師団の編成

べき機動打撃部隊だ。つまり、指揮官である北部方面総監にとっては、切り札であると同時に貴重な持ち駒でもあるというわけさ。

冷戦下に実施された「北転事業」

太郎　こんちはッス、おじさん。今日は久々の外出日です。
おじさん　おう、まあ上がりなさい。今、コーヒー入れるから待っててな。
太郎　すいませんね、いつも御馳走になって。何か本でも見てていいスか？
おじさん　ああ、いいぞ。本棚から勝手に引っ張り出して好きなの読んでなよ。何だったら何冊か貸してやろうか？
太郎　はい、どうも。それにしても、さすがに沢山の本がありますね～。これが、かの有名なジェーン年鑑かあ。「パンツァー」もバックナンバーが揃ってますね。どれどれ……なになに、「特集・陸自機甲部隊の変遷」か。面白そうだな……
うん？　「北転事業」って何ですか？
おじさん　戦闘車輛専門雑誌などを毎月購読しているようなコアな戦車マニアには常識だろうが、お主は初めて見聞きするようだな。では、まず少々解説を。北転事業とは、北方重視の防衛戦略であった冷戦末期時代に、内地つまり本州以南の各戦車大隊から1個戦車中隊を抽出し、北部方面隊の機甲戦力を強化しようと実施された事業なんだ。

これにより、内地の戦車大隊は3個中隊編制となってしまったが、逆に在道師団戦車大隊隷下の各中隊は18輛編成と強化された。同様に第7師団隷下の各戦車連隊も、18輛からなる5個中隊編制となった。そして1個小隊は4輛の戦車からなり、それが4個で16輛。これに中隊本部の2輛を加え、合計18輛で1個戦車中隊というわけだ。したがって、5個戦車中隊からなる戦車連隊が3個に、偵察隊の分を含めた戦車装備定数は合計２８６輛となったのだよ。

冷戦時代における、米・露・日の機甲師団比較

	米陸軍機甲師団	ソ連親衛戦車師団	陸自第七師団
定　員	16,500	10,500	6,450
戦車定数	324	322	286

当時の米国機甲師団のそれは３２４輛、旧ソ連の親衛戦車師団のそれは約３２２輛でね、第7師団の約２９０輛という

数字は、旧ソ連の自動車化狙撃師団つまり、西側諸国軍でいう歩兵師団だが、それの戦車装備定数にほぼ等しいんだ。

太郎　なんだ、40輛も少ないのか。

おじさん　おいおい、単純に数字の比較で少ないというなかれ、だな。

第7師団は、師団とはいいながら定員は約6450名に過ぎん。だからこそミニ師団といわれるんだが、これに対し、当時の米機甲師団は約1万6500名で旧ソ連の親衛戦車師団は1万500名だ。米軍は、かつてのペントミック師団こそ小振りだったが、この時代の師団は、平時の編制定数ながら実質的には戦時編制といっていいだろう。まあ、常時臨戦体勢を旨とする米軍の師団は別格としても、諸外国の師団より小規模であることを考慮すれば、この約290輛という戦車装備定数は驚異的だぞ。

つまり、外国の一般的な機甲旅団に毛が生えた程度の規模ながら、この戦車の装備数だ。単純計算に過ぎないが、米国の機甲師団と同じ定員をもって部隊編成するのであれば、戦車を約730輛も装備することになる。このことからも、第7師団の人員に対する戦車装備数からいえば、決して馬鹿にしたものでもないんだ。

ところが、北転事業によりせっかく第7師団の戦車装備定数が286輛に増えたというのに、90式戦車の配備に伴い、1個戦車中隊は3個小隊編成に逆戻りしてしまった。このため、装備戦車の更新により質的向上は図られてはいるが、何のための北転事業であったのかと非難する声もある。ともかく、北転事業によって機甲化改編時の戦車装備定数より増加したのは事実でな、その意義は大きく決して無意味なものではなかったのだよ。

わずか17分で陣地が突破された「対機甲戦闘演習」

太郎　ところで、戦車同士の激突による戦車戦と違って、戦車対歩兵の戦闘って一方的な結果になる場合があるよね。

おじさん　それは、相互の戦闘準備状況の程度によるところが大きいな。一例をあげれば、中東戦争時においては歩兵の携行する対戦車ミサイルが、入念に偽装を施した陣地から大量に発射され大戦果をあげたが、いつもそうであるとは限らん。一般的に歩兵は、戦車を相手としての戦闘ではかなり不利だ。

陸上自衛隊が昭和59年10月1日から五夜六日にわたって実施した、陸幕指名対機甲演習もその好例だろう。陸幕指名演習というのは、陸上自衛隊の総本山たる陸幕から「今年は○○についての課題を与えるから、研究成果を野外演習の場で展示発表しなさい」といわれたようなものでね。当然ながら、通常の演習よりも気合いも入るというもんさ。

歌合戦であれば紅白、野球の場合であれば東西対抗などと称して両軍が戦うもんだが、自衛隊の場合では青軍と赤軍に分かれて対抗演習が実施される。この対機甲演習の場合もそうで、演習部隊は青軍が防御側で赤軍が攻撃側としてそれぞれ準備することとなった。これは自衛隊の作戦図に用いる部隊符号、いわゆるミリタリー・シンボルズだが、我（味方）は青色、敵は赤色で区別するようになっているためで、戦術級シミュレーション・ウォー・ボードゲームをプレイしたことがあるマニアにはお馴染みだろう。ちなみに、米軍などは青軍とオレンジ軍と称して対抗演習を実施していたりするんだ。

なんせ、この対機甲演習の赤軍は対抗部隊、つまり仮想的のソ連軍役だ。

太郎　赤軍といわれるソ連軍役を、青軍が担当するのも違和感があるッスね。やはり、赤軍は赤軍側が担当するのが筋でしょ。

おじさん　ハハハ、まあな。その赤軍の隊員の服装こそ自衛隊のものだったけれども、装甲車などはベニヤ板でソ連のBMPを模していたほどで、相当気合いが入っていたぞ。しかも、ご丁寧にAT-3サガーを模したハリボテまで搭載していたりする。

では、この第7師団が担任した対機甲演習とは、一体どのようなものであったのか。この演習の主要演練項目は、文字通り歩兵、つまり普通科部隊を中心としてどこまで対戦車戦闘が可能なのかを研究することにあった。演習に参加したのは人員約5000名、戦車やAPCなどの車輌約1000輌という大規模なものだった。といっても、この数字には裏方であるメシ炊きなどの管理支援要員も含まれているし、演習参加車輌の総数には、トラックやジープなどの非戦闘車輌も含まれていたがね。

さて、防御側である青軍は、縦深にわたって構築された対戦車障害と、巧妙に偽装・隠蔽された陣地に対戦車火器を分散配置し、敵部隊の攻撃を今か今かと待っていた。一方、戦車とAPCを中心とする攻撃側の赤軍は、これまた入念な偽装を施した上で攻撃開始の命令を待っていた。青軍の構築した陣地はたっぷりと時間をかけて準備したこともあって、演習前の見積もりでは防御側はそこそこ善戦するのでは、と期待されていたんだ。

ところが蓋を開けてみれば、その結果は予想に反したものとなった。なんと、演習が状況開始となってわずか17分で青軍の防御線が突破されてしまったのだ。しかし冷静に考えてみれば、この結果も無理はないだろうな。なんせ青軍の構築した対戦車障害は、単に対戦車壕を掘開した際に生じる残土を利用し盛土を固めたものに過ぎなかったからだ。

これが実戦では、丸太を土中に埋めた上で有刺鉄線を張り巡らせたり、鋼材やテトラポットなどを用いるところなのだが、国民の血税で調達した高価な戦闘車輌を平時の演習で損傷させるわけにはいかん。そのため防御側である青軍の対戦車障害も、中途半端なものとなってしまった感がある。

青軍は、対戦車障害に引っ掛かって停止したところを対戦車火器の集中射撃で撃破しようと目論んだのだろうが、それをあっさりと突破されてはどうしようもないな。

太郎　戦車などが損傷しても構うものか、と本気になって対戦車障害を構築していたら、この対機甲演習の結果も違ったものとなっていたでしょうね。

1輌約10億円ナリ！「世界一高価な90式戦車」

太郎　90式戦車って、世界でもトップクラスの戦車っていわれているけど、実際はどうなのかな？

おじさん　うむ。我が国にとって戦後第三世代の戦車であると同時に、世界的にも第三世代と区分されるＭＢＴでもあるのが90式戦車だな。74式戦車に引き続き、製造を担当した

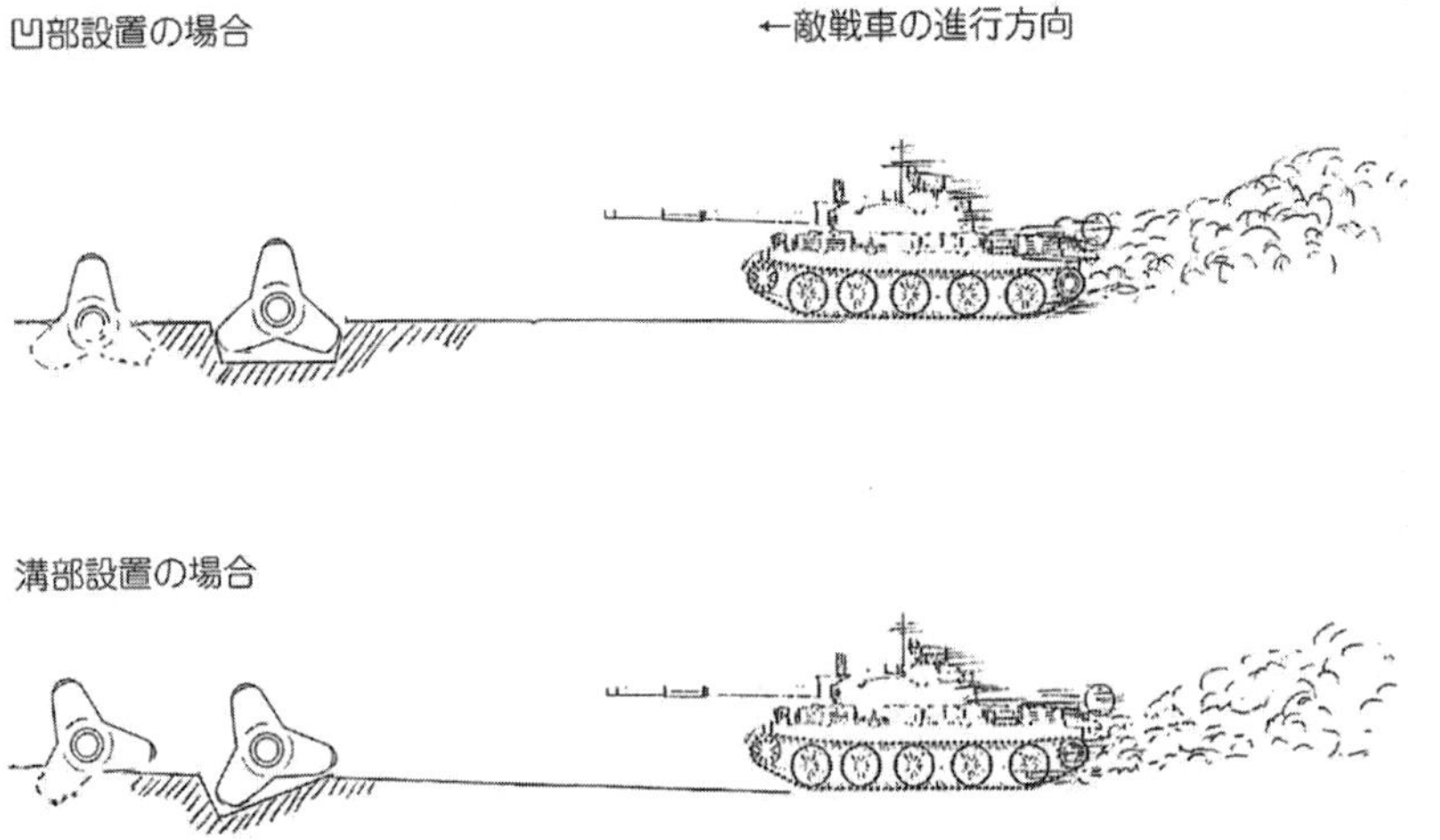

テトラポットを利用した対戦車障害の一例。戦車にとって脅威となるのは、対戦車火器や地雷だけではない。このようなコンクリートや鋼材を用いた人工的な障害でも、敵戦車の行動を阻止したり、遅滞させることが可能だ。この際、いずれの材料も互い違いになるように、横方向および縦深方向にわたって何列も設置するのが望ましい

のは三菱重工相模原製作所だ。この90式戦車、開発中であった1980年代半ばには、軍事評論家などの識者間で「もうそろそろ制式化か」と囁かれはじめていた。その開発スケジュールから、誰がいうともなく「88式戦車」となるのではないか、と雑誌などでまことしやかに伝えられたもんさ。

だがしかし、当初国産する筈だった120ミリ戦車砲の開発を諦め、ドイツのラインメタル製を国産化することになった。そんなこんなで開発も遅延し、制式化のスケジュールが狂ってしまった。結局、当時の装備開発実験隊による実用試験も終了し、制式化されたのは1990年だった。

この88式という名称は単に語呂がよいという理由で、半分期待を込めてそう喧伝されていただけだったのかも知れん。また、中には「89式」なら旧陸軍の中戦車の二代目となるからと、89式として制式化されることを期待する向きもあったようだ。

さて、その90式戦車の特徴とはいかなるものか。エンジンは、戦前から74式戦車に至るまで空冷式エンジンだったが、90式戦車では水冷式エンジンが採用されたんだ。これは、専守防衛に基づく国土防衛戦を前提としているためで、想定しうる戦場が国内である分には水の確保に困ることはない、という判断によるものだろう。

もっとも、水冷式とはいっても、そう頻繁に冷却水を補充する必要があるとも思えないし、民間の自動車だってクーラントを交換、あるいは補充しなくても何万キロも走行できるしな。

太郎　ところで、90式戦車は「高い、高い」とよくいわれるよね。なんだか子供をあやしているようだけど、価格が高いということをいっているんでしょ。

おじさん　ああ。最近でこそ1輌約8億円台となったが、調達が開始されだした当初は10億円以上の単価だった。いくら我が国の物価が世界でトップクラスであるといっても、この価格はないだろう。もっとも、ドイツだってレオパルト2の最新型は、1輌あたり新造車両で何と12億円もするから、90式戦車よりも高いぞ。これは例外だろうが、世界一高いとはいえないまでも、高価なのは確かだな。ある軍事雑誌では、最近の1輌約8億円台という調達価格を「量産効果」の賜物とかなんとか解説していた。74式戦車のように700輌も量産するならともかく、わずか200輌程度の量産で「量産効果」による価格低下が実現可能なのだろうか？

まあ、少しは量産効果もあるのだろうが、戦車に限らず、我が国の防衛装備品は、国内需要のみのため多品目少量生産となっているよな。戦車などは航空機よりまだマシだが、それでも月産ペースで1・6輌程度に過ぎん。ほとんど手作りに近いわけだ。つまり、いくら防衛装備品が特殊な工業製品

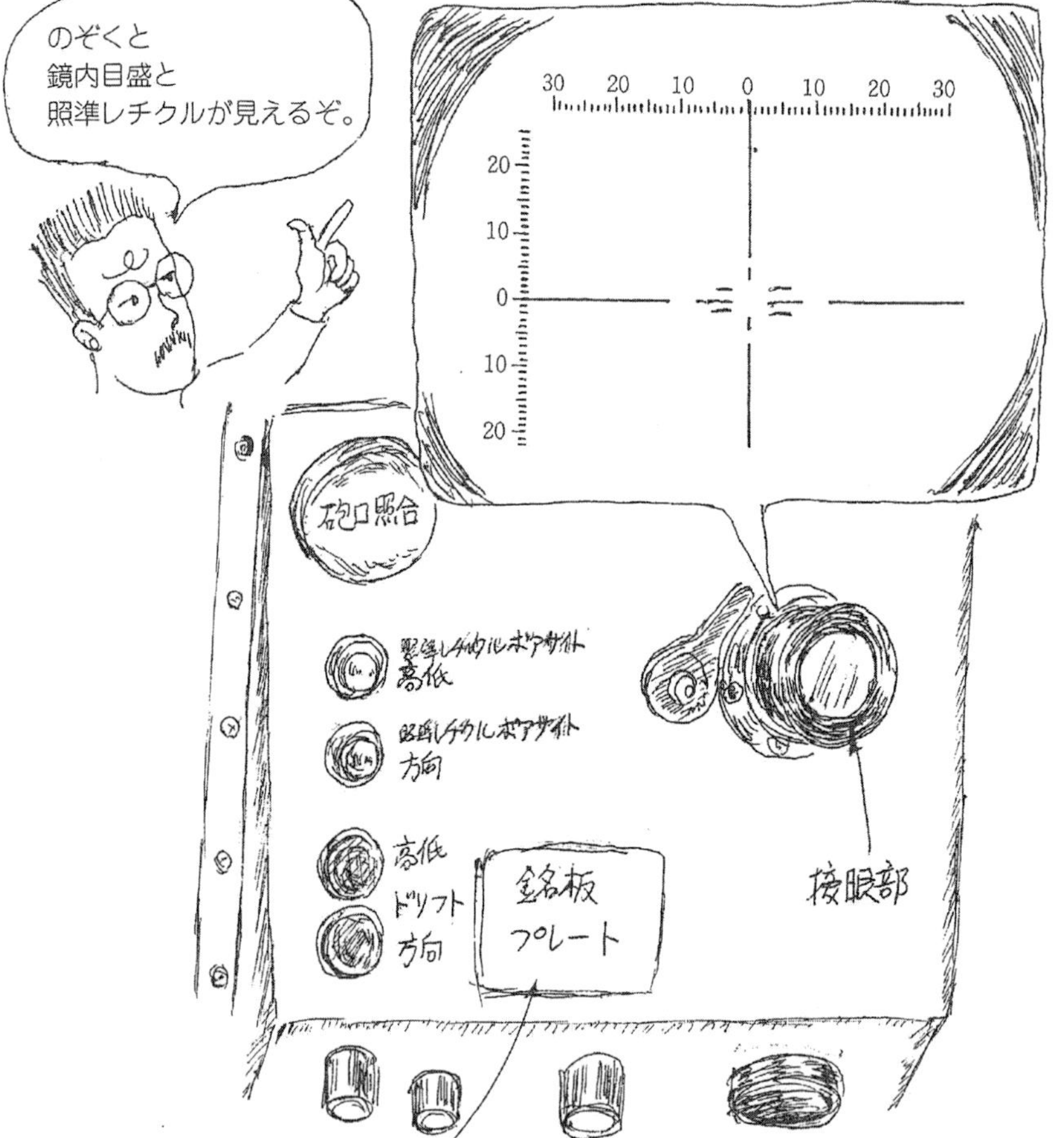

品名と製造業者名が記載された
「銘板プレート」。
九〇式戦車そのものの製造は、三菱重工の担当だが、
この装置の部分は日本光学工業（つまりニコン）が担当
している。

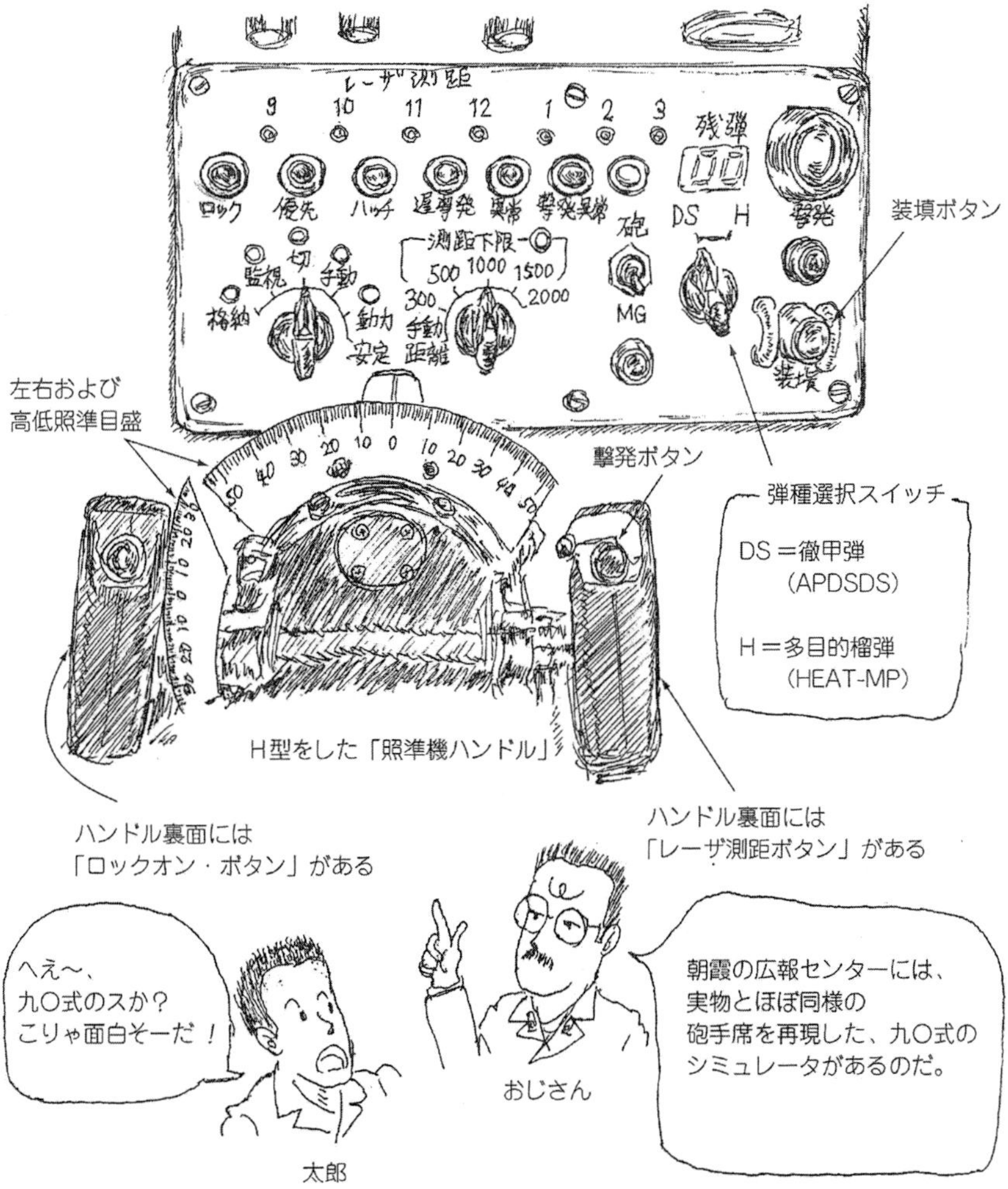

レーザ測距
残弾
ロック
優先
ハッチ
砲
MG
DS　H
撃発
装填
監視
切
手動
格納
動力
安定
測距下限
500 1000 1500
300
2000
手動
距離
装填ボタン
左右および
高低照準目盛
撃発ボタン
弾種選択スイッチ
DS＝徹甲弾
(APDSDS)
H＝多目的榴弾
(HEAT-MP)
H型をした「照準機ハンドル」
ハンドル裏面には
「ロックオン・ボタン」がある
ハンドル裏面には
「レーザ測距ボタン」がある
へえ〜、
九〇式のスか？
こりゃ面白そーだ！
太郎
朝霞の広報センターには、
実物とほぼ同様の
砲手席を再現した、九〇式の
シミュレータがあるのだ。
おじさん

であるとはいえ、生産設備よりも材料費よりも、何よりも人件費の占める比率は無視できるものではないんだ。

おじさんが思うに、バブル崩壊以降のデフレ経済により、下請けから孫受けに至るまでの、製造に関わる工員の作業工数あたりの賃金が安くなったことによる価格低下、というあたりが真相ではないかな。

太郎　戦車だけでなく、兵器には定価はないっていうけど。

おじさん　そうなんだ。外国の兵器も防衛装備品も定価は存在しない。メーカーとは、予算上の調達予定総額を数量で割ったものが単価として契約する、というわけさ。日本の防衛費は単年度会計ということもあって、毎年少しずつ五月雨式に発注するから高くなる。まぁ、最近では数年分を「まとめ買い」するようになって、単価を下げる努力はするようになったがな。

太郎　防衛庁から防衛省になって、予算担当者も少しは勉強したのかな。

おじさん　そんなところだろう。結構なことである。

90式戦車のライバルたち

太郎　我が国自慢の90式戦車だけど、そのライバル達はどの

土浦駐屯地武器学校の式典に参加した際の90式戦車

ような実力を持っているんだろう。

おじさん　そうさな、米軍のM-1戦車や英国軍のチャレンジャー戦車などは、湾岸戦争で活躍してあまりにも有名だ。だから、お主も多少は知っているだろうから、それ以外の戦車を紹介するとしようか。

　まず、お隣の韓国初の国産戦車はなかなか優れたMBTのようでね。格闘技ではないが、その正式名称をK1という。「88戦車（パルパル・チョンチャ）という俗称の方が有名だとは思うが、1988年に制式化されたわけではないんだ。国産戦車の開発を内外に誇示するために、ソウル・オリンピックの開催年を意識してそう呼称したようだな。

太郎　うぷぷ、政治的意図がミエミエですね。

おじさん　もっとも、国産といっても韓国が100％自力で開発したわけではない。量産車こそ韓国内の製造だが、米陸軍のM-1戦車を開発したクライスラー社（実際はその子会社）の設計によるもので、車体形状などもM-1戦車を一回りコンパクトにしたように酷似している。M-1の弟分といえそうな戦車だ。M-1戦車と同様に、初期生産型ではL-7系（正確にはL-68A1型だが）105ミリ戦車砲を搭載していたが、改良型のK1A1となってラインメタルの120ミリ滑腔砲に換装した点まで同じだ。

太郎　K1戦車の後継で、新型のK2戦車ってのがあるよね。あれはアジア最強って聞いたけど、実際はどうなの？

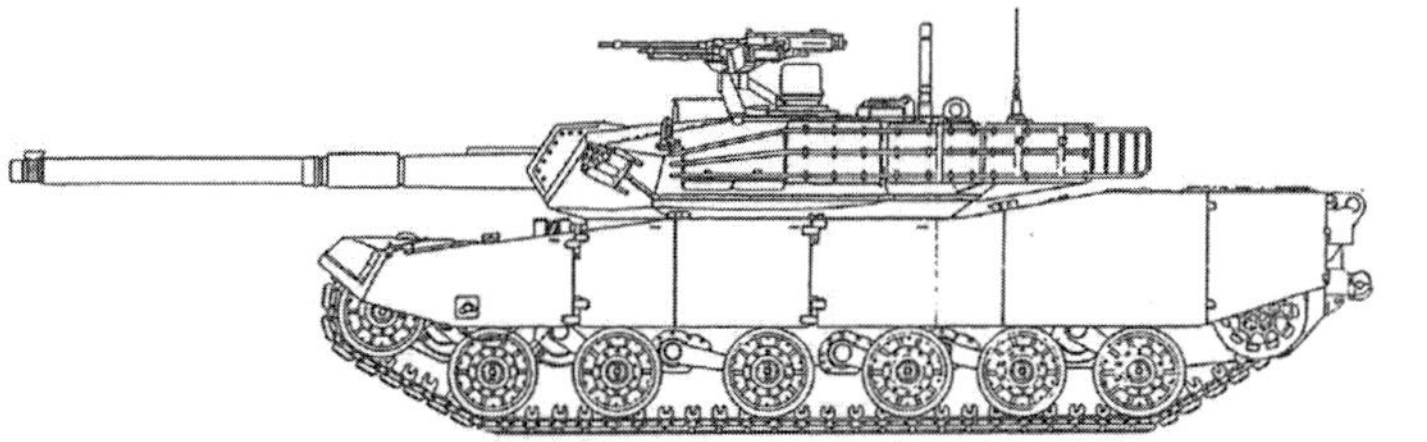

韓国国産のMBT・K-1戦車。アメリカのM-1戦車の小型にしたようなデザインである

おじさん　そうだな、カタログ・スペックだけなら90式戦車より高性能に思える。しかし、技術的に背伸びし過ぎたせいか、開発中から不具合が絶えずにいて、量産が遅れに遅れた戦車だ。1995年から開発が始まって、量産車の配備開始は2014年になってからのこと。開発から量産配備のペースとしては遅くはないが、当初は2011年に量産車を配備するはずだった。しかも、国産戦車といいながら、その実態は各国の戦車技術と部品などのコンポーネントを寄せ集めたもの、とても純国産とはいえないな。

太郎　戦車にとって心臓部のエンジンを開発できないから、

ドイツ製のを積んでるって聞いたけど。
おじさん　そうなんだ。エンジンとトランスミッションを一体化した装置を「パワー・パック」というが、それを国産したところ、軍から示された要求性能を満たせないことが判明したのさ。そこで、第一次量産分の100輌にはドイツ製のパワー・パックを搭載することにした。それ以降の量産車には「時速0～32キロの加速が8秒以内」という、当初の目標値を10秒以内に緩和して、国産のパワー・パックを搭載することになったそうだよ。
太郎　でも、最初に納入された100輌も、故障が多くて可動率が低いんでしょう？
おじさん　ああ、見栄を張った結果だな。さて、お次は、「74式戦車のライバル達」の項で述べたＳｔｒｖ１０３に負けずとも劣らないほどユニークな、イスラエル国産のメルカバ戦車だ。スウェーデンはＭＢＴの自国開発を断念してレオパルト２Ａ５を導入してしまったから、「ユニークな」と形容できるＭＢＴとしては、今や世界で唯一の存在といえるな。
　メルカバのどの辺がユニークかといえば、機動力を犠牲にしてまで徹底した「乗員の生存性の追求」という設計思想だろう。なんせ、エンジンをテレダイン・コンチネンタル製ＡＤＶＳ-１７９０-９ＡＲ型に換装してパワーアップした、最

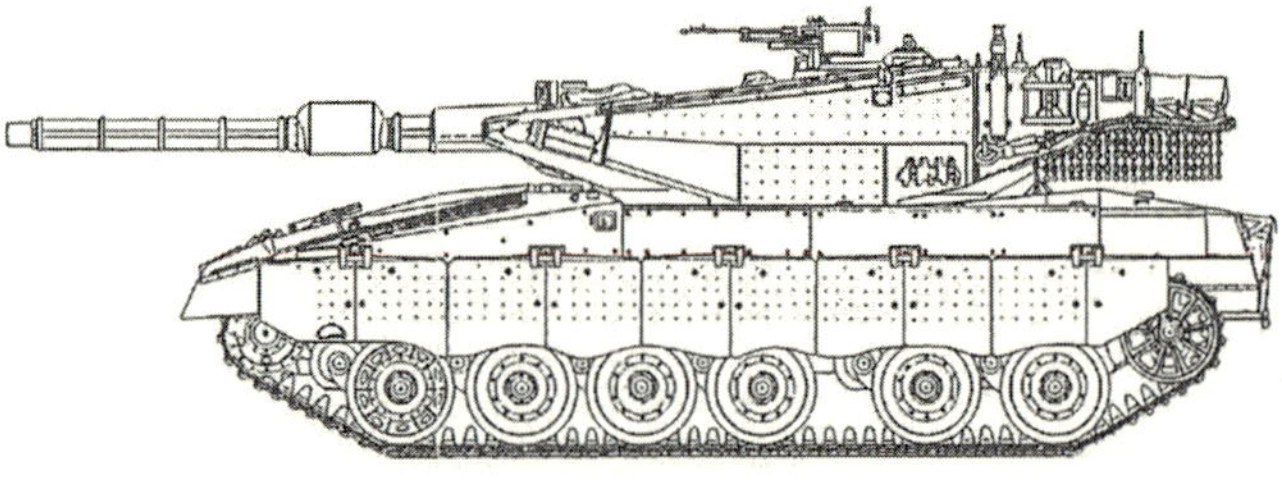

イスラエルのＭＢＴ・メルカバＭｋ３戦車。その開発コンセプトは徹底した乗員の防護である

新型のメルカバＭｋ・３ですら１２００馬力に過ぎない。それでいて全備重量は65トンだから、出力／重量比からすればかなり非力だ。
太郎　つまり、90式戦車より重いくせに低出力ってこと？
おじさん　そういうことだ。では、その非力なエンジンに起因する機動力不足に目をつむってまでこだわった、乗員の生存性はどの辺に見出せるんだろう。まず、Ｓｔｒｖ１０３同様のフロントエンジンというレイアウトと、それにより奥まった砲塔。被弾確立減少のため、ウエッジ・シェイプにデザインされた砲塔形状。そして、砲塔リングより上には極力弾薬を搭載しないなどといった配慮のそこここに、「貴重な人的資源を安易に喪失して

なるものか」というイスラエルの意気込みが伝わってくる。
　その証拠に、車体後部内のスペースに搭載された弾薬を降ろして、兵員輸送や負傷者後送に使用したりもしているんだ。メルカバは戦車でありながら、ある種理想のＩＦＶにもなる（少々苦しいが）し、最も堅牢な装甲野戦救急車ともなりうるといえるだろう。
太郎　最近、中国の人民解放軍が近代化著しくて、陸海空軍とも昔の人海戦術ってイメージがないけど、中国の戦車はどの程度なの？
おじさん　うむ、中国の99式坦克（タンクー）、つまり戦車のことだが、こいつは馬鹿にしたものではないぞ。なんせ、ヨーロッパからハイテク技術を導入したり、もしかしたらサイバー戦部隊のハッカーが諸外国の軍需産業から盗んだ技術を用いている、と噂されるくらいだ。楔形の砲塔デザインや爆発反応装甲の採用はもちろん、撹乱用のレーザーで対戦車ミサイルを妨害する、アクティブ防護システムまで装備しているんだ。ヴェトロニクスも高度で、敵味方の位置情報などを共有できるから、ネットワーク戦闘にも対応しているようだ。ちなみに、元々は98式戦車という名称だったんだが、１９９９年の建国５０周年記念のパレードに参加したことを記念して、99式戦車と呼ばれるようになったそうだよ。
太郎　意外とハイテクなんだな。こんなのが何十輌も、尖閣諸島とか石垣島に上陸してきたら、ちょっと厄介かも。
おじさん　そう。近年、中国は揚陸戦能力の向上に努めているからな。上陸されて陸自の普通科部隊と交戦するとなったら、ちと大変だろう。そして最後に紹介するフランスのルクレールは、90式戦車と同様に戦車砲の自動装填装置を装備した戦車だ。その出現時期および性能などから、厳密には戦後第三・五世代として分類されている。ルクレールは、デジタル・データバスによるデータリンク・システムにより、車輌相互間の戦闘情報や車輌情報の共有などが可能なんだ。データリンク・システムを有する水上戦闘艦は、１９７０年代末から登場していたが、戦車の世界では比較的最近となって実現されたといっていい。これは、戦闘車輌用デジタル・コンピュータの小型軽量化によるところが大きいよな。
　そのため、ルクレールはヴェトロニクスの塊ともいえる戦車で、90式以上にハイテクな戦車なんだ。もっともその分高価でもあってね、90式戦車に匹敵する調達価格だといわれる。
太郎　ところで、ヴェトロニクスって何スか？
おじさん　ヴェトロニクスとはヴィークル・エレクトロニクスの略でね、戦闘車輌の電子装備を意味するんだ。航空宇宙技術用語で航空電子装備をアビオニクス、つまりアビエーション・エレクトロニクスと呼んで業界ではすでに広く浸透し

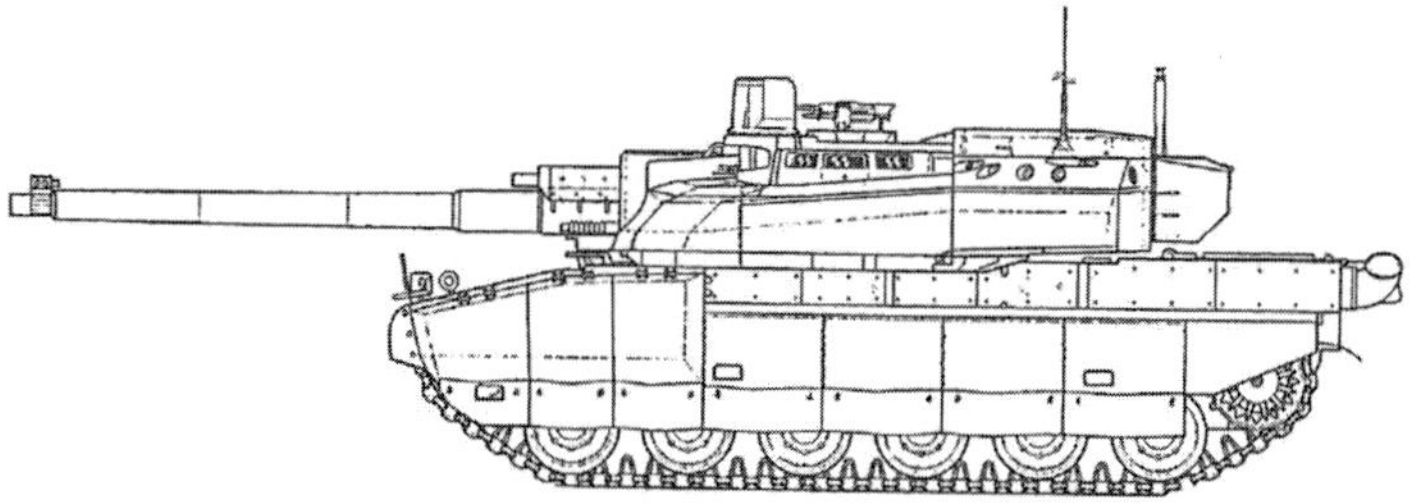

フランスのＭＢＴ・ルクレール戦車は、わが国の90式戦車以上にハイテクだ

ているが、ヴェトロニクスは比較的最近になって使用されだした軍事技術用語だ。

さて、そのルクレールだが、特筆すべきはヴェトロニクスだけではない。複合装甲をモジュール化することにより、戦闘時に損傷しても交換が容易なのと、将来の装甲技術の進歩に柔軟に対応できる点にもあるんだ。多面体から構成される砲塔部など、ルクレールは他の戦車には見られない特異な外形をしている。これは一見、ＥＲＡなどの爆発反応装甲や増加装甲を多面体に整形して後付けしたかのようにも見える。

しかし、実は装甲モジュールを取り外した本来の外形は、初期のレオパルト2や90式のように角張った垂直面から構成されているという。もっとも、だからといって、さらにこの部分も防弾となっているわけではない。この部分は基本構造であって、単に鋼板を溶接してあるに過ぎないようだ。

このモジュール式装甲、ルクレールの専売特許というわけではないんだ。実は、ドイツのレオパルト2などでも採用されている。しかし、その複合装甲モジュール（ユニットというべきか）は、1枚あたりの面積が大きい。そのため、端の部分に被弾しただけで他の部分が無傷だとしても、損傷したのに変わりはないから結局交換することになるよな。だが、ルクレールのそれは、多面体形状で細かく分割されているから、被弾した最小限の部分だけを交換すればいいのさ。

また、パワーパックなど動力系統もハイテクだ。本車の装備するＵＤＶ８Ｘ１５００Ｔ９ディーゼルエンジンは、単なるターボチャージド・ディーゼルではない。出力９kwのＡＰＵ、つまりアシスト・パワー・ユニット＝補助動力装置としても機能する、ハイパー・バーと呼ばれるターボ・チャージャーが装備されているんだ。

このハイパー・バー、スネクマ社の手によるもので、チュルボメカ（英語ではターボメカと呼ぶ）社のターボシャフト・エンジン、つまりヘリコプター用タービンエンジンなどにも採用されているという。お主は、毎日戦車のエンジン音を聞いているだろう？

ヘリコプターの場合であれば、その飛行音はＵＨ-１であれば「バタバタ……」というような表現となるんだが、これは主としてローターブレードが発する音でね。つまり、トランスミッションなどのノイズやエンジンの音よりも回転翼、つまりメイン・ローター・ブレードの音が高周波であるため、そのような音に聞こえるんだ。これは戦車の場合も同様で、低速域での走行時こそ「ガラガラ……」という履帯音が耳に付く。しかし高速走行となれば、もはや聞こえるのは履帯音ではなくエンジン音の方となるわけだな。

太郎　ちなみに漫画などに登場する戦車は、なぜか皆一様に「キュラキュラ……」という擬音で履帯音が表現されますよね。

おじさん　ハハハ、そうだな。実際の戦車ではそのような履帯音はしないよな。恐らく、昔の戦争映画の効果音の影響で、そのような表現となったんだろう。しかし、その映画の効果音も、実際に戦車の履帯音を日常的に聞いたことがない人間が、人工的に模したものだったりするようだな。

で、一般的なターボチャージド・ディーゼルが「ヒュイーン」という音ならば、このＵＤＶ８Ｘ１５００Ｔ９のそれは「キーン」という音だそうだよ。ハイパー・バーが装備されていることにより、このようなエンジン音となるのだろう。

フランス駐在武官の経験でもあるのか、実際にルクレールのエンジン音を聞いたことがあるというエラい幹部自衛官のお方がいうには、当初は、ルクレールがＭ-１戦車のようなガスタービン・エンジンを搭載しているのかと思ったそうだ。

太郎　へえ〜。自衛隊って、米軍以外の軍隊とも結構交流しているんスね。

４輌のみに終わった「74式戦車改」

太郎　自衛隊の装備品は、制式化した後は改良されることがほとんどなく、そのまま陳腐化するにまかせて最後にはスクラップとなってしまうから勿体ないって、某軍事雑誌が批判してたけど。

おじさん　うん。これは予算上の制約によるところが大きいよな。

で、防衛予算に関する話を少々しよう。防衛費は「人件・糧食費」と「物件費」に大別されるんだが、戦車などの装備品は後者により調達される。さらに物件費は「既定物件費」と「一般物件費」に区分される。調達に数年を要する上に高価な艦船や航空機などであれば、その年度の予算で「現金一括ニコニコ払い」というわけにはいかん。そこで「後年度負担」といって、分割払いのごとく数年間を掛けて調達することになるんだ。
太郎　でも、艦船や航空機より装備している数がはるかに多いといっても、戦車1輛の改良に掛かるカネはたかが知れてますよね。
おじさん　ところが、1輛や2輛を改修するだけで済む話じゃない。それが何百輛ともなれば、カネも掛かる。しかも、我が国の予算執行システムに問題があるのと、省庁間の力関係から、気軽に「じゃあ、改修しますか」ってわけにもいかないのが現状でね。財布を握っている奥さん同様、財務省が圧倒的に強い立場にあるんだ。二佐や一佐クラスの担当者が徹夜で作った資料を持参し、「今年度の90式戦車の調達数」や「必要性」、「その理由」などを平身低頭説明するのだよ。何しろ、軍事に無知な財務省主計官（いや、失礼！でも事実のような気が……）のことだから、「いや〜、今年は多すぎますねー」などといってアッサリ数量を削ったりする。そして、復活折衝でも防衛庁の要求を認めてくれなかったりすると、担当の一佐殿も徹夜の苦労が水の泡だ。陸幕に戻ってから、「困ったな〜、これじゃ一対一での損耗更新が不可能になって計画が狂うな〜」などと頭を抱えたりしているようだな。
　このように、財務省から「旧型装備を改良して使用するのなら、新型装備の調達を認めませんよ」といわれでもしたらハイそれまでよ、となってしまう。
　したがって、同種の装備品が新旧混在していれば、新型装備の調達を優先せざるを得ない場合が多い。戦車が良い例で、74式戦車を長期にわたって有効活用するためのアップ・グレードが計画されたが、予算取得が困難なため、わずか4輛の改良に終わってしまった。
　さて、この74式戦車（改）、どの辺が改良されたんだろうか。従来の74式と大きく異なるのは、FCSだな。改良型では、サーマル・イメージャー、つまり熱線暗視装置とレーザー検知装置が付加され、主として夜間における戦闘能力の向上が図られた。これは非常に意義深いことで、従来の74式戦車であればアクティブ式の赤外線暗視装置、砲身の右にある箱型の奴を使用するか、照明弾下で夜間戦闘するしかなかった。しかし現代戦では、もはや前者による夜間戦闘は非現実的だ。
太郎　自分から赤外線を投光するんだから、敵が同じような暗視装置を持っていれば、こちらの存在がバレバレとなってしまうよね。
おじさん　うむ。もし、これを使用して夜間戦闘するのであれば、イスラエル軍のように一瞬だけ赤外線を目標に照射し、迅速に照準して射撃する以外に方法はないだろうな。

赤外線暗視装置が付加された74式戦車「改」

で、レーザー検知装置の付加によって、敵のレーザー測距機やレーザー照準装置に狙われていることが判るようになった。これにより、即座に煙幕展張して敵の攻撃を回避するのだ。そして外観上の大きな変更点といえば、90式戦車のようにサイド・スカートが付加されたことだ。これにより、足回りの防護力が強化された。

このように、武装やエンジンこそ従来のままだが、取りあえず現代戦になんとか対応可能なレベルとなったといえるな。しかし、現代戦にも通用するのは改良された4輛のみで、それ以外の74式戦車はなんら手を施されていない。しかも改良された4輛にしても、最も被弾する可能性がある部分、つまり砲塔部などの前面に増加装甲を付加しているわけでもない。したがって、先に敵を発見しての「初弾必中」はいうまでもなく、初弾を外したら逆に敵に撃破されることになるだろう。

これに対し諸外国では、戦後第二世代の戦車を近代化改修し、第三世代のＭＢＴとともに有効活用している。

太郎　74式戦車だって、戦車砲やエンジンまで換装しなくても、装甲を強化すればまだまだ第一線で活躍できるってことでしょ。

おじさん　ああ。ところが、予算不足に追い討ちをかけるように、「防衛計画の大綱」の見直しによって戦車の保有総数が900輌から600輌にバッサリと削られてしまった。これは、弾道ミサイル防衛システムに莫大な予算が必要なのと、いわゆるゲリ・コマ対処の重視により、重厚長大な装備品は減らしても止むを得ないとの判断によるものだ。ゲリ・コマとはなんやら汚い響きだが、着上陸侵攻の可能性が低下したことで、これまで未整備であったゲリラ・コマンドゥの侵入対処に本腰を入れることになってね。これで、74式戦車の改修も二度と日の目を見ることはないだろう。そればかりか、まだ耐用年数に達していない戦車も用途廃止、つまりスクラップとなるのは決定的で、それこそ税金の無駄遣いというものさ。

これは、我が国では有事の際における予備兵器の保管が認められていないからでもあるんだ。つまり、我が国では予備であっても「員数」として数えられるわけで、員数外の戦車として保管するなどまかりならん、ということなんだ。しかも単に保管すればよい、というものでもない。グリース漬けにして防錆するなど、いざというときにすぐ稼動できるような状態で保管するにはカネも掛かる。

しかも、防衛装備品というものは特殊な工業製品だ。予算が認められ製造業者と契約をし、生産開始となってから部隊の手元に届くまでに「年」単位での時間を要したりするんだ。このように、防衛装備品の取得には長期リードタイムが必要だから、いざというときにすぐ増産できるものではない。着上陸侵攻の可能性は低下したかも知れないが、皆無となったわけではない。しかも、現代戦は短期決戦の傾向にある。損耗補充のための予備がなくては、増産が間に合わずに戦争に敗れてしまうというものだろうよ。

コア連隊となった第73戦車連隊

太郎　ところで、「コア連隊」って何スか？

おじさん　それを説明するには、即応予備自衛官の話もしなきゃならんな。1980年代以降の機甲科部隊は、部隊の改編と、それにともなう新編および廃止が相次いだ。第2戦車大隊の場合は、部隊が廃止されて新たに第2戦車連隊が新編された。部隊の廃止といっても、事実上は連隊に格上げとなったというわけだな。で、その一方で、単に廃止された戦車部隊もあるんだ。第12戦車大隊がそうだ。これは、第12師団が「空中機動性を高めた旅団」としてコンパクト化の上で改編されたためで、かのフランシス・コッポラ監督の映画「地獄の黙示録」で有名な米軍の第1騎兵師団とは逆だ。

第1騎兵師団はベトナム戦争時代、ヘリコプターなどの航空機を約450機も装備する、純然たる空中機動師団だっ

第12師団の旅団化改編により廃止された「第12戦車大隊」の識別帽

た。この機数は、陸上自衛隊の航空科部隊が保有する航空機の総数に等しい。

太郎　ゲーッ、桁違いの装備数ッスね。

おじさん　我が国の第12旅団が30機にも満たないのとは雲泥の差だな。まあ、だからこそ「空中機動性を高めた旅団」なんだがね。しかし現在の第1騎兵師団は、実質的には機甲師団ともいうべき戦車主体の編制となってしまった。因果なものさ。

さて、廃止されないまでも、存在しないに等しい部隊もある。コア連隊というのがそれだ。やっと本題に入った感があるけど、これは、新たにスタートした即応予備自衛官制度によって誕生した部隊だ。従来の自衛隊では、諸外国軍の予備役制度に相当する「予備自衛官制度」が存在していた。これは、平時は一般市民として生活し、有事の際には召集されて防衛出動などに活躍する制度だ。ところがその年間の訓練日数たるや、たったの5日間に過ぎない。これでは練度という面において、現役隊員の足下にも及ばないな。なにせ、予備自衛官の召集訓練は「自衛隊同窓会」とでもいうような雰囲気でね。若いモンはともかく、年輩の人はすっかり娑婆《しゃば》っ気が浸透していて、とても元自衛官には見えんくらいさ。

そこで、年間の訓練日数を30日と大幅に増加し、有事に「即応」できるごとく練度を高めようというのが即応予備自衛官制度というわけさ。防衛に理解のある企業が少ない我が国では、この年間30日という訓練日数は限界だろうな。しかも、30日間連続での訓練出頭に応じることも、現状ではなかなか難しい。というか、まず不可能だろう。そこで、訓練に参加する隊員は、数日ごとに分割して訓練に参加していることが多いんだ。

そして、これらの即応予備自衛官を雇用している企業側も、彼らが訓練に参加している間は、貴重な働き手が不在となるから痛い。そこで、即応予備自衛官の雇用主、つまり企業には、給付金が支払われることとなっているのさ。

で、このコア連隊、平時は訓練を担当するわずかな人数の管理要員しかいない。つまり、普段は基幹隊員となる少数の常備自衛官しか存在しないが、有事の際には即応予備自衛官の充足によって、定員の充足率が100％となるわけだ。部隊の骨組にあたる管理要員しか存在しないことから、俗にスケルトン連隊とも呼ばれる。

従来の陸上自衛隊は、定員に対する隊員の充足率は約87％前後で推移してきた。それが即応予備自衛官制度により、見かけ上は平時の充足率も100％に近い状態となったんだ。しかし、有事の際に即応予備自衛官のほぼ100％を召集できるとは限らないしな。ともかくこの制度により、第7師団隷下の3個戦車連隊のうち第73戦車連隊がその対象となってしまった。

このように、縮小されつつある機甲科部隊だが、暗いニュースばかりではないぞ。平成17年に入ってから、日本原に第14戦車中隊が新編されたんだ。新編といっても、元々、日本原には第2混成団戦車隊が存在しており、これが北転事業にともない平成2年3月に廃止されているから、事実上の復活に過ぎないのだよ。

防衛計画の大綱で定員が決まっていて、それが減る以上は、新たな部隊を編制するにはどこかの部隊を潰すしかない。

太郎　いわゆるスクラップ＆ビルドという奴ですか。

おじさん　そう。この場合、大抵は最も頭数の多い普通科部隊を潰して、その代わりに新たな部隊を新編するんだ。だが、重厚長大な装備を有する機甲科も、今後はその対象となる運命にある。

もっとも、これはなにも機甲科だけに限ったことではなくてね。同様に「重厚長大」な火砲を装備している特科部隊もその対象となる。これがため、装備する火砲の総数も、戦車と同数の約６００門に削られたんだ。その対象は牽引砲であるＦＨ-70で、これにより火砲の自走化率が高まるのだからなんとも皮肉な話で、特科部隊の隊員も気の毒というものだ。

海を渡った90式「戦車も海外訓練の時代」

太郎　テレビの報道なんかで、自衛隊の戦車や火砲の実射訓練時に演習場外へ弾着してしまった、ということを耳にすることがあるけど。

おじさん　うむ。国土狭隘で防衛に理解がない我が国のこと、自衛隊の演習場の狭いことといったら諸外国の比ではないな。

何せ、我が国最大の面積を誇る北海道の演習場ですら、射程約30キロメートルの１５５ミリ榴弾砲を最大装薬で発射できないくらいなんだ。

太郎　でも、演習場の端から端まで活用するとしたら、最大射程による射撃も可能でしょう?

おじさん　それは超越射撃といって、他の訓練部隊の頭上を飛び越しての射撃となり具合が悪いし、実戦では目標によって臨機の射程で射撃することになるから、常に最大射程での実射訓練だけしていればよい、というものでもないんだ。

などというと、この辺の事情をまだよく知らないお主は、「戦車砲なら射程もたかだか３０００メートルじゃないか」と思うだろう。しかし、それは戦闘時における有効射程の話であって、砲弾がただ飛翔するだけなら弾頭はもっと先まで到達するんだ。しかも、現代の戦車は戦闘時に行進間射撃を実施するから、縦深だけあればよい、というわけじゃない。したがって、実戦的訓練のためには戦車の戦闘射場でさえもかなりの広さを必要とするわけさ。

我が国ですらこのような状況なのだから、我が国よりも国土面積の狭い国にとっては演習場の確保はもっと大変だろう。台湾は、我が国の九州に毛が生えた程度の国土面積しかない。これでは火砲の実射訓練をするにしても大変だ。だから、必然的に訓練の場を海外に求めることとなるのだよ。

現在でこそ、90式戦車も米国のＹＴＣ、つまりヤキマ・トレーニング・センター＝ヤキマ演習場で射撃訓練をしているが、それが実現した当時は実に画期的なことだったんだ。なんせ、我が国の戦車が海を渡るのは、戦後初めてのことでね。もっとも、海を渡るとはいっても浮航能力があるわけではなし、米国まで自走ならぬ自力航行できるわけでもない。当たり前だが、船舶での輸送となるわけだ。とはいえ、特に当時まだご存命であられた旧軍の元戦車男には感慨深いものがあったろう。」

太郎　うちの爺ちゃんが戦死しないで生きてたら、感動しただろうなあ。

おじさん　まったくだ。で、90式戦車に限らず、自衛隊が海外で射撃訓練するのは実に大変なことでね。なにしろ、経済産業大臣に対してその都度使用する装備品等の輸出許可を求める必要がある。外国為替および外国貿易管理法で、そう定められているんだ。

まあ、輸出とはいっても海外訓練のための出国措置であるから、もちろん武器輸出三原則には抵触しないが、実にアホらしく煩わしい限りだな。「海外訓練時においては摘要除外」の一言で済ませばよかったのに、とおじさんは思うのだがね。

第3章　機甲科部隊を取り巻く現状とその将来

少ない研究開発費「技術研究本部の苦労」

太郎　戦車を生産するのは企業だけど、それを開発するのは防衛庁の技術研究本部ってトコだよね。

おじさん　うん。戦車もそうだが、我が国の防衛装備品は、防衛庁の機関である技術研究本部（ＴＲＤＩ＝Technical Research and Development Institute）によって研究・開発されているんだ。防衛庁の「機関」とは役所のようなもので、戦前はこれを官衙《かんが》と呼んだ。

その技本こと防衛庁技術研究本部の設立は、保安隊時代の昭和27年に遡る。同年8月、東京都江東区深川の川中島において、保安庁の機関として発足した。当時の東京・川中島駐屯地には保安隊の本部が置かれていてね、市ヶ谷に移転するまでは我が国の防衛中枢でもあったんだよ。で、昭和29年7月、防衛庁設置法の施行にともない、名称を現在の「防衛庁技術研究本部」と改めた。この間、庁舎の所在地は昭和28年8月に神奈川県の川崎市、翌29年12月に東京の三鷹市と目まぐるしく移転したんだが、翌30年9月に現庁舎の完成をもって東京都世田谷区池尻に落ち着いたってわけさ。

さて、その技本は平成15年度現在において、1171名（定員）のスタッフを擁する一大シンクタンクだ。もちろん、そのほとんどが一流大学の修士課程などを修了していて、人材面からいっても決して他国のエンジニアに劣るものではない。そして、人員比に占める陸海空の制服組、いわゆる自衛官は約3割に過ぎないんだ。つまり、防衛庁事務官や技官がエンジニアの主力となっているのだよ。

太郎　つまり、キャリアと呼ばれるエリート達の集団なんでしょ？

おじさん　まあ、そんなところだろう。技本の組織は、技術研究本部長を長として、その下に「副本部長」および「技術顧問」、内部部局として「総務部」および「企画部」ならびに「技術部」の3部と、4名の技術開発官が置かれている。さらに、技術開発官は「陸上担当」および「船舶担当」ならびに「航空機担当」と「誘導武器」をそれぞれの担当として区分される。さらに、これをサポートする者として、「副技術開発官」が存在するのだが、船舶担当のみは2名体制となっている。

この下に、「付置機関」として研究所と試験場がそれぞれ5つ置かれている。付置機関というのは下部組織のようなものでね、研究所は第1〜第5が東京近辺に所在し、試験場は「札幌」や「下北」などの地名を冠して全国に所在しているんだ。

技術開発官といっても、当然ながら一人で研究開発を実施しているわけじゃない。いうなれば、担当ごとのエンジニアの長というわけだ。このうち、陸上担当は、「航空機と誘導武器を除く、陸上全般の装備品等の考案、設計、試作、その他の技術開発、制式の資料の作成に関すること」が任務なんだ。期待の新戦車もこのセクションで開発されているのさ。

ちなみにシャレではないが、「制式」とは正式には「防衛庁制式」といって、それを略して「制式」というんだ。この制式とは、西暦の下二桁を取って90式戦車などと呼称される国産装備品を指す。だから、たとえ国産は国産でも、ライセンス国産された装備品は「制式」装備品ではない。それが国内開発されたものでなければ制式と呼ぶことはないわけだな。したがって、「平成5年に5・56ミリ機関銃ＭＩ《ミ》ＮＩ《ニ》ＭＩ《ミ》を制式化し……」などという雑誌の表現は誤りだよ。もっとも、「軽装甲機動車」のように制式番号のないものや、パジェロと通称される73式小型トラックのように、制式化された年度が旧型のそれを踏襲しているものも存在するから、一般の人には非常に分かりにくいことだろう。

また、防衛庁の隷下にあるとはいっても機関という名の「お役所」だから、主要な各セクションは「○○部」あるいは「○○課」と称される。したがって、当然ながら陸海空自衛隊の部隊のように、「中隊」とか「小隊」と呼ばれることはないんだ。と、まあ以上が技本の概要だ。

太郎　なるほど。我が国の防衛装備品開発の現場ってのも、たいしたものだなあ。

おじさん　と思うだろう？しかし、研究開発に携わる人員数はもとより、予算規模の面でも諸外国に負けているのが現状だ。これは非常に残念なことだよな。何たって、国防（防衛）費に占める研究開発費の割合は米国が約15％、英国が約12％であるのに対し、我が国のそれはわずか6％に過ぎないんだ。人員比はともかく、予算上では諸外国の半分程度なのさ。

太郎　ええっ、そんなもんスか？　日本はＧＤＰ世界第3位の国のこととは思えないなあ。
おじさん　残念だが現状ではそうだ。しかし、このような制約下においても腐ることなく、地道にコツコツと研究を継続しているのは実に立派でね、おじさんも頭が下がるというものだ。

期待される、解禁された武器輸出

おじさん　一方、防衛装備品の製造を担当するのが防衛関連の各企業だ。企業は企業でまた大変なんだなコレが。何しろ、同じ「官」とはいっても「防衛庁（内局）」という要求仕様元とユーザーである「陸海空自衛隊」の板挟み状態だし、防衛に無関心かつ無理解な国民からは「死の商人」などと揶揄される。これは濡れ衣もいいところだな。おじさんには、そのような防衛関連企業が気の毒に思えてならんよ。

太郎「死の商人」かあ。マスコミお得意のワンパターンな表現だよね。まるで、この世に兵器が存在するから戦争が起きる、という屁理屈をいっているような感じだな。

おじさん　まあな。で、近年となって、やっと我が国で武器輸出解禁となったんだが、武器輸出により紛争が多発するなどという論理は、我が国の弱体化を目論む国と、その手先の日本人による「こじつけ」といっていい。また、彼らだけでなくマスコミや軍事専門家の中にも、地域の軍事バランスに影響を与えると危惧する声もある。確かに戦争も武器もない世界は理想だが、およそ実現不可能な究極の理想というものだろう。

　紛争の発生を可能な限りゼロに近付ける努力は必要だけど、それを根絶できるとはおじさんには到底思えん。犯罪が世の中からなくならないのと同じさ。しかも国際間の武力紛争は、これまた武力と兵器が存在することによって抑止され、国際社会の秩序も軍事抑止力によって維持されているのが現状なのだよ。だから、我が国の国産兵器（装備品）を欲しいという国があれば、その求めに応じても構わんではないかとおじさんは思う。そもそも、同じ敗戦国のドイツなどはガンガン武器輸出しているが、喜ばれることはあっても非難されることはないぞ。もちろん、「テロ組織」や「ならず者国家」への武器輸出は厳禁だが、ドイツのような節度ある武器輸出なら、なんの問題もなかろう。だから、そろそろ我が国も自虐的戦争観から脱却して、真の戦後が到来すればよいと思っているのだがね。

　まあ、このように理解のない国民だけでなく、さらには「経済産業省」から業務に関して思わぬ指導が入ったりすることもある。指導で済めばまだいいが、その行為によっては逮捕されることもあるから、たまったもんじゃないよな。

かつて、東芝機械の社員が「ＣＯＣＯＭ規制違反」および「武器輸出三原則等における、武器製造関連設備の輸出」に該当するとして逮捕された事案があった。冷戦下においては、対共産圏への戦略物資の輸出が禁止されていたためだ。何しろ、家庭用パソコンの取扱説明書にすら「本製品は戦略物資に該当するので、勝手に輸出してはならない云々」という旨が記載されていたほどでね。

その輸出した工作機械によって、旧ソ連の戦略（あるいは攻撃型）原子力潜水艦のスキュードド・プロペラの工作加工精度が飛躍的に向上したとされる。

太郎　それは事実なんスか？

おじさん　どうかな。原潜ならば、タービンなど機関各部の駆動音も大きなノイズとなるし、航行時に船体の水流によって発生するフロー・ノイズも馬鹿にできん。果たして、原潜の静粛化に対する効果はいかほどのものがあったのかね。

スキュード・プロペラとはいわゆるスクリューの一形式で、プロペラ・ブレードの先端部が彎曲（スキュー・バック）した形状をしている。このプロペラの回転速度が増加するに従い、キャビテーション・ノイズといって、発生した気泡が潰れる際に音が生じるわけだ。従来の工作機械よりも、高精度でプロペラを加工できるようになってこの音が小さくなったために、旧ソ連の原潜を探知するのが困難となったというんだな。

潜水艦に限らず、水上戦闘艦も含めてプロペラの写真が公表されることは少ない。ましてや、それがどの程度の加工精度を要求されるのかは、開発メーカーや防衛関係者の一部しか知りようがないんだ。

件の社員は防衛装備品を直接輸出したわけじゃなくて、軍事に利用される工作機械を輸出したのが違反であるとして逮捕された。それならば、トヨタや日産のピックアップ・トラックはどうなのだ。あれだって、立派な戦略物資といえるぞ。

太郎　一応四輪駆動車で、不整地でもガンガン走るもんだから、イスラム国みたいに世界各地のテロリストや武装ゲリラが兵員輸送などに使用しているッスよね。しかも無改造で。

おじさん　まったくだ。この事案の背景には、防衛装備品カスタマーが自衛隊しか存在せず、輸出したくともそれが非常に困難であることも多分にあるだろう。昭和42年までは、小銃や軍用トラック程度のものは我が国でも輸出していたというのに、時の佐藤栄作総理大臣の国会答弁で規制されてしまった。さらに昭和51年、三木総理が「全面的に武器輸出は慎む」として事実上禁止してしまったんだ。

現在では鉄帽や防護マスクなど、戦場での生存に不可欠なものすら輸出が困難なのだよ。これはおかしいよな。鉄帽や防護マスクなどの輸出なら、人道的観点から大いに輸出されて然るべきだがね。

ところが、弾道ミサイル防衛システムの開発に我が国の参加が決定したころから、その状況も変化しつつある。今後は、米軍など多国籍間における兵器の共同開発に、我が国も参加する機会が増えることだろう。

太郎　まずは、海上自衛隊のUS-2救難飛行艇をインドに15機輸出するらしいですね。

おじさん　うむ、他にオーストラリア海軍が次期潜水艦として、海自の「そうりゅう型」を最有力視していると聞く。他にも英国のBAEシステムズ社などと、火砲などの共同開発も視野に入れた協議をしつつある。またトルコは、韓国のK2戦車をベースに「アルタイ」という新型戦車を開発しようとしているが、ベースがベースなだけに、三菱重工業にエンジンを共同開発しないかと持ち掛けて来たのだ。

太郎　10式戦車をそのまま輸出できないのかな？　欲しがる国も多いと思うけど。

おじさん　いや、兵器輸出というものは、そう簡単にはいかないものだよ。何より、戦後の日本は戦場で兵器を実戦使用したことがないし、兵器輸出の実績もない。まぁ、ドイツ製兵器も戦場でのバトル・プルーフという洗礼を受けていないが、ドイツ製兵器は別格さ。ともかくおじさんは、防衛装備品の製造や営業などに携わる方々には、これまで以上に頑張っていただきたいと思っている。たとえ、理解のない人々に「死の商人」と嘲笑されようとも、「人殺しのための兵器など作りやがって」と罵倒されようとも、萎縮することなく「我が国の平和と独立を守り、国民の生命財産を守るための武器を製造するのが仕事です！」と、堂々と胸を張っていただきたいものだ。

学校に補給処、補給統制本部でも活躍する戦車男

おじさん　戦車男の活躍の場は、なにも戦車部隊だけとは限らない。戦車男は、全国各地に所在する戦車部隊以外の部隊や機関にも配置されているんだ。例えば、陸上自衛隊内に存在する学校で、隊員のMOSなど専門教育を実施する富士学校や武器学校などだ。そして、高度な補給整備能力を有する補給処もそうだ。軽度の故障などであれば、ユーザーである使用部隊レベルでもなんとかなる。しかし、その手に負えないような不具合や損傷が発生した場合、整備を専門とする野整備部隊がそれを処置することになるわけだ。

従来は、戦車部隊にも整備を専門とする部隊が存在してい

てね。戦車大隊を例とすれば、本部管理中隊には整備小隊があったし、各戦車中隊（いわゆるナンバー中隊）には整備班が存在し、乗員の能力を超える整備にあたっていた。そして、その上位段階の整備は武器野整備中隊の担当となっていたんだ。これが、近年の後方支援体制の見直しによって、戦車部隊には整備専門のセクションがなくなった。

そのため現在では、乗員の手に負えない上位段階の整備は、各方面の全般支援隊（従来の方面武器隊＝武器野整備中隊）が担当となっている。さらに、その能力以上の整備が必要な場合は、補給処の出番となる。

かつては、関東には中央補給処というべき「武器補給処」があり、関東以外の各方面には地区補給処が存在していてね。これが補給処の集約一元化事業により、現在では「北海道補給処」や「東北補給処」などのように、地域名を冠した名称となったんだ。

太郎　なんか武器補給処って呼び方からすれば、火砲や戦闘車両の補給整備だけやっているようなイメージだけど、実際は燃料とか工具とか、被服とか無線機なんかも扱っていたんでしょう？

おじさん　そう。広義の意味での「武器」を補給し整備する、ってことだろうな。じゃあ現在の「関東補給処」はどうかというとだな……関東補給処は、従来「武器補給処」と呼ばれていて、中央補給処として全国の部隊に対する補給整備を支援していたんだ。これが集約一元化により「総務部」をはじめとする物別部および旧需品補給処であった松戸支処などの5個支処と1出張所に改編されて生まれ変わった。

関東補給処は、東部方面隊隷下部隊の補給整備支援を担当するのが任務だが、物別部では唯一、航空部のみ全国の部隊に対する補給整備を支援している。これは、航空科部隊の装備する航空機が一種独特の装備品であるためだ。そのため、関東補給処は航空職種に限っては、昔の武器補給処がそうであったように、「中央補給処」としての役割を担っているんだ。つまり、かつての武器補給処時代を例とすれば、

通常なら、「武器補給処」～「地区補給処」～「野整備部隊」～「使用部隊」となるところが、航空科の場合は「武器補給処」～「野整備部隊」～「使用部隊」のように、結節が一つ少ないわけだな。

そして戦車に限らず、陸上自衛隊の装備するすべての火器および車輌の補給整備にあたるのが「火器車両部」だ。これを略して「火車部」と称している。

余談だが、この部に所属する隊員の胸には、「火車／田中」などと所属と姓を標記した名札が付いている。そのため、これを初めて目にする部外者は、「火車とは何だろう？　火の車？？？」と皆一様に首を傾げたりする。これが「航空」だ

とか「化学」であれば職種そのまんまなのだから、実に分かりやすいよな。「通電」の場合だと、まったくの素人にも何となく想像できるだろう。お主、判るかな?

太郎　無線機とかレーダーなんかの補給整備をする部署でしょ。

おじさん　御名答!通信電子部の略さ。ところが「火車」や「誘武」となると、まったくの部外者には何の略であるか判らない。「火器車輌の略です」「誘導武器（すなわちミサイルの類い）の略です」といって、初めて納得してもらえるんだ。

で、補給処といえば、倉庫には各種の補給品が山積みになっていて、その他にもさまざまな物品が露天集積されているイメージがあるだろう。確かにそれも事実だ。だからといって補給処が、部隊に対して各種の装備品や部品、燃料油脂、工具や器材などといった「ブツ」の補給ばかりしているわけではない。

補給処は、部隊の手に負えないレベルの高段階整備を部隊に代わって担当もすれば、部隊から後送されてくる要修理品を回収、識別分類の上、それが修理可能なら整備して還元するし、そうでないなら不要決定してスクラップにしてから民間に売り払うなど、地味ではあるが、実に多様で重要な業務を実施しているんだ。

そして補給処の集約一元化により、新たに誕生したのが補給統制本部だ。ここでも戦車男は活躍している。これは、従来の資材統制隊と補給処の補給および技術部門を併せたもので、各補給処や野整備部隊などの補給・整備業務を一元的にコントロールする役割を担っているんだ。

補給統制本部は、かつて武器補給処十条支処が所在していた、東京都北区の十条駐屯地に新編された。平成10年3月のことだ。十条駐屯地は、旧軍の赤羽兵器廠跡地に開設されたものでね、由緒ある赤レンガ造りの倉庫が有名だった。かつての赤羽兵器廠は、現在の十条駐屯地から旧武器補給処十条支所赤羽地区に至るまでの、実に広大な敷地を有していたのだよ。

ところが、戦後は旧軍の敷地は民間へ払い下げられたり、北区に返還されたりで、ネコの額のごとき狭さとなってしまった。補給統制本部の新編にあたっては、所属する隊員の人員数が増えることから、必然的に庁舎の高層化が検討された。しかし、これも左翼系市民グループが「高層建築は、下町である十条の景観を損ねる」との、一見もっともらしいがこじつけに過ぎない理由で反対され、実現できなかったそうだ。

この補給統制本部新編にあたっての反対運動と、革新系の影響力が強い北区に防衛施設庁が妥協する形で、庁舎の高さが制限され、４階建てになってしまった。

太郎　さすがに、社民党や日本共産党の勢力が強い地域のことだけはあるなあ。
おじさん　うん。何しろ、旧武器補給処十条支処時代から、駐屯地の営門前で、日共の外郭団体による自衛隊反対デモも頻繁に行なわれていたほどでね。しかも、自衛隊と直接関係ないのに「NATO軍はコソボを空爆するな！　戦争はんたーい！」なんて叫んでいたぞ。自衛隊感情の良好な北海道や東北、九州などでは考えられぬことだな。
太郎　彼らプロ市民は、ほとんどが弁当付きで動員されているんでしょ？　昔の自衛官は「税金ドロボー」って石を投げられたって聞いたけど、だったらおじさんも「売国奴！」とかいって石を投げたらよかったのにな。
おじさん　おいおい、そんなことをしたらたちまち捕まって、奴らの袋叩きにあうだろうよ。おっと、少々話が逸脱してしまったな。ともかく、この補給統制本部の新編で、各補給処は現業部門（現場）として残り、補給整備に携わる事務部門が十条駐屯地へ移転・分離したんだ。また、十条駐屯地には、海上自衛隊の需給統制隊を母体とする「補給本部」と、航空自衛隊の補給本部も、それぞれ分屯基地として同じ敷地内に所在している。つまり、十条には陸海空三幕の補給整備をコントロールする機関が集中しているわけで、いわば自衛隊の兵站中枢なんだよ。

では、陸上自衛隊の補給統制本部では、どのような業務をしているのだろうか。この補給統制本部、制服組たる自衛官と、私服組たる事務官等がほぼ半数ずつの人員比でね、この補給統制本部も防衛庁の機関であって、役所のようなものさ。だから、自衛官はほとんどが制服で勤務しているし、庁舎内の雰囲気も民間企業のオフィスのようだ。そして、ほぼ一人に一台の割合でパソコンが貸与され、デスクワークが中心の業務だ。

そしてその組織は、補給処と同様に「物別部」といって、職種ごとというよりマテリアルごとの各部から成り立つ。陸自の装備する、すべての火器および車輌の補給整備の統制に関する業務を行なうのが「火器車輌部」だ。その業務を簡単にいえば、戦車をはじめとする各種車両や火器に関する技術的な改善事項を検討したり、あるいは装備品本体だけでなく、工具や器材なども含めての各種研究や、「整備諸基準」などのテクニカルマニュアルや「補給カタログ」などを定めたり、補給整備に関しての技術的なアドバイスはもちろん、所要の指示をするなどの業務を実施していてね。つまりこれが、補給処やユーザーである使用部隊を一元的にコントロールしているということになるんだ。

この補給統制本部の火器車輌部には、補給処にもそのような隊員がいるように、一線部隊で戦車に乗って活躍していた戦車男も存在する。補給の勉強のためと自ら希望して転属して来た者もいれば、人事上の都合で本人の希望に反して転属となった者もいるんだ。特に後者は、現場志向の強い隊員に多く、停年まで第一線で戦車に乗っていたいと思っている隊員に多い。やはり戦車男は戦車に乗ってナンボであって、デスクワークばかりじゃ陸の上に上がった河童だ、というところだろうか。

エンジニアも営業も大変！　製造会社の苦労とは？

おじさん　一口に製造会社のエンジニアといっても、設計開発に携わる者もいれば、修理などの技術支援に携わる者もいてね。そしてプログラマーもいれば、技術資料の収集・整理が担当という者もいるんだ。現場の人間は体力も必要で、知的なだけでは勤まらないから大変だ。

なんたって、重大な不具合などが発生したとなれば、時間に関係なく、その原因究明のために演習場まで呼び出されることもあるくらいだ。しかも、徹夜で整備にあたることも多いという。航空宇宙関連の企業の場合であれば、自社の敷地に隣接して飛行場があったりする。そのため、緊急時は自衛隊の定期便の輸送機やヘリコプターに同乗し、直接演習場へ乗り込むことが可能かも知れないが、戦車などの製造企業の場合はそうはいかないよな。

太郎　それじゃあ営業の人はどうなんスか？　現場に比べたら楽そうだけど。

おじさん　いや、世の中それほど甘くはないぞ。営業だって大変だ。なにしろ官とエンジニアの間に立って、役務契約上の連絡・調整にバタバタするハメになるからな。だからといって、エンジニアの作業工数やカネの計算を慌ててやるわけにもいかん。そこで通常の場合は、緊急時の臨時整備はその都度役務契約を結ぶのでなく、あらかじめ、当初の整備計画に盛り込んでおくんだそうだ。

それに、扱っている商品が商品だけに、その管理がまた大変だよな。防衛装備品以外の一般民生品を製造する会社ならば、せいぜい他社の産業スパイに対して警戒していればいい。しかし、防衛関連企業の場合はそうはいくまい。そのため、三菱重工をはじめとするほとんどすべての防衛関連企業には、自衛隊の「秘密保全に関する達」に準じた内容の「防衛秘密保全社内規則」が存在しており、社員に対する保全教育を徹底しているのだよ。

また、官も民も組織だから、命令・指示・連絡は下から上へ、あるいは上から下へと縦に流れるものだ。だからといって、何でもかんでもユーザーである末端の使用部隊から、トップである「陸幕装備部」へ上申されるわけではない。これは会社も同様で、世程の重大な案件でもない限り、防衛事業部の一セクションから本社までお伺いを立てることはないんだ。

太郎　つまり、命令とか指示は順序を経て伝えられるってことッスね。

おじさん　うん。だから、契約に係る連絡・調整は「契約本部」との間での話だし、技術的事項の連絡・調整は主として「補給統制本部」が窓口となる。このように、エンジニアも大変なら営業もまた、苦労しているのだよ。

しかも、余り官と仲良くなり過ぎれば、マスコミから「癒着か」「談合か」などとあらぬ疑いを掛けられるし、かといって殿様商売で過大な水増し請求でもしたら、取引停止などの事態を招く。つまり、自分で自分の首を絞めかねないわけだな。

昔は官と民の双方が、調整会議後の懇親会などに際して「さあ、どうぞどうぞ、まあ一杯」「いや〜参ったな。(断るのも相手に失礼だな) それではお言葉に甘えて……」などと接待し合ったものでね。もっとも、これは官にとっては、調達および契約に関わる取引上の便宜を図るのが目的ではなく、単に親睦を深めて意志の疎通を円滑にし、かつ仕事も円

製造担当部位別による「戦車関連の製造企業」

	製造担当部位
三菱重工（主契約メーカー）	車体および砲塔など
日本製鋼所	戦車砲（砲座ふくむ）
住友重機	12.7mm 重機関銃 七四式車載 7.62mm 機関銃
豊和工業	発煙弾発射装置
ダイキン工業	戦車砲用弾薬
日本工機	12.7mm 重機関銃用弾薬
旭精機	七四式車載 7.62mm 機関銃用弾薬
日本電気	車載無線機、暗視装置等
日本光学	照準装置および外部視察装置等
三菱プレシジョン	熱線映像装置および各種シミュレータ等

滑に進めるための接待に過ぎないんだがね。しかし、過剰な接待合戦はお互いに立場を弱くすることになるから、諸刃の剣ともいえるわけさ。

太郎　まったく事情を知らない第三者から誤解を招きかねないッスね。

おじさん　ああ。それに現在では、公務員倫理規定上いわゆる「官官接待」も問題となったりするしな。商慣習上の民間企業同士における接待とはわけが違うんだよ。

自衛隊装備品の実用試験とは

おじさん　戦車に限らず、自衛隊の主要な正面装備は、実用試験を経た後に正式に部隊配備となる。これは、ライセンス国産であろうが純国産であろうが同様でね。それは、当該装備品がカタログデータ通りの性能を発揮するかどうか性能確認を実施すると同時に、作戦上および整備補給上など運用面での不具合はないか、確認するのが目的なんだ。

これは極言すれば、民間の工業製品が出荷前に実施する試験のようなものだ。民間工業製品の場合であれば、「シャルピー式衝撃試験」や「ロックウェル硬さ試験」などＪＩＳ規格に基づいた試験が行なわれる。これは、武器等製造法で、試験方法も武器の種類によって定められているんだ。これに対して自衛隊の正面装備などは、ＮＤＳ（National Defense Standerd＝防衛庁規格）に定められた方法で試験を行なう。これは、自衛隊の正面装備は防衛専用品という特殊な工業製品であり、戦場という過酷な環境で使用されるものだからなんだ。

その実用試験は、装備開発実験隊が担当している。昔は実用試験を実施する専門組織というのが存在しなくて、富士学校が片手間に行なっていたものだった。これではいかん、と立ち上げたのがこの部隊さ。最近、組織の改編に伴い、その名称が「装備開発実験団」と変更されて、航空自衛隊に存在する同様の部隊のようになったがね。

太郎　試作車両のバンパーなんかに「装実」って白でペイントしてあるよね。あれのことでしょ。

おじさん　うん。もっとも、その試験項目のすべてがＮＤＳに定められたものではなくて、ＪＩＳ規格の試験項目をそのまま用いることもある。だから、ＪＩＳ規格だってそう馬鹿にしたものではないんだ。これはＮＤＳも同様さ。しかし、諸外国では実用試験に対する力の入れ方は半端じゃない。我が国なら試作車は2輌かせいぜい4輌といったところなのに、スウェーデンなどの小国でもその数倍は作ったりするんだ。しかも、その試作した実車を対弾試験で何輌も破壊したりする。このように、我が国の実用試験における問題点も多々あるんだが、これは予算不足に起因するところが大きいな。まぁ、一応90式戦車も開発時の試験では、車体を自分が搭載予定の120ミリ滑腔砲で撃ってみて、装甲が貫徹しなかったことが実証されている。

太郎　楯と矛の技術的な関係でいえば、楯の方が勝っていたってコトだね。

おじさん　そういうことだな。で、確かに自衛隊の装備品には、不具合のあるものも少なからず存在する。しかし、それは他国も同じことでね、我が国の装備品が政治的および予算的制約下で調達されていることを考慮すれば、その品質は全般的に立派なものだといえるな。まあ、武器輸出解禁となれば、防衛装備品の質ももっと向上するさ。

米軍の軍用規格であるMIL、いわゆるミルスペックは、試験方法や安全基準などが厳しいことで有名だ。しかし、我が国のJISやNDSだってかなり厳格に規定しているし、決してひけを取らないといえるだろう。だからこそ我が国の民生品は高品質であり、世界に冠するメイド・イン・ジャパンとしての地位を確立し得たのだよ。

ああ、勿体ない！　用廃戦車の末路

おじさん　形のあるモノはいつか壊れるもので、それは戦車とて例外ではないよな。非消耗品たる自衛隊のあらゆる装備品には、各々に耐用年数が定められている。そのため、戦車に限らず車輌の場合は、たとえ途中で修理不能な程に損傷しなくとも、定められた走行距離あるいは時間に達すると、お役御免で現役引退となるんだ。そして不要決定がなされ、用廃（用途廃止）つまりスクラップとなるわけだ。

太郎　スクラップかあ。勿体ないッスね。戦車なんかも巨大なプレス機で、グシャッと一瞬にして潰されてしまうのかな。

おじさん　ハハハ、いくらなんでもそりゃ無理だな。というか、戦車を丸ごとスクラップとするんではなく、使用可能な部品は外して整備した後、別な車輌に再使用することはあるよ。これは、陸上自衛隊内における整備段階区分の最上位に位置する「補給処」の担当だ。用廃となった戦車からは、主要な部品が外され材質ごとに区分される。そして車体や砲塔部は、無惨にもガス溶断機などで切断されてしまうんだ。

これは、秘密保全上の措置であると同時に、第三者たる個人または団体に悪用されないためでもあるんだ。何しろ、独立間もない頃のイスラエルなどは、英軍駐屯地などの不要品集積所、早い話がゴミ捨て場に侵入し、そこから勝手に漁ってきた被服や装備品などを再生して利用していた程でね。さすがに戦車などはかっぱらうわけにも行かず、世界各国軍の補給処《デポ》からガラクタを正規に買い付け、それを見事に再生している。これがもっと手先の器用な日本人なら、もっと高度な装備品をも再生してしまうに違いない。

ヴェトロニクスの塊ともいえる現代のハイテク戦車は無理としても、61式戦車なら再生してしまうとしたら、エライこっちゃだよ。例えば、かつての中核派やオウム真理教などはかなりの技術力を有していたようだから、あながち冗談というわけでもなかったりするぞ。

かつての冷戦時代は、被服すら払い下げ時に切断していたのは、欧米では旧西ドイツくらいのものであった。ところが米国同時多発テロ以降は、かつて戦車までも払い下げていた米国ですら、防弾チョッキは切断した上で防弾材を抜いて払い下げている。つまり、米国も自衛隊並みに軍用品の払い下げ規制を強化しているんだ。

こうして材質別に分類された各部の内、車体や砲塔部などの重要部分は、他の小火器や火砲と同様、溶鉱炉行きとなる。それ以外の防衛秘密の保全上問題ない部分は、スクラップ業者へと売り払いされることとなるわけだな。

で、今時、鉄のスクラップ業界における相場は驚くほど安い。しかし、これが戦車などの場合となれば話は別だ。鉄といっても良質の高マンガン鋼などでできているから、「特級」扱いの鉄屑だ。だから、売り払いした際に国庫へ入る金額もそこそこの額になる。まあ、防衛予算全体からすれば微々たる額だがね、家庭でも耐久消費財を処分するのにカネを取られる時代だ。幾らかでも売れるのだから、まだマシというものだろう。

こうして用廃となる戦車だが、そのすべてが鉄屑となって売り払われるわけじゃない。中には、広報展示用として第二の人生を歩む戦車もあるんだ。この場合、大抵は自衛隊の駐屯地や基地などに展示されるが、民間に無償貸付されることもある。ただ、これは法人などの団体、あるいは博物館などに限られているがね。しかも貸付だから、その所有権はあくまで防衛庁にある。したがって、個人で戦車が欲しいからといって買えるわけではないのさ。

これが欧米ならば、軍から払い下げられた戦車を購入して、個人所有とすることも可能だが、我が国においてそれはまず不可能。だったら、せめて展示車輌を動態保存してはくれまいか、とおじさんは思う。航空機なら一度主翼を切断されてしまえば、接合したところでまず飛行不能だよな。これに対して戦車なら、たとえ車体やシャーシを切断されても何とかなる。可能なら、武器学校などで戦車を動態保存していただけたら、と思うんだが。

さて、このように第一線で活躍した戦車も、その末路は悲しいものがある。従来は、自衛隊全体における戦車の用廃数もたかが知れていたけれども、戦車の装備定数が900輌から600輌に削られてしまった。これにより、今後は74式戦車の用廃ペースも年間何十輌にも達するだろう。願わくば、一輌でも多くの戦車に、全国各地の駐屯地などに展示され、平時の戦車に相応しい余生を送ってもらいたいと思う。間違っても実標的にはしてほしくないものだ。

各国のMBT（主力戦車）に見る世界の趨勢

おじさん　現在、世界各国で使用されているMBTは、その構造および機能から「戦後第三世代」として分類されていてね。さらに、フランスのルクレールは第三・五世代に分類されている。これは、その出現時期や技術的内容などからそう呼ばれているんだ。

戦車に限らず、いかなる兵器であっても、世に誕生した瞬間から旧式化が始まるのが宿命だ。近年は、兵器のハイテク化にともない、その研究開発に要するカネも時間も増加傾向にある。したがって、ある兵器が世に出現したときには、すでに次世代兵器の開発をスタートするのが半ば常識となっているわけだ。

さて、ではこれから、近い将来において登場するであろう、第四世代のMBTについても、伝えられる各国の動向を踏まえながら説明してみようか。

まずその形態だけど、次世代の戦車も砲塔が付いたものとなるのは間違いないだろうな。現代では、戦車の装備するFCSやGCSの発達により、目標に対する砲の指向や照準も正確なものになった。さらに、無人砲塔とすることで、その生存性の追求を図ろうという動きも見られる。したがって、今さらわざわざ無砲塔型やオーバーヘッド・ガン型の構造とする理由もないわけだ。

では、その搭載火器たる戦車砲はどうなるのか。これは、現在の120ミリ戦車砲のさらなる長砲身化、もしくはドイツやロシアで試験されているように、140ミリ戦車砲の搭載のいずれかとなろう。電磁砲、すなわちレール・ガンは技術的に未だ無理のようである。

しかし、戦車砲の長砲身化あるいは大口径化といっても、車体重量と同様に限界に近い。固体装薬であろうが液体装薬であろうが、装薬砲による初速は２０００メートル／秒が限界だろうから、次々世代戦車ではレール・ガンが搭載されるかも知れない。いや、もしかしたら直接照準射撃の必要性が薄れ、撃ちっぱなしミサイルによる見通し外射撃での戦車戦、という時代が到来するかも知れない。
太郎　アメリカは、第４世代戦車を開発中って聞いたけど、ＭＣＳってのがそうなの？
おじさん　うむ。C-17輸送機に３機を積む必要性から、24トン以下の超軽量次世代戦車として開発中だったんだ。しかし、あまりにハイテク過ぎてね、開発コストが上昇して計画は別な名称になって継続しているとはいうが、当面出現しそうもないだろう。なんせ、ディーゼルエンジンとモーターで駆動するハイブリッド式の動力で、しかも超軽量１２０ミリ砲を積んだ無人砲塔ときたもんだ。さすがにレール・ガンは搭載されないがね。ともかく軽量化で犠牲となった装甲は、せいぜい30ミリ砲弾しか防げん。だから、飛来する対戦車ミサイルだけでなく、敵の戦車砲弾までもアクティブ防護システムで撃ち落とすというのだ。
太郎　それって、ちょっと技術的に無理のような感じがするけど。
おじさん　まったく同感だ。これでは試作車は製造できても、量産は無理だ。いくらアメリカでも、かつて失敗に終わったＭＢＴ-70戦車の二の舞となるだろう。
太郎　そういえば、２０１５年にロシアが戦勝70周年記念のパレードに登場させた新型戦車って、第４世代戦車じゃないの？
おじさん　ああ、Ｔ-14アルマータ戦車のことか？　あれは第３・７５世代戦車というべきもので、無人砲塔だし、３名の乗員が独立した装甲カプセル内に入って戦う、実にユニークな設計の戦車だ。ＩＦＶ、つまり装甲歩兵戦闘車や自走榴弾砲などと同じ車体を用いているから、当初からファミリー化を前提に設計されているしな。ただ、武装は噂された１４０ミリ滑腔砲でもなければ、レール・ガンでもない。もちろん、各国の新型戦車と同様にネットワーク化されているから、そこそこヴェトロニクスもハイテクといえるだろう。
太郎　試作に終わったチョールヌイ・オリョールとか、Ｔ-95のなれの果てともいえそうだけど、第４世代戦車じゃないってことは確かだね。ところで、ステルス戦車ってのがあるようだけど？
おじさん　うむ、フランスがＡＭＸ－30戦車をベースに試作したのだがね。これが、ＲＣＳつまりレーダー反射断面積の減少や赤外線放出低下対策も徹底されたものとはいえなくてね、とりあえず試作してみました程度のものだったんだ。これに対して、ポーランドが英国のＢＡＥシステムズ社と組

２０１５年の戦勝70周年記念パレードに登場したロシアの新型戦車・T-14アルマータ

んで試作した「PL-01ステルス戦車」は、もっと本格的な設計となっているぞ。２０１３年に、キェルツェの国際兵器展示会でセンセーショナルなデビューを飾ったんだが、非常に斬新なデザインだ。車体と砲塔にモジュラー装甲を施し、全体を電波吸収材で覆っている。しかも、１０５ミリまたは１２０ミリ砲を積んだ無人砲塔を装備して、増加装甲装着時で35トンの車体を時速70キロで走行させることができるんだよ。

太郎　カッコイイ！　まるでSF映画に登場する近未来の戦車だね。量産されてポーランド軍に配備されたら、世界的に注目を浴びるのは間違いなしでしょ？

おじさん　ああ、そうだろうな。それと、米国でも40トン級のステルス戦車を開発中のようだ。

待ってました、10（ヒトマル）式戦車登場！

太郎　日本の新型戦車、10式戦車はどうですか？

おじさん　とうとう10式戦車が２０１０年に制式化されたな（実際には前年だけど）。開発中のイメージ図では、ドイツ連邦軍のレオパルト２Ａ５のような楔形砲塔だったが、実際にはフランスのルクレールをスマートにした感じの外観

ポーランドがＢＡＥシステムズと組んで開発したステルス戦車ＰＬ-01

だ。別な見方をすれば、イスラエルのメルカバ戦車に似たウェッジ・シェイプの砲塔前面を、楔形に修正したような感じでもあるな。実に恰好が良くて、マニアに大人気だ。

太郎　10式戦車の「売り」って、やっぱり機動力なのかな？

おじさん　まず、一番の特徴はＣ４Ｉ能力を重視したことだ。21世紀の戦闘は、陸であれ海であれ空であれ、ネットワーク戦闘の時代さ。戦車同士はもちろん、他の車両や艦艇や航空機、果ては一歩兵とまでネットワークで敵味方に関するさまざまな情報を共有して戦う。このため、90式戦車と比較にならないほど高度なヴェトロニクスが搭載されているのだ。これで同士討ちの心配も減るし、無駄弾を撃つこともなくなるから、効率的な戦闘が可能となるだろう。

太郎　次の売りは何なのかな？

おじさん　第二に、ルクレールと同様のモジュラー装甲を採用したことだ。軽量化で心配な装甲防護力の低下をいくらかでも防いで、44トンの戦闘重量に収めている。第三は、高性能ディーゼルエンジンとアクティブ・サスペンションによる卓越した機動力さ。スラローム走行射撃といって、不整地をジグザグに高速走行しながら、走行中の敵戦車に初弾を命中させて、これを撃破できるんだ。

太郎　インターネット動画で、富士総合火力演習の10式戦車スラローム走行間射撃ってのがあるけど、あれは凄いな。いつか俺の所属部隊にも10式戦車が配備されるだろうから、同じスラローム走行間射撃を披露してやるぜ！
おじさん　うむ、その意気だ。もっとも、その頃にはお主も一等陸曹に昇任して、車長になっているだろうよ。操縦するのは3名の戦車クルーの内の一番下っ端だから、階級は陸士長ってところかな？　車長自ら操縦する機会も滅多にないだろうし、お主が一人で操縦しながら砲も撃つというわけにもいかんだろうが、上手く指揮すれば良いのさ。何せ、あのスラローム走行間射撃は、3名で行なう息ピッタシの共同作業なのだから。

さらに300輌に激減！「大鉈が振るわれた戦車の定数」

おじさん　冷戦構造の崩壊は、世界各国における軍事戦略の見直しを迫る要因ともなったんだが、そのせいで、従来大量に装備されていた「重厚長大的な兵器」は、その必要性が低下したとして削減の対象となってしまったんだ。これが如実に現れている部分が、各国における戦車装備数の減少でね。冷戦構造の崩壊とは関係なく戦車戦力の強化をしている国も存在するのに、だ。

機動力を重視して90式戦車よりもコンパクトになった10式戦車

例えば英国は、ミリタリーバランスによれば、冷戦末期の1988年の時点で約1200輌弱のMBTを保有してい

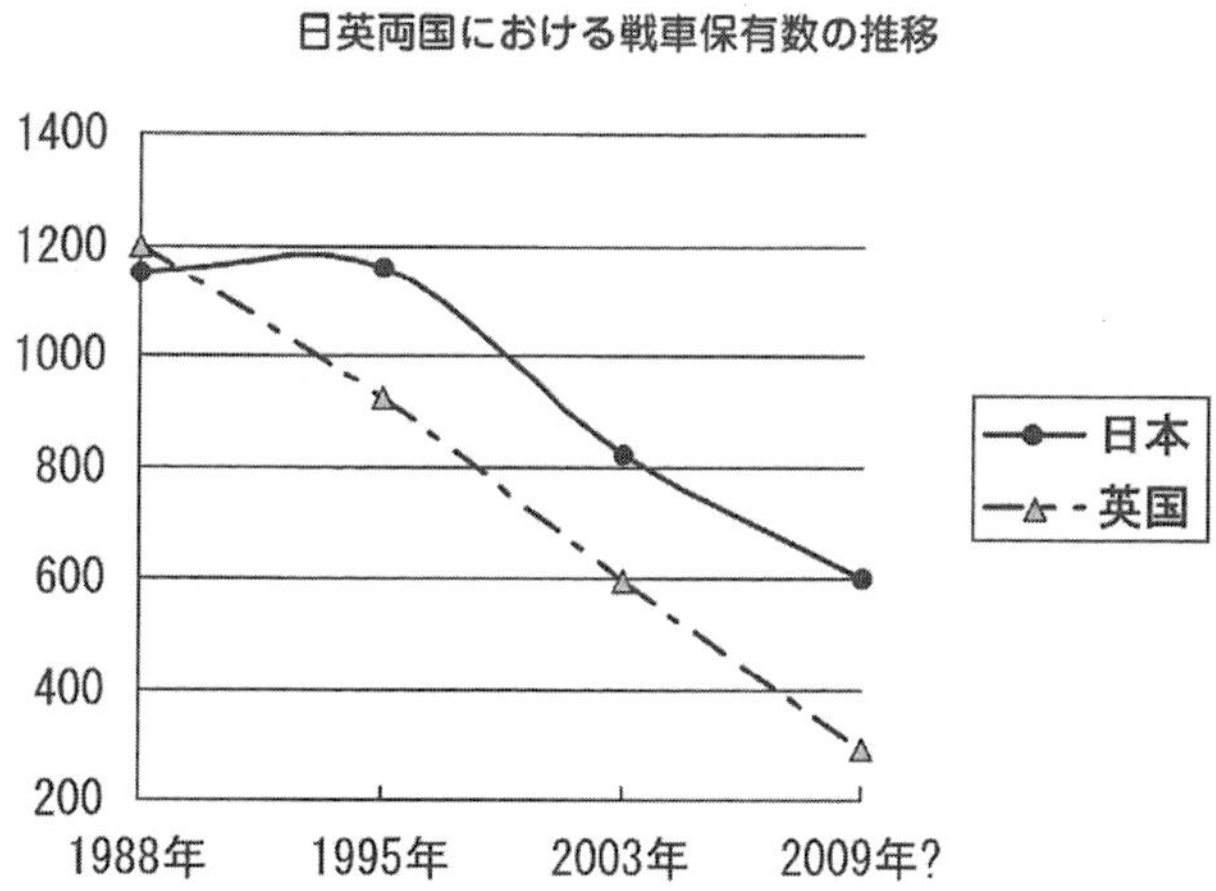

た。ところが、１９９５年にはこれが９２１輌となり、２００３年には５９４輌まで減少してしまった。さらに２００５年には何と３００輌を割ってしまったのだよ。

太郎　え、たったの３００両スか？　戦車を発明した国の陸軍とは思えない戦力だなあ。いくら日本と同じ島国でも、これじゃ少なすぎませんかね。

おじさん　まあ、これは現役戦車の装備数で、予備として保管されている分もあるからな。これを、同時期における我が国のＭＢＴ保有数の推移と比較してみようか。１９８８年の時点で１１５０輌のＭＢＴが１９９５年には１１６０輌と微増し、２００３年になると８２０輌と２割程減少しているんだ。これが新たな防衛計画の大綱では、さらに６００輌まで減少する。

英国のようなＮＡＴＯ加盟国なら、集団安全保障体制だから戦車をバッサリと削ってもなんとかなるだろう。戦略核に航空母艦も保有し、編制・装備的にも自己完結しているしな。しかし、我が国の場合はそうはいかんぞ。同盟国は米国のみで、集団的自衛権の解釈で揉めているような状態だ。いざとなれば、独力で国土防衛戦を実施するしかない。そもそも、国の防衛とは自前で実施する意志と能力を持って然るべきで、それを一方的に他国に頼るようでは本末転倒だよな。何たって、先制攻撃という名の予防戦争も許されない国だ。

太郎　なんか日本って、独立国家じゃないみたいだな。

おじさん　まったくだ。何しろ、経済的に衰退した英国とはわけが違うからな。バブル経済崩壊後、不況に苦しむ我が国とはいえ、世界第3位のGDPを誇る経済大国だ。国力からいえば、英国の比ではない。列国ではGDPの3〜5%を国防予算に充てているのに、我が国は何が根拠なのか1%という枠を設け、自ら制約を課している異様な国だ。

これでは、防衛計画の大綱にも示されている陸自の定数、つまり18万人という数字目標をなかなか達成できなかったのも、当たりまえだのクラッカーだな。
太郎　古っ！おじさん、それとっくの昔に死語ッスよ。
おじさん　失敬、今のは自爆ネタだったな。とにかく現在の自衛隊では、一度減らした定数を将来の情勢如何で復活させるとはいっても、諸外国のように装備品を予備役として保管することが認められていないから、いざとなってから慌てることとなるのではないかな。
太郎　確かに！でもって、GDPは中国に抜かれて第3位になっちゃうし、戦車の定数もさらに減って300輌になるなんて。
おじさん　悲しいが、これも時代の趨勢というものだ。平成25年度に策定された、新たな防衛計画の大綱では、戦車も火砲も300に減ってしまったな。しかも、戦車は北海道と九州に集約して、他の戦車部隊には戦車が無くなってしまう、ときたもんだ。そのかわり、8輪型の装輪戦車というべき105ミリ砲を積んだ「機動戦闘車」が配備されるが、戦車の代替にはならん。近年は、離島防衛が重視されて空輸可能な戦闘車両が流行しているが、軽量な10式戦車でも44トンあるから重すぎて搭載できない。だが、機動戦闘車では空輸できるが装甲防護力が不足している。諸外国の軍隊では、装輪戦車ではなくあくまで偵察戦闘車とか歩兵支援戦闘車という扱いをされているが、その方が適切というものだろう。

離島防衛が重視される近年、空輸可能な戦闘車両として導入された「機動戦闘車」

戦車は将来も存在し続けるか？

太郎　「戦車不要論」というのがあるけど、戦車は将来なくなって、ロボット兵器に取って替わられてしまうってことになるんスかね？

おじさん　どうかな。かつて、第四次中東戦争において、イスラエル国防軍の戦車がアラブ軍側の装備するソ連製対戦車ミサイルＡＴ-３サガーによってことごとく撃破され、大損害を被ったことがあった。

これにより、各国陸軍の戦車運用関係者らの間で「戦車は必要か否か」という議論が巻き起こってね。湾岸戦争時にも、イラク軍の戦車が精密誘導兵器を使用した航空攻撃によって一方的に多数が撃破されたし、米国同時多発テロ以降は低強度紛争の時代となってきたことから、近年になって各国軍でも戦車不要論が再燃してきているようだな。

確かに、戦車などを装備した部隊による着上陸侵攻の可能性は低下したが、その可能性がゼロとなったわけではない。それに、重装備の運搬手段に言及すれば、その国が保有する輸送艦艇以外の徴用商船も考慮する必要があるわな。Ｒｏ-Ｒｏ機能を有した自動車運搬船からジャンクなどの小舟に至るまで、保有しうる一切の船舶をも動員するとしたら、相当な輸送能力となるんだよ。

で、第二次世界大戦時においては、ソ連軍のシュトルモビクやドイツ軍のスツーカといった攻撃機などにより、戦車は地上で苦杯を舐めた。大戦後も技術の進歩に伴い、対地攻撃に任ずる攻撃機は今や精密誘導兵器によって、正確に地上の戦車を撃破することが可能となったのさ。

太郎　湾岸戦争では、レーザー誘導爆弾なんかでピンポイント爆撃したって聞いたけど。

おじさん　ああ。とはいえ、いくら戦車が航空攻撃の前に脆弱であるといっても、湾岸戦争での航空攻撃における精密誘導兵器使用率は全体の約１割にも満たないものであったし、イラク軍の撃破された戦車のすべてが航空攻撃によるものであったわけでもない。第二次大戦時のクルスク戦車戦とは比較にならないが、実際に戦車同士での交戦があったことは事実だ。もっとも、イラク軍の戦車は一方的に撃破されたがな。そして何よりも、戦車の発揮する「衝撃力」は他の手段をもってして替えがたいものがあるのだよ。

そして航空機の世界では、いよいよ無人の戦闘機や攻撃機が現実味を帯びて来た。これに対して、戦闘車輌の方は簡単に無人とするわけにはいかないんだ。航空機の場合であれば、特定の目標を遠隔あるいは自律制御で攻撃するのは、それほど困難なことでもないがね。

しかし、状況が浮動的かつ変化に富む陸戦では、高度な物体識別能力や、複雑な思考および判断能力が要求されるから、その自律制御技術もかなり高度なものとなる筈だ。いつかは無人戦車が出現する時代となるだろうが、当初は主として遠隔操縦で運用されるだろう。

太郎　ラジコンみたいッスね。

おじさん　だが、それは確かに無人戦車ではあるだろうが、ロボット戦車とはいいがたいな。

現在は、ホビー用の自律型ロボットが販売され、家庭用の自立型二足歩行ロボットも実用普及の域に達しようとしている時代だ。これからのロボットといえば遠隔操縦ではなく、自律型を差す時代となるんだよ。だから、本当の意味でのロボット戦車が出現するのは、まだ当分先の話となることだろう。

第4章　機甲科と戦車の世界を100倍楽しむ方法

駐屯地記念日行事へ行こう！

次郎　おじさん、こんにちは。

おじさん　よう、太郎。かと思ったら、なんだい、弟の方かい。ま、上がりなさい。ところでお主、兄さんは一緒じゃないのか？

次郎　ハア、兄貴なら訓練で東富士に行っていますよ。

おじさん　そうか。で、今日は何か相談でもあるのかと見えるが、大学に進学するんだろう？　油など売ってないで勉強でもしたらどうだ。将来、おじさんみたいに苦労するぞ。

次郎　いや、大学へは行きませんよ。俺、一刻も早く社会に出たいんです。兄貴に感化されたわけじゃないけど、俺も来年、自衛隊に入隊しようと思っているんです。それで、いろいろと話を聞きたかったもんで。

おじさん　おやおや、警察マニアの次郎のことだから、てっきりキャリア組を目指して猛勉強していると思いきや、どういう風の吹き回しかな？　まあ、自衛隊入隊を真剣に考えているのなら、遠慮なく相談しなさい。

次郎　はい、じゃあまずは、戦車を真直でじっくりと見てみたいんです。

おじさん　ああ、それなら一番手っ取り早いのは駐屯地を見学することだな。主要な駐屯地には戦車が展示されているしな。そういえば、おじさんがお主の兄さんを連れて駐屯地に戦車を見に行ったときも、お主は警察の年頭視閲式やら機動隊観閲式やらの方へばかり行っていて、駐屯地を見学したことはなかったよな。

一般的に、何か特別に用事でもない限り、民間人は自衛隊の基地や駐屯地に入れないのでは？　と思っているだろう。ところが、全国各地の基地や駐屯地には広報展示のための資料館があってね。事前に申し込めば、それらを自由に見学することが可能なんだ。

ただし、土日祝祭日は閉庁日にあたるから、平日しか見学できないのが難点だな。だから、入門時には警衛所の受け付けで手続きをする必要があるんだ。手続きといっても氏名を記入する程度のものだから、短時間で終わるよ。それ以後は、広報担当者などが案内してくれる。

この手続きが面倒だ、というのなら駐屯地記念日の際に訪れるのがよいだろうな。なんといっても、この日に限っては一般開放だから、自由に中に入れる。しかも入場無料だ。この日は、部外の業者などの露店も多数出て、飲食物から自衛隊グッズまであらゆるものが安価で購入できるぞ。

次郎　行楽地なんかの露店で売っているジュースとか焼そばって、あまり美味しくない割にはかなり値段が高いよね。

おじさん　そうだな。まさにボッタクリもいいところで、おじさんも「カネ返せ！」と叫びたくなるぞ。もちろん、不味いといいながらもちゃっかり腹に収めた後での話だけどな。これに対して、自衛隊記念日などで販売されるそれは、かなり安価でそこそこ美味だ。ジュースなど1本100円だったりするし、焼そばも行楽地の露店の半値であったりするのだよ。

しかも、隊員が出店する露店であっても、駐屯地医務室などの衛生科による検疫済であるから、扱う食品類も安全さ。露店の飲食物といえば焼そばやタコ焼きが定番だけど、海上自衛隊の基地祭では海軍カレーが人気だ。

次郎　でも、俺ン家の近くには、戦車部隊が駐屯しているところってあるんですか？

おじさん　大丈夫さ。駐屯地記念日には、大抵の駐屯地に戦車が展示されていたりするから、そんな心配は無用だよ。

これは、戦車部隊の所在する駐屯地から、専用のトレーラーに搭載されてやってきたものでね。このときばかりは長距離でも操縦する必要がないから、戦車男も楽なものだ。逆に、戦車の輸送にあたる後方支援連隊の輸送隊と、これを誘導する警務隊（保安中隊）の隊員にとっては大変なんだ。何しろ、戦車輸送用トレーラーは巨大だから、日中の走行は交通の阻害となる。そこで、交通量の少ない深夜に行なわれるわけさ。

このようにして、ほとんどすべての駐屯地では戦車をはじめとする戦闘車輌や、64式小銃などの小火器といった装備品が展示されるんだ。戦車はやはり一番人気でね、ロープなどで立ち入り制限していない場合は、自由に触れることが可能だ。だから、子供の格好のオモチャと化してしまうのが常さ。

次郎　それじゃ、戦車だけを被写体にして、背景に余計なものが写らないよう写真を撮るのは、至難の技ですね。

おじさん　まあな。そして戦車は、超信地旋回や砲塔旋回あるいは姿勢制御をデモンストレーションしてくれる。小火器などの場合も、ただ展示されているだけではないんだ。鎖で繋がれているけど、実際に空撃ちなどの操作を楽しむことが可能だよ。

最近は、どこの駐屯地記念日行事でも「触れて・見て・乗って」をキャッチフレーズにしていて、戦車などの各種装備品を自身で体験することができる。これは絶好の機会だぞ。何たって自衛官であっても、戦車部隊に所属してその車付《しゃづき》ともならない限り、戦車にそうそう触れるもんじゃないしな。だから、駐屯地記念日行事は、戦車に触れることができる数少ない機会なんだ。また、駐屯地によっては、営庭つまりグラウンドなどで模擬戦が実施され、戦車も空砲射撃を披露することもあるよ。

この模擬戦がまた見物でね。何しろ冷戦時代には、対抗部隊の敵役として、ベニヤ板などで旧ソ連のＢＭＰ装甲歩兵戦闘車に模した、60式あるいは73式装甲車が登場するなど、なかなか凝った演出がなされていたくらいだ。もっとも、自衛隊には米軍のように常設の仮想敵部隊は存在しないけどね。つまり、このＢＭＰを模したものは、記念日行事（あるいは大演習時）のみの特別なものってわけさ。

で、この日はマニアのみならず一般の家族連れも多いため、幼児にも飽きないように趣向を凝らしていたりする。中でも子供に一番人気なのは「ミニ制服コーナー」だろうな。どこの駐屯地記念日で始めたのが最初なのか、現在では全国各地の駐屯地記念日行事でも似たような企画を見かけるがね。補給処があつらえた、幼児〜児童向けサイズの制服や迷彩服が用意されていて、変身ルームなる試着室で着替えて、戦車などの前で記念撮影するんだ。大抵の子供は変身願望があるから、順番待ちの列ができるほどだよ。

でも、残念ながら大人用の制服試着コーナーなどは存在しないんだ。それにも関わらず、コスプレーヤーなのだろうか、「大人用はないのですか？」と聞いているマニアと思しき人が、毎年必ず一人はいたりするよ。

次郎　その気持ち、判るなあ。俺もそれ、体験してみたいな。で、他にはどんな企画があるんですか？

おじさん　うむ、自衛隊モノにまったく興味を示さない子供もいるだろうからと、隊員もいろいろ工夫していてね。例えば、ジープが牽引する「花電車」と呼ばれるトロッコの体験搭乗や、ポケモンやドラえもんなどの着ぐるみ姿の隊員が、子供の相手をしたりもするんだ。着ぐるみの中の隊員は、悪ガキにケリを入れられたりするから、大抵は若い男子隊員だったりするがね。

で、駐屯地記念日などの一般公開で大変なのは、何も戦車の輸送に関わる隊員たちだけではないんだ。記念日当日には、駐屯地に所属するほとんどの隊員が、何かしらの任務を与えられている。例えば警備係であったり、交通統制係であったり、受付案内係であったりと、記念日当日に自身も「お客さん」として楽しめることはまずない。斯くいうおじさんも、他所の駐屯地記念日ならともかく、自分の所属する駐屯地の記念日では、一度もフリーな立場だったことはなかったのだよ。

しかも警備係であっても、OBの案内や説明係が不在の展示装備品の説明、果ては迷子の世話まですするんだ。また、記念日が終われば終わったで、撤収も当日の内に実施するものだから、結構これが大変なのさ。だから、自衛隊の基地祭や駐屯地記念日では、隊員を困らせたりするのは止めような。

例えば、戦車の装甲厚を教えてくれと1時間以上もしつこく食い下がったり、展示されている74式戦車の銘板プレートなどを、用意したドライバーで勝手に外そうとしたり、女性自衛官の制服のスカートの中を盗撮したりするのは論外だな。これ、全部実話なんだけど、場合によっては犯罪に該当するとして、警務隊の御厄介となるから気を付けろよ。

90式戦車が間近で見られる！「朝霞の広報センター」

おじさん　ところで見学といえば、90式戦車の試作一号車が見学できるところがあるぞ。

次郎　どこに行けば見られるんですか？

おじさん　朝霞駐屯地に「陸上自衛隊広報センター」というのがあってね。駐屯地の敷地内にあるといっても、駐屯地の正門とは別に出入口があるから、手続き不要で中に入れるぞ。しかも入場は無料だ。今度連れて行ってあげよう。

この広報センター、「りっくんランド」という愛称が付いているんだが、全国の陸上自衛隊を代表してPRしている広報館のようなものでね。さまざまな展示品があって、一日中居ても飽きないぞ。で、展示品の最大の目玉が90式戦車の試作第一号車というわけさ。他にも、おじさんが所属していた航空科自慢の対戦車ヘリコプター、AH-1Sの初号機なども目玉だが、やはりお主には戦車を見てもらいたいな。

次郎　90式戦車の試作第一号車、量産型とどこが違うんですか？

おじさん　それは、行ってからのお楽しみさ。で、その90式の試作車だが、陸上自衛隊武器学校が所在する土浦駐屯地に展示されていたもので、広報センターの建屋が完成してから搬入したわけではなくてね。何と、建屋の建設に先立って予め搬入したんだ。これは、90式戦車が自走して建屋の中に入ることが不可能だからだ。

また、戦車操縦シミュレーターがあって、無料でプレイすることが可能だ。このシミュレーター、戦車を操縦しながら敵を撃破しつつ、画面に示されるミッションをクリアしていく奴でね。シミュレーターといっても本格的なものではなくゲームといっていいんだが、はっきりいって小さな子供向けだから、最近のリアルな家庭用ゲームほどの緻密さを期待してはいかんぞ。

これは広報センターのコンセプトが、子供にも楽しみながら防衛の一端を理解してもらうためなんだ。しかし、子供向けだからといって侮ってはいかん。これが結構大人でも楽しめるんだ。なんせ、子供を押しやって父親の方が夢中になっている親子連れも多く目にするくらいだよ。

そして、たっぷりと戦車の世界を堪能した後は、売店でお土産を買って帰ろう。売店、というより販売コーナーという程度なんだがね、各種の自衛隊グッズや自衛隊のＰＸでしか販売されていない「ピクルス君サブレ」なんかも販売されているよ。

次郎　有名な「撃まん」は売ってないんですか？

おじさん　ああ、もちろん売っているぞ。他にも子供向けの戦車や戦闘機といった玩具やプラモデルも販売されているし、携帯電話のストラップやソフビ人形など、防衛庁のマスコットキャラクターのピクルス君グッズも豊富に販売されているんだ。

確かに駐屯地記念日は一般開放されるから、手続きなしで自由に入門できる。しかし、その機会は年に一度だ。これに対して朝霞の広報センターは、さすがに１年３６５日年中無休とは行かないが気軽に入れるしな。

次郎　しかも入場無料ときたら、もう行くっきゃないですよね。

陸自戦車ウォッチングガイド

おじさん　さっきもいったように、駐屯地記念日であれば何処の駐屯地でも戦車が見られるし、朝霞の広報センターでも見ることが可能だ。だけど、１、２輛が展示されているだけでは物足りない、と思うこともあるだろう？

そんなお主にお勧めするのが、茨城県にある土浦駐屯地だ。この駐屯地には、陸上自衛隊の武器学校が所在していることもあって、歴代の自衛隊装備戦車が展示されている。それればかりか、旧陸軍の89式乙型中戦車や三式中戦車も展示されているんだ。

更には、小火器も豊富に展示されているし、かつての予科練の地でもあったから、予科練記念館もあるんだよ。おじさんなどは、つい「♪若い血潮の……」と歌い出したくなるくらいさ。

次郎　ってことは、戦車はもちろん銃などにも興味がある人には一日中いても飽きないところですね。

おじさん　ただし、小火器こそ諸外国のものも展示されているが、戦車に関しては、主として我が国で使用された戦車を中心に展示されている。だから、外国製の戦車はかつて供与された米国製のものがいくらかある程度なんだ。残念だが、T-72やメルカバなどの外国戦車は展示されていないのだ。だから、イタリアのC-1アリアテが見たいとか、Sタンクが見たいとワガママをいって、隊員を困らせるようなことは止めよう。無いものは見られないぞ。まあ、そんな奇特な人もいないとは思うがな。

次郎　でも、その展示されている戦車なんかも動かないんですよね。たとえ戦車が沢山展示されていても、動かないのは残念ですね。

おじさん　ああ。だから戦車が走行しているところが見たけりゃ、富士総合火力演習や各地の駐屯地記念行事へ行くしかないな。北海道だからちょっと遠いが、第7師団の創立記念行事は壮観だぞ。何しろ約３００両以上の戦車や装甲車が一同に集まるんだからね。

戦車のマーキングと塗装

おじさん　かつて、第二次世界大戦時の米国などには、「ノーズ・アート」というものがあった。爆撃機などの機首に描かれたセクシーなオネーちゃんなどの絵のことだけど、知っているかな?

次郎　知っていますよ。映画「メンフィス・ベル」にも出てきていましたね。

おじさん　そう。で、これとは別に、動物を擬人化した部隊マークや、個人のパーソナル・マークというのもあったんだが、戦車にも部隊マークをペイントすることは、当時から各国ですでに行なわれていたんだな。

戦後の自衛隊では、非公式ながら61式戦車が主力であった頃から、部隊マークを制定して車体に描いたりして、戦車男達《マン》の士気高揚に一役かっていたんだ。図案はイラストを

第71戦車連隊の部隊マーク・パッチ

見てもらうとして、その有名なものをいくつか紹介しよう。

まず、我が国唯一の機甲師団である第７師団隷下の各戦車連隊のマークだが、第71戦車連隊のものは、北海道の地形を背景に、闘牛とアラビア数字の７を組み合わせたデザイン。おじさんとしては、これが一番秀逸な図案だと思うな。戦車の部隊マークで最も見栄えがするのは、やはり動物をモチーフとしたものだろうな。第72戦車連隊のマークは、スポーツカーのフェラーリではないが、跳ね馬をモチーフにしているし、第１戦車群は、サソリをシンボルマークにしている。ちなみに跳ね馬は、第72戦車連隊以外に第９戦車大隊も採用しているんだ。動物というか「オラが国の名物」ではあるが、第10戦車大隊は師団のシンボルでもあるシャチホコがモチーフ。

そして、「戦車といえば、ドイツ軍のティーガーだから」というわけでもなさそうだが、第12戦車大隊は虎のマークだ。廃止になって、もう見られないのが残念だがね。で、もう見られないといえば、同じく廃止された機甲生徒隊のマーク。これは隊旗のデザインなのだが、少年戦車兵の伝統を継承する「若獅子」がモチーフだ。

これに対して、第73戦車連隊のマークはシルエット化した戦車という、実にシンプルなデザインだ。シンプルといえば、第11戦車大隊のマーキングは実に簡素だ。何たって漢字二文字でね。これがマニアにお馴染みの「士魂」だ。やはり、国産戦車のマーキングはこうでなくてはならん。う〜ん、シブいねえ！　実にシブい。

次郎　でも、航空自衛隊も戦闘機にワルキューレとか絵を描いているけど、それに比べたらかなり地味ですね。

おじさん　まあな。このように、さまざまな部隊マークが存在するけど、残念だがこれらは必ずしも戦車の車体に描かれているわけではないんだ。車体に描かれずに、各部隊の隊舎の玄関口にプレートとして飾られていたり、看板となっていたり、あるいは機甲生徒隊旗のように、旗になっていたりすることもある。平時なのだから、これらの部隊マークくらい士気高揚のために、すべての戦車に描いてもよいではないか、とおじさんは思うがね。どうせ、実戦下では偽装で隠れてしまうし、何だったらカラーでなく低視認塗装にすればよかろう。いわゆるロービジだ。

じゃあ、お次は戦車の塗装だが、我が国の戦車には、濃緑色と茶褐色の二色迷彩が採用されている。戦後の我が国で迷彩塗装の研究が開始されたのは、1970年代末になってからのことでね、富士学校や武器補給処などが担任して本格的な研究が開始されたんだ。

次郎　それ以前には、戦車の迷彩塗装はされてなかったんですか？

おじさん　まったく研究されたことがなかったわけではないのだが、せいぜい陸幕装備部から与えられた一度限りの研究命題に過ぎなかったようでね。当時、戦車を含む自衛隊車輌は、OD一色のみの塗装だった。これでは、演習場で泥にまみれて、汚れて二色の迷彩となるのが関の山というもんさ。

この、戦車の迷彩塗装研究は、研究の過程でさまざまなパターンの迷彩が実車輌に施されてね。評価試験には61式戦車が使用されたようで、2~4色を使ってさまざまな色彩比率の迷彩塗装がなされたんだよ。これらの試験的な迷彩は、当時の軍事雑誌などにも写真が掲載されていたから、後で見せてやろうか。30代以上の年齢のマニアならば記憶している人も多いだろうがな。

中でも4色のものは、現行の一つ前の旧型迷彩服のパターンに似たもので、個人的には迷彩効果は低かったように思うな。

次郎　迷彩も、色数が多けりゃいいってものでもないんでしょう？

おじさん　うむ。それよりは、濃緑色と茶褐色、そして黒色の3色からなるパターンの方が、迷彩効果が高そうだな。結局、この三色迷彩から黒色を除いてパターンを単純化した迷彩が採用されたんだ。かくして1980年代半ば以降、迷彩塗装が制式となり、逐次車輌が迷彩化されていったわけさ。

また、この時期に「積雪寒冷地における迷彩の研究」といってね、東北以北の部隊ごとに非公式な冬季迷彩として、白色を不規則に塗装することもあったそうだよ。この冬季迷彩の研究をしたのは、富士学校や武器補給処などだった。

　ちなみに、自衛隊の戦車などの塗装だけど、車輌によって塗装色の色合いが異なっていたりする。これは塗料の性質によるものでね、日光などによってどうしても退色してしまうんだ。何処の国でもそうらしいが、戦車などの車輌にはフタル酸系エナメルという油性塗料で塗装が施されることが多い。これに対し、一般的な航空機の塗装には、ポリウレタン系樹脂塗料というのが用いられているんだ。

次郎　じゃあ、ポリウレタン系樹脂塗料を使って塗装したらいいんじゃないですか？

おじさん　それがだね、ポリウレタン系樹脂塗料というのは耐光性などに優れるだけあって高価でね、装備数の桁が違う車輌に用いるのは不経済なんだ。何たって、世界一リッチな米軍ですら、戦車にステルス塗装どころかポリウレタン系樹脂塗料すら使用していないというから、いかに高く付くかが判るだろう？

　通常、冬季迷彩の場合は水性塗料が用いられるが、これは塗装を落としやすくするためなんだ。また、模型に用いられるような、塗布すると膜状となるマスキング液のような塗料もある。これは一般的な水性塗料よりももっと除去が楽だ。何しろ、ペイント・リムーバー（塗料剥離剤）が不要でね。しかし、いかんせんまだまだ高価な塗料だ。米軍やドイツ連邦軍などは、この手の塗料を冬季迷彩に使用しているようだが、我が国で全部隊に導入するのは予算的に難しいところだな。

次郎　ところで、外国の戦車には、形式名の後にニックネームが付いていたりしますよね。「レオパルト」とか「エイブラムズ」とか。

おじさん　ああ。動物の名を付けたものもあれば、軍人や国家指導者の名を冠したものもあるな。これに対して我が国の戦車の場合、戦前戦後と一貫して制式化された西暦年（旧軍では皇紀だが）の下二桁を取って○○式と呼んでいる。

　これだけでは無味乾燥でつまらん、と嘆く戦車マニアの声に応えてか、数年前に防衛庁が、自衛隊の主要装備品の愛称を公募したことがあってね。ところが、その選ばれた愛称というのがまたイマイチなんだ。例えば、89式小銃は「バディ＝相棒」、96式装輪装甲車は「クーガー」といった具合でな。90式戦車はどうかといえば「キュウマル」で、単に隊員が省略した呼称そのまんま、なんだ。これは面白みに欠けるな。

　だからといって、日本語つまり漢字で「猛虎」というのも安易だし、「白馬」ではお上品すぎる上に韓国陸軍《ハングクリュクグン》第9師団になってしまうしな。で、第二次世界大戦時の戦車を例とすれば、米国は主として人名を、ドイツは動物の名を付けている。動物の名を付けるとはいっても、「ティーガー」や「パンター」のように勇ましい猛獣の名が普通だな。何たって陸戦兵器だから、「イーグル」だの「ホーネット」だの（ドイツなら「シュワルヴェ（燕）」とか）空を飛ぶ生物の名を付けるのもヘンだろう？

それに陸上の動物といっても、普通は余り弱々しい動物の名前は付けない。すぐに撃破されてしまいそうだしな。だから、大戦中のドイツが「戦闘重量188トンもある巨大戦車に「マウス＝鼠」と命名したのは、例外中の例外だろうな。この辺は、堅物で通っているドイツ人らしからぬユーモアさだ。

ちなみに軍事とは関係なさそうなパソコンだが、おじさんの使用しているアップル社のＭａｃのＯＳにも、ドイツ軍戦車のように「タイガー」などと猛獣系の開発コードが付いていた時期があるぞ。

次郎　それはともかく、ドイツのようなユーモア溢れる戦車の命名法は、日本人には真似できませんよね。

見るだけじゃつまらん！「体験搭乗にチャレンジ」

次郎　でも、戦車ウォッチングだけではつまらないし、ゲームなんかの戦車操縦シミュレーターでは物足りないし。実物の戦車操縦シミュレーターって体験できないんですか？

おじさん　う〜ん。それはなかなか難しいな。富士学校にある操縦シミュレーターはなかなか許可が下りないから、いっそのこと実物の戦車に体験搭乗してしまおうか。戦車装備部隊が所在する駐屯地では、創立記念行事などの一般開放で、戦車の体験搭乗を実施していることが多いんだ。もちろん、ハッチを開けて戦闘室内に乗せてくれたり、操縦させてくれるわけではないが、戦車の外部に乗せてもらえるぞ。大抵の場合、戦車の砲塔後部に巨大な篭が設置され、その部分に立った状態で乗るんだ。この状態で一度に数人が乗ることになる。

コアな戦車マニアであれば、「いや、オレは120ミリ滑腔砲の砲身に跨がって乗りたいんだ」とか「直接戦車の車体に跨乗して、独ソ戦で「平均1週間の命」といわれた赤軍歩兵の気分に浸りたいんだ」とかいいたいところだろうが、それは無理だ。この乗車方法が不満でも安全管理上のことだからやむを得ない。素直に隊員の指示に従うしかないな。

実物もよいけど、模型作りもまた愉しい！

次郎　世の中には、戦車のプラモデルなんかを組み立てるのが趣味、というモデラーも多いですよね。
おじさん　うむ。だけどＡＦＶ、つまり戦闘車両のスケールモデルなどの模型作りは、今やオヤジ中心の趣味となってしまった感があるな。でも、ただ単に組み上げるだけなら、マニアでなくとも男性なら一度は経験があるだろうさ。まあ一口にモデラーといっても、ただ組み上げることに満足感を求める者もいれば、製作が追い付かずに未開封のキットがたまってしまい、ボックス・コレクターと化している者もいる。おじさんがそうだがね。
次郎　モデラーといっても、ピンからキリまでってことですか。
おじさん　ところがだ。真のモデラーは単に模型を組み上げるのみならず、それに関連した事象も深く追求するのが一般的でね。ＡＦＶの場合であれば、戦車をはじめとする陸戦兵器全般の性能・諸元はもとより、戦史や国際政治学や一般軍事学についてもかなり勉強しているぞ。
　彼らの中には、おじさんなど足下にも及ばぬくらいに詳しい人々が多くてね、これはもう脱帽モノだ。そして、趣味が高じてマニアの域を通り越し、遂にはプロになってしまう人もいる。
次郎　ところで、毎年静岡でホビーショーっていうイベントがありますよね。
おじさん　うん。我が国の戦車をモデルアップしてくれる大抵のメーカーが出展しているよな。このホビーショーは、いわゆる新製品の発表展示会なんだが、昨年初めて自衛隊の実物戦闘車輌が展示されたんだ。96式装輪装甲車と軽装甲機動車がそうだな。
　これは、広報募集の一環として、隊員募集を担当する「自衛隊地方連絡部」とのタイアップで実現したものでね。でも、戦車は輸送上の問題もあって、展示されそうもないのが残念だけどな。

映画に登場した陸自の戦車

次郎　昔は、第二次世界大戦の戦争映画に、実物の戦車が使われていたって何かの本で読んだことがあったけど。
おじさん　１９６０年代頃まではそうだったな。外国の戦争映画には、軍から払い下げられた実物の戦車が登場することがよくあった。ドイツ軍のＶ号戦車パンターなどは、米軍払下げのＭ-４シャーマンをそれらしく改造したものだったりしたが、紛れもない実物の戦車がスクリーンに登場していたんだ。
　一方、我が国の場合はどうかといえば、実物の旧軍戦車で現存するものは少なく、ましてや動態保存されているわけでもなかった。自衛隊の戦車も同様でね、民間の映画会社に払い下げるどころか、防衛庁も撮影に非協力的だったのだよ。

そのため、映画に登場する自衛隊の戦車といえば、長らく「ゴジラ」シリーズなどの特撮映画における模型に限られていたんだ。

次郎　しかも「ヤラレ役」だから怪獣に踏みつぶされたりして、必ず破壊されるのがお約束ですよね。あれって情けないよなあ。

おじさん　昭和54年（1979年）に公開された「戦国自衛隊」などは自衛隊の協力を得られなかった好例（?）でね、止むなく8000万円を投じてリアルな61式戦車を製作したほどだった。

この61式戦車、なかなかによくできていてね。空砲発射も可能だったんだ。さすがに、この映画一作のみでお役御免となるのは勿体ないと、その後、今や大女優ともなった宮沢りえが出演して話題を呼んだ「ぼくらの七日間戦争」にも登場したんだ。俳優に負けずとも劣らぬ存在感で、好評を博していたよ。

次郎　俺はビデオで観たんですが、おじさんは、一作目の戦国自衛隊をリアルタイムで観たんでしょう?

おじさん　ああ。何かジェネレーション・ギャップを感じるがな。で、自衛隊が映画撮影協力に積極的となったのは、特撮映画として人気の映画「ガメラ2」あたりからかな。この頃から本物の車輌や航空機のみならず、自衛官もエキストラとして出演している。また、コメディタッチの作品ながら、菅野美穂主演の「守ってあげたい!」では90式戦車などもスクリーンに登場しているぞ。

これは、毎年実施される「富士総合火力演習」のための事前訓練を、撮影協力のために有効活用（?）したものではあったけどな。さすがに実物の戦車ということもあって、かなりの大迫力だ。もっとも、これは女性自衛官（当時は婦人自衛官であったが）教育隊を舞台とした映画だから、戦車はあくまでも傍役さ。しかも、映画の後半部分の数分間にしか登場しないのが残念だな。

しかし、「戦国自衛隊」公開以来26年振りとなる、続編の「戦国自衛隊1549」では、90式戦車などの各種戦闘車輌が、かなりの時間に渡って登場する。何しろ、今回は自衛隊が全面協力したものだから、前作以上の迫力だ。前作で実物の戦車をスクリーンに登場させられなかったかつての製作サイドも、大いに溜飲を下げたに違いないだろうよ。

戦車が操縦したけりゃ海外に行くしかない！

次郎　戦車を見るだけじゃ満足できないし、体験搭乗といっても車内に乗れるわけじゃないからつまらないよなあ。やっぱり自衛隊に入隊して、兄貴みたいに戦車に乗りたくなったな。

おじさん　うん。それじゃあ、やはり入隊するしかないな。本職の戦車男となってしまえば、嫌でも戦車を操縦できるさ。

　しかし、だ。戦車マニアだからといって自衛隊に入隊したいと思う者は、それほど多くないのが現状でね。つまり、あくまで趣味だから楽しいのであって、仕事ならイヤだというわけだろうな。実際、自衛官は、入隊前には軍事の何たるかも知らぬ、ごくフツーの青少年であることが多い。お主のようにな。

　まあともかく、趣味で戦車マニアを極めたい、そのためには実際に戦車を操縦したいというのなら、これはもう海外へ行くしかなかろう。十年以上前は、某模型店が主催したノリンコ、つまり中国《チュンコウ》北方《ベイフォン》工業《ゴンギョウ》公司《コンスー》での射撃ツアーで人民解放軍の戦車を操縦できたし、その後はロシア射撃ツアーでも戦車の操縦が可能だった。しかし、これらのツアーの企画は定期的に実施されているわけではないようで、いずれも長く続かなかったのだよ。なぜおじさんが参加する前に終わってしまったのだ、といっても始まらんのだがね。

次郎　じゃあ、海外で戦車を操縦したいんなら、どこへ行けばいいんですか。

おじさん　それはズバリ、モンゴルさ。マニアックな一部の人には、すでにお馴染みだろうがな。中には実際ツアーに参加したことがある方もいるだろう。

　では、なぜモンゴルなのか。欧米各国では秘密保全上、これがまず困難で、軍隊に顔の利く軍事アナリストでもなければ、まず戦車などは操縦させてはもらえないようだ。

次郎　つまり、現地の軍事関係者とコネが必要なんですね。

おじさん　まあな。しかし、逆にかつての共産圏であるロシアや、一国二制度なる、まやかしの体制を標榜している中国などは、カネさえ握らせたらある程度の融通が利くようだぞ。

　モンゴルも同様で、外貨不足である上に何よりも割と親日的な国だ。少なくとも、最近の反日感情が異様な程高揚している中国よりは、遥かに親日的だろう。それに、モンゴル語というのが、アルファベットはロシア語とほとんど一緒だし、発音的にも割と似た言語だから、覚え易そうでもあるしな。日本語が達者な現地スタッフがいるようだが、せっかくならばモンゴル語を修得した上で、直接会話したいではないか。

斯くいうおじさんは、モンゴル語はサッパリできないし、ロシア語だってそれと似たようなものだが、今後もツアーが継続的に実施されるなら、ぜひ参加したいところだな。まあ、ツアーに参加できなくても、いずれモンゴル人民軍取材の折にでも体験操縦してみたい、と思っているがね。

和製パンツァー・リート？戦車の歌を作曲しよう！

おじさん　ところで、お主は「パンツァー・リート」というタイトルのドイツ軍歌を御存知かな？

次郎　はい、映画のバルジ大作戦に出て来るドイツ軍の歌でしょう。兄貴と一緒に、ビデオで何度か観ましたから。ドイツ語の歌詞は知らないけど、あのメロディは何となく覚えちゃいましたよ。

おじさん　そうか。あれは第二次世界大戦時のドイツ軍戦車隊の歌でね。戦車マニアやドイツ軍マニアなら知っていて常識だろうな。何たって、青池保子さんの少女漫画「エロイカより愛をこめて」にも登場するほど有名なドイツ軍歌だからな。

このパンツァー・リート、国防軍であろうが武装親衛隊であろうが、戦車部隊のドイツ軍人ならたとえ音痴であろうと歌った筈だ。かの有名なドイツの戦車男、ミハエル・ヴィットマンも何度となく歌っただろうな。これは、現在のドイツ連邦軍でも歌い次がれている伝統ある軍歌なんだ。この歌、歌詞は5番まで存在するんだが、歌詞中に「祖国ドイツのために死ねるのは名誉なこと」という部分があるため、現在のドイツ連邦軍では3番と4番は歌われていないのだというがね。

次郎　この歌詞のどこに問題があるんですかね。別に過激とも思わないけど。軍人なら、祖国のために戦って死ぬのは名誉なことでしょう？

おじさん　うん。過激さからいえば、フランス国歌の「ラ・マルセイエーズ」の方が遥かに上だぞ。なんせ、「汚れた敵の血で我らの畑を潤さん」というくらいの歌詞だからな。軍歌よりも過激な国歌というわけさ。例えば、これが特定の国・民族をブチ殺せとかいう歌詞だったなら過激かも知れないけどな。

もっとも、パンツァーリートは軍歌とはいっても、本来は

Luiskalied＝ルイスカリートという民謡の替え歌なんだ。これは、かなりのドイツ軍マニアでもなければ知らないだろうがね。そしてこの歌は、おじさんがドイツ語で歌える数少ない軍歌の一つでもあるんだ。

もう何年も前のことだが、おじさんは数人でドイツ・オーストリア方面に旅行したことがあった。ウイーン国際空港で、ルフトハンザのフランクフルト行きA-３２０を待っていたときのことだがね。何やら見なれぬ迷彩服姿の連中が、ロビーにたむろしていたんだ。デンマーク軍の迷彩パターンでもないし、フィンランド軍のものでもない。どこの国の軍人だろう？

そこで、おじさんが早速その一人に稚拙な英語で話し掛けると、何とボスニアＰＫＯ帰りのノルウェー兵だった。おじさんの頭の中には、主要な諸外国の迷彩パターンはほぼ頭に入っているつもりだったけど、ノルウェー軍の迷彩は失念していたなあ。で、聞けば、憲兵として交通統制をしていたのだという。

「ほう、それはそれはグッドジョブであった。俺も日本国防軍の軍曹だ。飛行隊でヘリコプターの整備をしている」というと「君も軍人か、観光で来たのかい。日本は平和な国だというが、一度は行ってみたいものだ」などと数分間会話を楽しんだわけだ。

ところが彼と分かれた直後、おじさんたちは、見知らぬ白人の若者数人に突然取り囲まれた。何事かと身構えると、「君達は日本の軍人か。俺達と一緒に写真を撮ろうぜ」というのだ。「君たちは何者だ？」と問うと、彼らは「我々はドイツ連邦軍の軍人だ」と答えたんだ。

で、なるほど、私服姿ではあったが髪は短く刈り上げられていて、一応軍人には見える。しかし、さすがはかつての同盟国ドイツの軍人だよな。おじさんとノルウェー兵の会話を、一部始終聞いていたんだ。そして、おじさんが日本の軍人（自衛官）であると知って、ドイツ語と英語をチャンポンにして話し掛けてきたわけだ。

次郎　なるほど、ドイツ人は日本の観光客には特に親切だと聞いたことがあるけど、本当なんですね。

おじさん　そうさな、やはりかつての同盟国だし、どうやらそれは本当らしい。別に軍人（自衛官）でなくとも、日本人と見るや見知らぬドイツ人がビールを奢ってくれたりする、という話はよく耳にするよ。

そこで、片言のドイツ語と英語を交えて会話すると、彼らは新兵に毛が生えた程度の兵卒たちであることが分かった。十八、九歳といったところかな。で、「ドイッチュランド、ドイッチュランド、ウィーバーアーレス……」と歌ってやると、「日本の軍人が、ドイツ語でドイツ国歌を歌える！」と目を丸くして喜ぶんだな、これが。彼らは皆一様に、青い目を白黒させてたのが可笑しかった。更に調子に乗って、パンツァー・リートのサビの部分を歌うと、これが大ウケ。

戦後のドイツ国歌は、公式には3番のみを歌うことになっているが、実はこれを歌える国民が少なかったりするんだ。何だかんだいっても、戦後も1番と2番が歌われているのが現実なのさ。

次郎　おじさんがドイツ国歌の1番を歌ったのは正解だったわけですね。

おじさん「まあな。そして最後に「ドイッチュ・ウント・ヤーパン・イスト・カメラード！」そして「イタリー？　ナイン！」といってやった。「ドイツと日本は（今でも）戦友だ！　でもイタリアはダメよ」という意味だ。おじさんの拙いドイツ語にも彼らは感激してくれたが、もしドイツ語が堪能であれば、お約束の台詞として「今度世界大戦が起きたら、また一緒に組もう。もちろんイタリア抜きで」とジョークの一つもいいたかったところだ。

しかし、これがスキンヘッド、つまりネオ・ナチの若者達に取り囲まれたのなら、ちょっと恐いものがあるな。いくらかつての同盟国の日本人だ、といったところで、「外国人は皆出て行け！」と袋叩きにされたらかなわん。ああ、おじさんを取り囲んだのがドイツ連邦軍の軍人でよかったぞ。

というわけで、パンツァー・リートは伝統ある軍歌だけに、戦車隊員でなくともドイツ軍人なら若い兵隊でも知っているのだよ。これに対し、我が国にはそれに匹敵する軍歌はないから、実に残念だな。

次郎　さらに残念なのは、我が国の軍歌はほとんどが暗いことですね。

おじさん　まったくだな。何しろ、歌詞の最後にはお約束のように「散る」とか「散れ」とか、縁起でもない文句が登場するくらいだしな。我が皇軍の死生観が軍歌に現れている、といっても過言ではないよ。

これでは兵隊も陰鬱な気分になって、戦争に負けるのも当然であるというものだ。軍歌なり隊歌なりというものは、勇ましくかつ明るくなくてはならん。ドイツのようにな。

次郎　士気高揚のために歌う軍歌なのに、逆に士気が低下してしまっては、本末転倒ですね。

おじさん　ああ。で、軍隊組織における歌の重要性だが、これは現在でも士気高揚に極めて効果があるぞ。洋の東西を問わず、昔から軍隊における徒歩行軍や車両行進時には、敵の脅威下にない場合は軍歌を歌い士気を高めたものだ。黙々と行進していると、だんだん陰鬱な雰囲気となってくるから、それも自然な姿だというものだろうな。

そもそも歌を聞いたり歌ったりするのが嫌いだ、という人

Panzerlied　ドイツ戦車隊の歌

Ob's《オープス》 sturmt《シュトゥルム》 O der《オーデア》 Schneit《シュナイト》	1. 嵐であろうと吹雪であろうと
ob《オーブ》 die《ディー》 Sonne《ゾンネ》 uns《ウンス》 lacht《ラハト》	太陽が微笑んでいても
der《デア》 Tag《ターク》 gluhend《グリューエント》 heiss《ハイス》 oder《オーデア》	灼熱の昼も
eis《アイス》 Kalt《カルト》 die《ディー》 Nacht《ナハト》,	凍てつく夜も
bestaubt《ベシュタウプト》 sind《スィンド》 die《ディー》 Gesichter《ゲズィヒータ》,	顔が砂塵にまみれても
doch《ドッホ》 frob《フロー》 ist《イスト》 unser《ウンザー》 Sinn《スィン》,	我らの士気は高く
(ist《イスト》 unser《ウンザー》 sinn《スィン》)	
es《エス》 braust《ブラウスト》 unser《ウンザー》 Panzer《パンツァー》	我らが戦車は
im《イム》 Sturm《シュトルム》 wind《ヴィント》 dahin《ダーヒン》	嵐のごとく突き進む
Mit《ミット》 donnernden《ドンネルデン》 Motoren《モートレン》	2. エンジンの轟き
geschwind《ゲシュヴィント》　wie《ヴィー》 der《デア》 Blitz《ブリッツ》	稲妻のように
dem《デム》 Feinde《ファインデ》　entgegen《エントゲーゲン》	我らが戦車は
im《イム》 Panzer《パンツァー》 geschutzt《ゲシュッツト》	敵を撃滅する
Voraus《フォーラウス》 den《デン》 kameraden《カメラーデン》	戦友の前に立ち
im《イム》 Kampf《カンプフ》 stelin《シュテーン》 wir《ヴィア》 allein《アルライン》	敵と対峙し
(Stehn《シュテーン》 wir《ヴィア》 allein《アルライン》)	
so《ゾー》 Stossen《シュトッセン》 wir《ヴィア》 tief《ティーフ》	我らは
in《イン》 dei《ディー》 feindlichen《ファイントリッフェン》 Reihn《ライン》	敵陣深く突入する

作詞：クルト・ヴィーレ（Kurt Wiehle）／作曲：アドルフ・ホフマン（Adolf Hoffmann）

間は少数派でね。自衛隊をもう停年になったおじさんの大先輩は、騒々しいのが嫌いで、自分の鼓動が聞こえる程の静寂を好む。ではまったく歌が嫌いかといえば、実はそうでもなさそうだ。歌なぞ嫌いだといいながら、ドイツ軍の軍歌や若い頃の流行歌くらいは、聞いたり口ずさんだりするんだよ。しかもその時は結構楽しそうだ。

おじさんも現役自衛官であった当時は、新隊員での25キロ徒歩行進などでは、皆で歌を歌って士気を鼓舞したものだった。ただ、おじさん以外の隊員は意外と軍歌を知らなかったので、隊歌や流行歌を歌ったりと、少々脱力モノだったけどな。前述の若いドイツ軍人とは比較にならん。

これが女性自衛官の新隊員の場合となると、軍歌を知っている者は皆無に等しいだろう。だから行進時に歌うのは、やはりJ―POPなどの流行歌やアニメの主題歌となる。「宇宙戦艦ヤマト」などであれば勇ましいから許容できるが、これが「ドラえもん」などとなると、違和感アリアリというものだ。

次郎　自衛隊の行軍で、軍歌や隊歌じゃなくてアニメソングを歌うんですか？　それも違和感あるなあ。

おじさん　まあな。で、新隊員などの徒歩行進は、管理行進といって状況下の行進ではない。したがってこのような場合は「道足《みちあし》」という行進をするんだ。これだと私語も許されるし、歩調を合わせなくとも良いのだよ。一般的に軍歌は、行進曲のように歩調と同期するようなリズムになっていて、歌うことで自然と歩調も揃うようになっている。これが流行歌やアニメの主題歌の場合だとそうはいかない。たちまちの内に歩調が乱れてしまう。道足行進だからこそ、流行歌やアニメの主題歌を歌いながらも行進できるってことさ。

ところで、接敵後であっても音楽を流したりするのは、敵に対する心理攻撃の一環としても効果が期待できる。特に、相手がゲリラなどの非正規戦の場合は、大きな効力を発揮するぞ。映画「地獄の黙示録」ではUH―1ヘリに搭載したスピーカーから「ワルキューレの騎行」が流されていたし、イラク戦争では「メタリカ」などのヘヴィ・メタが大音量で流され、かなりの効果を上げているといわれるしな。

次郎　我が国でも、有事の際は音楽を心理攻撃に使用すればどうですかね。

おじさん　うむ。もっとも戦車部隊だからといって、自衛隊観閲式に用いられる「祝典ギャロップ」あたりを使用しても意味はないな。あれは軽快かつ小気味良いテンポの行進曲だが、威嚇効果という点では今一つだ。

まあ、軍歌に限らず、軍隊における音楽というのはだね、敵味方双方に大きな影響を与えるという意味で、決して軽視できない非常に重要なものなのだよ。

ところが我が国には、「加藤隼戦闘隊」のような、勇ましいノリノリの軍歌というのが意外と少ない。戦後の自衛隊における隊歌は悲愴感こそ払拭されたが、戦車大隊など部隊ごとの隊歌は存在しても、機甲科共通の戦車をテーマとした歌が存在しないんだ。

ここはやはり、誰かセンスに優れた人が作曲するべきだな。どうだお主、ひとつ「戦車の歌」でも作って防衛庁に送ってみては如何かな。

次郎　いやあ、それこそノンセンスいや違った、ナンセンスですよ。

陸自「戦車男」になるには

おじさん　お主のように、これから戦車男を目指すという若い人もいることと思うが、では、戦車男となるにはどうすればよいのか。かつては、機甲生徒という課程教育があった。これは、正式には陸上自衛隊少年工科学校の「機甲生徒中期課程」と称した教育課程でね。かつての旧陸軍少年戦車兵のようなもので、中学を卒業して陸上自衛隊の少年工科学校生徒として入隊し、４年間の教育を経て戦車男となるコースだ。ところが、残念ながら現在は廃止されてしまった。少年工科学校という名称も、今は「高等工科学校」になって軍事色も薄まった感がある。この機甲生徒、『進め！タンクボーイズ』（吉田敬三著・光人社）に詳しいから、一読するべきだな。元自衛官のカメラマンで、自身も機甲生徒であった著者の体験も交えて記述されていて、オススメの1冊だぞ。

次郎　面白そうな本ですね。早速読んでみます。

おじさん　まあそんなわけで、戦車男となるにはまず入隊して自衛官とならんことには、話にならない。そこで、最も一般的な「二等陸士」を受験してみるのがよかろう。お主なら、兄さん同様に「甲種合格」だろうがね。

で、他にも曹学といって「一般曹候補学生」などのコースもあるが、競争倍率などからいっても、一般二士の方がよいだろう。だから一般隊員として「二等陸士」で入隊し、前期教育終了後、後期教育で機甲科へ回されることを期待するしかないな。というのも、陸上自衛官の共通教育である前期教育が終了する前に、職種や任地の希望調査が実施されるからなんだ。

次郎　今は「二等陸士」ではなくて、「自衛官候補生」って制度になったよね。

おじさん　うむ。で、この希望調査、通常は人事担当者などと一対一の口頭による面接や、筆記アンケートという形式で行なわれてね。大抵の場合、第三希望まで聞かれることとな

２等陸士の身分および待遇

	内容等
募集年齢	18 歳以上 27 歳未満
身分	特別職国家公務員
任期	２年（一部技術系は３年）
給与	本俸毎月支給の他、定期昇給年１回等
賞与(期末手当および勤勉手当)	年２回支給（6月および 12 月）
継続任用	１任期満了時、希望により任期継続可能
特別退職手当	任期終了時に約 60 万円、２任期で約 140 万円 （継続任用時もふくむ）
昇任	入隊後９ヵ月で１等陸士、さらに１年後に陸士長に昇任 陸曹および幹部への昇任は選抜試験による
各種保険	団体生命保険、防衛庁生命共済および火災共済等
医療	全国自衛隊病院および駐屯地医務室（無料）、部外協力病院等
福利厚生	防衛庁共済組合保養所、貯金および貸付、隊内売店等
その他	制服等の被服は無料で貸与、食事は無料で支給

※自衛隊入隊の最も一般的なコースが「一般２士」だろう。
身心健全な 18 歳以上 27 歳未満の男女であれば、だれでも受験できる。
受験の細部については、最寄の「自衛隊地方連絡部」へ問い合わせると良いだろう。

るんだが、本人にとって任地（勤務地）の希望が優先である場合は、職種は二の次とされてしまう。逆に、職種優先である場合は、知能検査や内田式クレペリン検査などの結果に基づく本人の「適正」が重視されるわけで、必ずしも希望通りとならないことがあるぞ。

次郎　最後は運頼みするしかないんですね。

「戦車女」にはなれないのか？

次郎　ところで、最近の自衛隊では女性自衛官がいろんな分野で活躍しているらしいけど、戦車部隊ではどうなんですか？

おじさん　うむ。我が国では、昔から「女は乗せぬ戦船《いくさぶね》」とは、よくいうところでね。伝統墨守で知られる現在の海上自衛隊は、補給艦などの補助艦艇ならともかく、水上戦闘艦、つまり護衛艦等へ女性自衛官が乗組むことを認めていなかったんだ。２０１６年の現在でこそ、ヘリ空母のような「いずも型護衛艦」にも女性自衛官が乗っているけどね。

同様に、航空自衛隊では輸送機などの女性パイロットは存在しても、戦闘機の女性パイロットは存在しない。陸上自衛隊でも、戦闘職種へ女性を配置することを認めていない。まるで角界における、土俵が女人禁制であるようなものだがね。まあ、これは母性保護の観点からそのようにしているわけでね。だから、女性の乗員だけによる「豆タン少女隊」などの結成を期待してはいかんぞ。

次郎　ちぇ、残念だなあ。

おじさん　現代は、男女平等の社会とはいうけれども、男性と女性では身体的特性も異なれば、性格や能力なども異なるし、特に体力などの肉体面では、男性と同様に扱うことはできないよな。つまり、まったく完全な男女平等はあり得ないってことさ。

確かに男性には男性ならではの、異性に真似のできない優れた特性があり、その逆に女性にも男性に真似のできない女性ならではの特性がある。例えば、男性にはどう頑張っても出産することは不可能だしな。そして、女性でも男性顔負けの体力や能力を持っている者だって存在する。だからといって、米軍のように戦闘に直接関わる職域にまで女性を配置するのはどうかな。おじさんには、米軍の「それ」は無理矢理といった感があるように思えてならないがね。

次郎　イスラエルにも女性兵士が沢山いますね。

おじさん　ああ。特にイスラエル軍は、機甲（戦車）学校などの教官に女性を多数起用しているな。一般的に、女性は男性よりも、物事を教えるのが上手いというからね。軍隊における女性の活用という点では、かなり参考になるだろうよ。ともかく、このようにいうと、戦車女にはなれないと諦めてしまう女性もいそうだが、諦めるのはまだ早いぞ。

実は、機甲科にも女性自衛官が配置されていてね。これはどういうことかというと、直接戦闘に関わる「ナンバー中隊」に配属されていないというだけであって、戦車大隊や連隊の本部等にはＷＡＣ（女性自衛官）が配置されているのは事実だよ。

次郎　そうなんですか。じゃあ俺も入隊したら、戦車部隊の本部に勤務できるように頑張ろうかな。

おじさん　お主もケーハクな奴だな。まあ確かに、彼女らは本部勤務だから、連隊等の補給係であるとか庶務（文書）係だったりの事務主体の業務で、日頃は直接戦車に触ることはほとんどない。でも、女性といえども機甲科隊員、新隊員後期教育では実際に戦車操縦訓練を実施して、大型特殊の免許を取得するんだ。つまり、後期教育では戦車を操縦できるわけさ。このときばかりは、彼女らも「戦車女」になれるんだよ。

参考文献（順不同）

『陸上自衛隊服装参考集』陸上幕僚監部人事部監修（朝雲新聞社）
『波乱の半世紀　陸上自衛隊の50年』（朝雲新聞社）
『自衛隊年鑑』（防衛日報社）
『The Military Balance 2002-2003』The International Institute for Strategic Studies
『ミリタリーバランス１９９４-１９９５』英国国際戦略研究所編（メイナード出版）
『ミリタリーバランス１９８７-１９８８』英国国際戦略研究所編（朝雲新聞社）
『武器補給処47年史』陸上自衛隊武器補給処編
『世界ＡＦＶ年鑑２００２-２００３』（アルゴノート社）
『陸上自衛隊車両装備史１９５０-１９９１』（戦車マガジン）
『戦車マガジン増刊・世界の精鋭兵器№５「61式主力戦闘戦車」』（戦車マガジン）
『戦後日本の戦車開発史』林磐男（かや書房）
『進め！タンクボーイズ』吉田敬三（光人社）
『砂漠の戦車戦　第四次中東戦争（上・下巻）』アブラハム・アダン、滝川義人、神谷 わけ（原書房）
『図説 中東戦争全史』（学習研究社）
『火器弾薬技術ハンドブック』防衛システム研究会編（防衛技術協会）
『防衛庁戦史業書（各巻）』防衛研究所戦史部編（朝雲新聞社）
『戦闘戦史（攻撃・防御 前・後編各巻）』陸上自衛隊富士学校修身会編
『初級戦術の要締』（陸戦学会）
『小部隊の戦術』（陸戦学会）
『旧陸軍戦闘詳報』防衛研究所戦史部蔵
『軍服変遷史』柴田鉦三郎（学陽書房）
『日本の軍服』太田臨一郎（国書刊行会）
『図鑑 日本の軍装（上・下巻）』笹間良彦（雄山閣出版）
『ドイツ軍の小失敗の研究』三野正洋（光人社）
『日本軍の小失敗の研究（「続」含む）』三野正洋（光人社）

著者略歴

あかぎ ひろゆき

昭和60年（1985）３月、陸上自衛隊第５普通科連隊　新隊員教育隊（青森）に入隊。その後、武器補給処航空部（霞ヶ浦）、補給統制本部（十条）、関東補給処航空部（霞ヶ浦）に勤務し、平成15年に二等陸曹で依願退職。翌年に予備自衛官となり、平成19年から第31普通科連隊所属の即応予備自衛官として召集訓練に励む。また、つくば戦略研究所（所長・かの よしのり）にて、主任研究員も務めている。

著書に『自衛隊ユニフォームと装備100！』『戦車男』（光人社）、『世界最強兵器TOP145』（遊タイム出版）、『歩兵装備完全ファイル』『自衛隊戦力分析』（笠倉出版）、『世界の最強特殊部TOP45』（ユナイテッドブックス）、『銃の常識・非常識』（小社）があるほか、雑誌『ストライク アンド タクティカルマガジン』（ＳＡＴマガジン出版）にて「自衛隊タクティカルギア雑学講座」を連載中。

※本書は、光人社から発行された『戦車男—タンクバトルと戦車乗り』を元に加筆・アップデート・再編集を行なった内容になります。

元陸上自衛官だから語れる戦車論
戦車男入門

2016年3月1日　初版第１刷発行
2022年2月28日　三版第４刷発行

著者　あかぎ ひろゆき

表紙デザイン　野島哲史

発行者　松本善裕
発行所　株式会社パンダ・パブリッシング
〒104-0061　東京都中央区銀座1-22-11 銀座大竹ビジデンス2F
http://panda-publishing.co.jp/
電話　03-5577-2959
メール　info@panda-publishing.co.jp

印刷・製本　株式会社ちょこっと